# ためらいと決断の哲学

ゆらぎゆく因果と倫理

Philosophy of Hesitation and Determination
Causality and Morality Fluctuating

一ノ瀬正樹
Ichinose Masaki

青土社

ためらいと決断の哲学　ゆらぎゆく因果と倫理　目次

# ためらいと決断の哲学　ゆらぎゆく因果と倫理

# まえがき　浮動的安定からウェルビーイングへ

## 1　伝わらない疑問

ずっと不思議に思っていたことがある。私にとって自明だと思われる見方や疑問について、第一線で旺盛に活動している研究者の方々に伝わらないことがたびたびある。どこかかみ合わないのである。こんなに明白な疑問なのに、どうして理解してもらえないのだろう、という不思議感である。私の思考は、ある意味でまさしく哲学的で、「どうして分かるの?」(How do you know?) という問いからいつも始まる。子どもの頃からそうなのだ。煩わしいと思われるかもしれないが、決して理解できないような問いではないはずだ。こういう私の疑問癖の傾向は、宇宙についての知見を学ぶようになって一層膨らんだ。この宇宙はおよそ一三八億年前に発生したビッグバンから始まった、という知見を知り、私の頭は激しくかき乱されてしまった。

そもそも、一三八億年前なんて、なぜそんなはるか過去のことが判定できるのか、という当然の疑問が湧く。けれども、もしかしたら、すぐさまこう言われるのではないだろうか。それはばかげた疑問だ、宇宙の始まりについては、すでに「宇宙マイクロ波背景放射」という電磁波の残光を調べることでおよそ科学的に確定していることなので、それを疑うのは非科学的な、根も葉もない言いがかりだ、と。うーん、どうも分からない。たしかに、こうした科学的知見はすばらしい成果であり、それを基盤にして他の多くのことが判明してきた。あるいは、こうした知見に基づいて多くのことが予見され、それらが確認されてきた。他天体移住の可能性など、私たち人類の未来像を考えるときには必須の知見であろう。私はその点何も異論はない。私は自然科学や宇宙科学が大好きだし、大きなリスペクトを抱いている。

ただ、哲学的潔癖症に重度に罹患している私にとって、社会的に是認されてそれを基盤にして多くのことが遂行されている、ということを身にしみて受け入れてもなお、どうしてもある種の性《さが》で、どうして分かるんだろう、と問わないではいられないのである。「宇宙マイクロ波背景放射」の残光に基づいて、というとき、おそらく人は、実際に観察や実験をしてそうした残光の時間的変化についてのエビデンスを得て、それを時空的にぐーんと拡大して始発の時間を推定しているのだろう。同じように、私を不思議がらせる事例は放射性物質の半減期である。たとえば「プルトニウム２３９」の物理学的半減期はおよそ二万四〇〇〇年とされる。しかし、実際にプルトニウム２３９について、二万四〇〇〇年の間にその放射性核種の数が半分に減ることを観察した人は誰もいない。では、どのように半減期が導かれるのか。それを導く公式があるが、そうした公式の背景にある発想は、あえて簡潔に言ってしまえば、自然の法則性・規則性は一定で不変なので、これこれの期間にこれだけの放射性核種の減少があれば、全体の半分まで放射性核種が減少するのはこれこれの期間だと確実に推定できる、という考え方であろう。

しかし、哲学者たちにとって、「自然の法則性・規則性は一定で不変」という前提が気になってしかたない。どうしてそんなことが分かるのか？　卑近な例から説明してみよう。

堅いタイルに二メートル上からガラス板を落としてみよう。割れるでしょう。では、二〇億年前の地球で、同じように堅い岩に二メートル上からガラス板を落としたら割れるだろうか。割れるに決まっている。さらに、二〇億年後の地球で、同じように堅い岩に二メートル上からガラス板を落としたら割れるだろうか。割れるに決まっているでしょう。しかし、よく考えてほしい。本当に割れるだろうか。当然ながら、このような遠い過去や遠い未来について実際に観察することはできない。直のデータはないのである。なのに、自然の法則性はこれこれなので、割れるに決まっているとしたとき、なぜそう思ったのだろうか。つまり、哲学者たちは、こうしたほぼ常識的な世界理解に対して、それが確実に正しいとする根拠はなんなのだろうか、という問いを抱いているのである。しかし、どうにも不思議だが、この疑問が伝わらないときがあるのである。一線で活躍されている研究者には、この疑問を分かってくれる方もおられるが、まったく響かない方々も少なくないのである。どうして伝わらないのだろうか。

## 2 普遍性への執念

よくよく考えてみると、私たち人類が手にしていて、現在の科学に利用できるエビデンスは、たかだかこの一〇〇年か二〇〇年、もっと長く見積もってもせいぜい五〇〇年くらいの期間に集積されたものであろう（平安貴族の日記からも気象現象についての質的情報は多少は得られるが、現代の科学に利用できるような定量的データにはほど遠い）。その程度の期間というのは、宇宙の歴史が一三八億年あるという、まさしく科学が述べている知見に従うならば、ほとんど瞬間、一刹那に等しい短時間である。

たとえて言えば、「5」が一億回続いている数列を想定してみよう。最後の「5」の次の数は何だろうか。ずっと「5」が持続的に続いたのだからここには規則性があると捉え、次の数も「5」だと考えるべきだろうか。もちろん、その可能性はある。けれども、「5」ではない可能性も十分にある。

ほぼ無限数の数が並ぶ数列（乱数表）だとしたら、一億回同じ数が続いたとしても、それは全体のごくごく一部にすぎず、全体を推し量る根拠にはまったくならない。一億回続く「5」はようするに偶然にすぎないのである。私たち人類が手にしているデータはここでの「5」のようなもの、それもたとえば八千万回目くらいの「5」である、と想定することができるかもしれない。しばらくは私たちの「5」が続くという予想は当たるかもしれないが、それが永続する保証はない。私たち人類は、科学技術によってロケットを飛ばせているが、その科学技術を支える自然法則がどこまで成立し続けるのかは、厳密に言って、皆目不明であるというしかない。

あるいは、まさしく放射性物質の半減期の概念にしたがって地球の誕生はおよそ四六億年前と推定されている点から考えてみても、ここでの哲学者たちの疑問は明確に理解できるだろう。四六億年を二四時間として捉えてみると、二〇〇〇年まえというのはたかだか二三時五九分五九秒よりもあとの、ほんの一瞬である。あるいは、利用可能な科学的データとまで言わず、もっと緩く、人類そのものの発生を基準に考えても、（現世人類との相似性を考慮するならば）それはせいぜい二〇〇万年前で、地球草創からの四六億年を二四時間とすると、二〇〇万年間というのは二三時五九分二〇秒ぐらいからの四〇秒足らずの期間になる。人類は、その一瞬あるいは数十秒の間に発生した現象に基づいて、過去の二三時間五九分二〇秒以上の間も同様のことが発生していたと、そのように前提していることになる。これは途方もない、大胆な前提ではなかろうか。たとえば、一日の最後の四〇秒間特殊な匂いがして、それ以外については何のデータも経験もないとき、それ以前の二三時間五九分二〇秒の間もずっとその匂いがしていたと推論するようなものである。果たしてそれは正当な推論と言えるだろうか。これが哲学者たちの疑問にほかならない。

このように限られた期間や領域において成立している規則性を思い切り拡張して長期の期間や広い範囲に普遍的に適用することを「外挿」（extrapolation）と呼ぶ。哲学者たちは、この「外挿」に注目するのである。そしてこうした外挿が果たして正当かつ合理的な方法なのかと問いを提起するのである。歴史的に言えば、一八世紀スコットランドの哲学者デイヴィッド・ヒュームは自然には一定の普遍的な法則性・規則性があるという外挿の前提を「自然の斉一性の原理」と呼んで、それには合理的な根拠はなく、想像力のなせるものだとした（Hume 2000, pp. 61-65 を参照）。また、二〇世紀に英国と米国で活躍した哲学者ホワイトヘッドは、自然には法則性や秩序が普遍的に成立しているという考え方を「秩序への信仰」と喝破して、そこに合理的根拠はなく、むしろ宗教に類似した思いであると暴いた（Whitehead 1985, p. 23）。一六世紀の科学革命の時代の、その動因は、自然の中に神が秩序を設定して、それを人類が努力して解明することで神の偉大さを称賛できる、といったキリスト教に根差す思考法であったことを思い返すなら、自然科学と宗教とりわけキリスト教とが共通の岩盤に立っているという指摘は、むしろ伝統的かつ本来的なのである。

## 3　普遍性と絶対性の夢

そうは言っても、こうした自然の普遍的な法則性への思いは、たしかに、人類にとって抜きがたい。ヒュームの議論から衝撃を受けたカントは、それでも自然の客観的法則性・妥当性をヒュームの議論から守ろうとしたと解することができる。カントは、客観的法則性は自然の中に備わっているのではなく、私たちが自然を理解するときの私たち自身の中にもとから、つまりア・プリオリに、直観形式やカテゴリーとして内在する枠組みなのだとする、いわゆるあっと驚くような「コペルニクス的転開」の議論を展開した。普遍性は、世界から導かれるものではなく、私たちの知的理解のもともとの本質なのだというのである。私の理解をあえて述べれば、これは一種の普遍性に対する執念である。けれども、どうしてそのような構図になっていて、特定のカテゴリーがもとから備わっていることが論証できるのか、すなわち、「コペルニクス的転回」が単なる仮説やお話しの類いではなく、根拠のある議論たりうるかについて、カントは生涯格闘し続けたのである。このことは、結局、たとえ奇想天外な枠組みを提示できたとしても、ヒュームやホワイトヘッドが示唆したような疑問の息を止められるわけではなく、文脈がずれただけで、別の次元で息を吹き返してしまうことを仄めかしているのではないだろうか。

実は、同様な議論は、「決定論」(determinism) という考えに即しても言える。いや、決定論に関しては、実は哲学者の間でも、私の抱く疑問が伝わらないことがままあるのである。決定論とは、ごく大まかに言えば、世界の森羅万象はすべての時間を通じて何が生じるかあらかじめ(おもには因果的に)決定されていて、偶然性などは人間の認識能力の限界ゆえに有意味なように思われるだけで、世界の事象はすべて必然性の下にある、という考えである。自然法則に普遍性を見取る立場と親和する考え方である。しかし、こうした決定論は、一つの理論的可能性として全否定はできないけれど、それが真に唯一の正しい実態であると正当化することなど金輪際不可能であると、私は最初に決定論の考えを知ったときからずっと思っていた。どうして、有限な存在である生身の人間が、遠い過去や遠い未来に至るまですべて決定されているなどと断じる資格があるのか、私にはまったく理解不能だったのである。そんなのは越権行為だし、少なくとも私には根拠なき大言壮語(おおボラ?)のようにさえ聞こえるのである。しかし、驚くことに、決定論を受け入れる哲学者は決して少なくない。いや、むしろそういう哲学者の方がメジャーなのかもしれないのである。[1] 自然法則の普遍性や決定論といった考え方の背後には、私にはつかみきれない何か（魔性の魅力？）が潜在しているのだろうか。

宇宙は一三八億年前に始まったとする知見について、私がもう一つ強く疑問に思う点は、「一三八億年前」という時間概念である。簡潔に言おう。普通の意味での時間とは地球の公転や自転を基準にして決められているはずだが、では、地球が誕生したとされる四六億年前よりもさらに前について語られる「一三八億年前」という時間は、どのような基準で算定されているのだろうか。地球が本当にはないのだけれど、地球が存在すると仮定しての時間なのだろうか。そのように想定される地球とはどのような地球なのだろうか。その辺り、モヤモヤしてどうにも腑に落ちない。しかし、このモヤモヤ感を伝えるのは至難の業なのである。

一つの答え方は、地球の動きではなく、もっとそれを超越した次元で時間というものが機能している、とする応答であろう。このような見方の代表は、ニュートンの提起した「絶対時間」なのではないか。なるほどたしかに、地球の動きが基準といっても、地球の自転が厳密にぴったり二四時間なわけではないし、地球の自転はわずかずつ遅くなっているともされるのだから、それを超越した本来の純粋な時間なるものがあるとする考えも説得性がある。けれども、一旦そのように考える方向に行くと、こんどは、そうした「絶対時間」なるものがあるとどうして分かるのか、という疑問にぶつかるのは必定である。ここに再び、何か宗教的信仰に似たものが感じ取られてしまうのは不可避だろう。すなわち、先ほど「普遍性」への執念がキリスト教由来なのではないかとする論点を確認したが、ここでの「絶対性」もまた、根拠やエビデンスは獲得しえないけれど、そのように思ってしまう、信じてしまう、という抜きがたい衝動の産物なのではないかと思えてくる。いわば、普遍性と絶対性は私たちにとって「夢」なのである。美しい「まぼろし」なのである。

## 4 宇宙視線／人生視線

しかしながら、ここで逆の論点が浮かぶ。なぜ宗教的信仰ではいけないのか、なぜ夢に没入してはいけないのか。そう問われると、私には「断固としてそれはいけない」と答えることなど到底できないことに我ながら気づく。魅力的な誘いやデモンストレーションがありさえすれば、そしてそれが一定期間本当に成立していたという事実があれば、私たちはそれを信頼し安心を得たいと思うのである。宿泊先がどこになるか分からないで旅に出るより、宿泊先がすでに決まっていて、その確認の知らせを受けていた場合の方が安心に決まっている。なるほどたしかに、そうした予約の情報がすべてフェイクで、自分は誰かに欺されているかもしれない、何か勘違いをしているのかもしれない（実際ダブル・ブッキングなる現象もたまにある）、という疑いを持つことは理論的には排除できない可能性なのだが、大抵は過去の同様な事例の経験や一定の信頼性が推定できれば、安心して旅立つのである。

このように考えると、私たちの普遍性や絶対性への夢に対する執念や執着の位置づけがおぼろげに見えてくるように思う。そこでの普遍性や絶対性は実は文字通りの、つまりは本当の純粋な普遍性や絶対性ではない、と言うべきなのではないか。たとえば、今日盛んに喧伝される「持続可能な開発目標」すなわちSDGsだが、虚心坦懐に言って、これを文字通り受け止めて実現に向けて努力しようとする人などいないだろう。「持続可能性」という概念をそのまんま受け取ると、SDGsのゴールを永続的に実現する、という趣旨になるが、それがどだい不可能なことはあまりに明白である。そもそも太陽が、五〇億年後か六〇億年後か、やがて寿命を迎え、地球もまたそれと一蓮托生の運命をたどることになる限り、持続可能性というのは真には、そもそもからして達成不可能な夢である。

しかし、もちろん、太陽の消滅時までの持続性をSDGsに読み込んでいる人などいるはずもない（と思う……）。では、持続性とは何か。そして、普遍性、絶対性とは何か。それはおそらく、この一〇〇年、二〇〇年あたりを照準にした、いわば直近の範囲内で成立する持続性、普遍性、絶対性なのではないだろうか。そうでなければ、哲学的な疑問に対する応答をしなければならないはずだが、それは無理である。ようするに、持続性、普遍性、絶対性というのは、正確には、すべて「準」(quasi-)を頭に置いて、「準持続性」、「準普遍性」、「準絶対性」と呼ぶべき様相であり、そういう特徴の下でほぼ完璧に機能しているのである。

こういう論立てに対して必ずや提起される反論は、「日本人の女性は日本人である」といったトートロジーに代表される「論理的真理」は文字通り絶対的な真理ではないか、というものであろう。なかなかに強力な反論である。けれども、私はこう考えている。こうしたトートロジーは、あくまでひとえに、何々「は」何々である、というときの「は」という助詞の用法に依存している。この助詞の用法は絶対に不変で、普遍的に成立しているのだろうか。たしかにチョムスキーの名とともに知られる「普遍文法」という考え方があるが、そしてそれはしばしば脳科学的に根拠づけられもするが、それが真に「普遍性」を標榜できるものなのかどうか、疑問を提起できなくもない。脳の機能、助詞の使用のデータは、あくまで私たちが集積できる限りでのこれまでの経験の積み重ねに依拠するものであって、そうであるならば、上に述べた私の疑問はそのまま当てはまってしまう。それに、助詞の用法を分析するときに、当の問題となっている助詞を使って行う、という自己言及的様態には何かすっきりしないものを感じる。実際、論理も一枚岩ではなく、矛盾許容論理（paraconsistent logic）など、論理の改訂の提案も多々なされている。

しかし、そうはいっても、論理が「準絶対性」や「準普遍性」を備え、思考展開の強力なツールとして機能しているという事実は否定されえない。同様なことは、自然科学が提起する自然法則や自然の規則性についても当てはまる。私たちは、事実として、それらに基づいて日常生活を送り、それらから文明の恩恵を受けているのである。私は、この事実に焦点を合わせる立場を「人生視線」（viewpoint from life）と呼んでいる。倫理の問題は、おおよそこの人生視線に立って検討されるべきだろう。実際、子どもを虐待することなど、言語道断のあってはならないことである。こうした判断にまず迷うべき点はない。

けれども、これに対して、ずっと述べてきた、かなり哲学的潔癖症に毒された（あえてそう言おう）考え方に焦点を当てる立場を私は「宇宙視線」（viewpoint from space）と呼んでいる。本書では何度もこの「宇宙視線／人生視線」という対比が現れる。あらかじめ述べれば、私が推奨したい態勢は、「宇宙視線の要素をつねに背景にかすかに意識しつつ基本的に人生視線に立って思考し行動していく」というものである。宇宙視線的に見て私たちの知見が宗教的信念に類するものだと判明しても、人生視線的に見ればそれで一向に構わない。台風の近づいているときに船を出すのは危険だという判断は、絶対の根拠を持ちえない、ある種の信仰に基づいた判断だとされても、実生活上の対応に何の影響もない。ただ、だとしても、心の奥底に、宇宙視線的な視野をかすかに沈殿させ、遠いスパンを意識する芽をはぐくんでおく。ようするに、宇宙視線と人生視線はコントラストをなしつつも、ともに融合しあってもいる。そうした様相の見通しを付けること、それこそが本書の狙いである。

以上の点からして、おそらく、私は宇宙視線のフレイバーを通常よりも多く加味してものごとを見る傾向があり、それに対して、人生視線にどっぷりと思考を寄せる方々もおり、そういう傾向性の違いが、私の疑問がときにまったく伝わらないことの背景なのだと診断できるだろう。

## 5 ためらいと決断、そして浮動的安定

けれども、よくよく考えれば、普段の生活においても、私たちは普遍性や絶対性など本当には成立していないことを心の奥底では自覚しているのではないか。薬剤の服用などその典型例になるだろう。一〇〇%効く、一〇〇%安全だ、などと心から信じることのできる人はいないだろう。毎日使うコンピュータはどうか。何かのはずみで、精魂込めて作成した文書、それが突然消去されたり、どうしても保存できなくなってしまったり、そうしたことが絶対ないと誰が断言できようか。本書では、こうした絶対性が担保できない事態を「因果」(causation)の問題に焦点を当てて検討していく。因果関係は世界の森羅万象すべてにあまねく関わる、実に根本的な関係性なので、私の疑問を深く検討するのにうってつけの手がかりなのである。実際、いま挙げた例でも、薬物の因果的効果、機械の因果的作動のシステムが問題となっている。

同様なことは、規範的・倫理的な判断についても当てはまる。本書が後半で扱う倫理的問題、すなわち、トリアージ、動物と人間の関係、死刑制度、すべて多様な相対立する見解が錯綜している問題系である。一つの見解がまず正しいだろうと自分で納得したとしても、まったく別口の観点から異な

る見方が提起される。それが常態である。さらに言えば、「リスク」の概念を混ぜて倫理的判断をしなければならないとき、「リスク＝害の大きさ×害発生の確率」という定義からして、定量的な判断をするしかない。ここから困難性は否が応でも激増する。

　何かのリスクを避けること・無くすことこそが正しい、と強く思って行動しようとしても、そもそも「ゼロリスク」は不可能なことが通常であるし、加えて、一つのリスクを減らすことで別のリスクが高まる、という「リスク・トレードオフ」の事態にもしばしば直面してしまう。[2] このような状況のとき、特定のリスクをゼロにするという自分の考えが絶対正しいと思い詰めてしまったならばどうなるだろう。なかなか自分の思い通りのゼロリスクが実現されずストレスフルであろうし、かえって思いもよらない害をもたらすことにもなりかねない。たしかに何とか受容可能なリスクの程度、すなわち「安全」を科学的に示すことはできるが、個々人がそれを「安心」と感じるかどうかは別の話であろう。ここに抜きがたい困難が現れる。

　本書のメッセージの核心は、こうした現状の中でサバイバルしていくには、そもそものはじめに、私たちの住む世界には確定的な一つの正しさなどありえなく、どれかがたぶん正しいと感じられても、宇宙視線に立つならば、その正しさは絶対ではなく、ぼんやりとゆらいだものになってしまうという、その現実の事態をそのまま受け入れてしまい、そうしたぼんやりと漂いゆらぎゆくようなあり方に順応して安らってしまおう、という提案である。こうした確定できない、ゆらいでいくという態勢こそ、本書の言う「ためらい」の意味するところにほかならない。確定できないのだから、どれかを正しいと思っても、誠実かつ冷静であるならば、「ためらい」を感ぜざるをえないのである。そして、「ためらい」の態勢にならねばならないというこの世界の現実、それをそのまま受け入れようと「決断」すること、それが本書の言う「決断」の意義である。つまり、本書の言う「ためらい」と「決断」は対置されるような二つなのではなく、互いに混じり合う二つなのである。決して、これが絶対に正しいのだからそれを貫く、といった意味での決断ではない。

このような「決断」下で、現状の科学的知見や社会情勢などを勘案してさしあたり確度が高いであろう選択をしていく。間違いかもしれないという「ためらい」をつねに内的に胚胎させつつ。言ってみるならば、「ためらい」の定量化、ためらうべき程度、を考慮するのである。これは苦しいことかもしれない。しかし、必ず慣れると私は期待したい。必ず別種の安定感に達すると期待している。このような方向で現出してくる私たちのありよう、それを私は「浮動的安定」(drifting stability)[3]と呼んでいる。実際、確定して永続的なものはなく、すべては変容していくという捉え方は、権力や権勢の移り変わりの激しさだけでなく、自然災害につねに曝されてもいる日本人の心性、すなわち「諸行無常」[4]の世界観にぴったりと適合していくのではないだろうか。それは、ゆらぎの美学、とでも言えるかもしれない(私個人的には、こうした世界観・美観の実例は犬の生活に見取られるように感じている。彼らは、どのような変化していく環境でも、そうした変化する世界に順応し安らっていこうとしているように私には感じられる。後にも触れるが、私は犬儒派の末裔の末端にいる研究者であると自己診断をしている)。

## 6　ウェルビーイングへの道

本文では展開しなかったが、本書がその先に見通そうとしている点を少し述べて、「まえがき」を終えよう。「浮動的安定」の境地に至ったならば、その先に見えるのは私たちの「ウェルビーイング」

（well-being）なありようである。そして、新しい「リーダーシップ」（leadership）のありようである。どういうことか。

「ためらい」や「ゆらぎ」を掲げる本書が、「ウェルビーイング」や「リーダーシップ」に結びつくというのは、やや意表を突く展開かもしれない。しかし、もともと「浮動的安定」の境地というのは、ありのままの世界に安らうということであり、それが「安らい」である限り、「ウェルビーイング」に関わりがないとは言えない。今日、「幸福」（happiness）の概念に変わり、私たちの安寧なあり方を「ウェルビーイング」と捉えることが一般化しつつある。「幸福」や「ハピネス」が語感として、どうしてもいまこのときの快適さというものを意味すると捉えられがちであるのに対して、「ウェルビーイング」はもっと広い射程を持つ概念として一般に流通している。

「ウェルビーイング」が何であるかは、掘り下げれば多様な哲学的問題が浮かび上がるが、[5] 大まかな社会的了解としては、「世界保健機構」（ＷＨＯ）の用語集にあるような概念として捉えられている。すなわち、「ウェルビーイングとは個人および社会が経験する積極的な状態である。健康と同様に、それは日常生活を送るための資源であって、社会的、経済的、環境的条件によって確定される。ウェルビーイングは、生活の質、および人々や社会が有意義で目的を有する世界となるよう貢献できる能力、それらを包摂する」。[6] 一読して明らかなように、ハピネスと比較したとき、ウェルビーイングについては社会的なアスペクトが自覚的に強調されている。つまり、私たちがウェルビーイングなあり方を送るには、個人としての快適さだけでなく、社会として、言い換えれば、人々の間の関係性において良い状態でなければならないと捉えられているのである。

しかるに、私の言う「浮動的安定」とは、社会を構成する多様な人々の様々な見方が相対立したり拮抗したりする、たゆたい、ゆらぎゆく状況において、そのゆらぎをそのまま受け入れるときの「安らい」にほかならない。だとしたら、それは社会的条件下での快適さ、すなわちウェルビーイングなのではなかろうか。しかし、ここで大きな疑問が現れる。ゆらぎ、たゆたう、そんな未決の状態にそのまま身を置いて「安らう」ことなど可能なのだろうか、という疑問である。

まことに、その通り、これは難問である。ここで私は、哲学からはやや遠いように一見思われる経営学のリーダーシップ論において近年注目を集めている、ウェンディ・スミスとマリアンヌ・ルイスによる「両立思考」(Both/And Thinking)を援用したい。彼らは、多様な見解が対立してしまったときの緊張状態(tension)についてこう述べる。「しかしながら、緊張状態は不安をはぐくんでしまう。私たちがジレンマを経験すると、二者択一的な選択肢が提示される。こうした選択肢に向きあったときに発生する答えの出ない問いは不確実性をもたらす。この不確実性に直面して、私たちはしばしば、そこから逃げ出し、もっと確かで安定した根拠を求めたくなる」(Smith & Lewis 2022, p. 7)。不安定より安定性を好むのは人間の性《さが》である。しかし、あえて彼らは新しい別の見方を提案する。「ジレンマについて違った仕方で考えてみたらどうだろうか。相互に排反的な選択肢の中から選択しようとする代わりに、ジレンマの底に潜在するパラドックスを表面化させることから始めて、そうしたパラドックスは解決できないということを受けとめて(recognize)みたらどうだろうか。パラドックスの二者択一の両極から選択する代わりに、別の問いを立ててみたらどうだろうか。すなわち、二つの両極をどうやったら同時に抱え続けることができるだろうか、どうしたら競合する要求を適応させ続けることができるだろうか、と問うのである。このように考えると、私たちは両立思考へと誘われ、緊張状態を受け入れて(embrace)、より創造的で、効果的で、持続可能な解決が可能になる」(Smith & Lewis 2022,

p. 8)。

けれども、もちろん、スミス＆ルイスも、緊張状態をそのまま受け入れるのは「不快」(discomfort)であることを明確に理解している。では、どのように両立思考に移行できるのか。彼らは「不快感を受け入れる」(Accepting the Discomfort)と題した節で「根本的受容」(radical acceptance)という概念を紹介し、「私たちの困難な感情からの苦しみを最小化するには、まずはその苦しみに身を委ねるしかない」(Smith & Lewis 2022, p. 162)とする。両立思考を試みるときに湧き上がる苛立ちなど、そのまま肯定してみよ[7]、というのである(Smith & Lewis 2022, p. 164)。彼らは「一旦間を置く」(pause)ことを強調しながら、「感謝日記」を書くことや運動の有効性など、脳科学との連携を踏まえつつ、いわゆる「ポジティブ心理学」の応用をこの文脈に組み込む。この辺りはすでに哲学的議論を離れた、プラクティカルな議論になるが、一つの実際的提案としてきわめて興味深い。「浮動的安定」の一つの実践方法の探究につながるだろう。

## 7　リーダーシップの未来へ

私の理解では、両立思考や浮動的安定という態勢は、今日の新しいリーダーシップ論へと結びついていくであろう。ウェルビーイングが包摂する社会での関係性という文脈では、事柄の自然として、人々が相互に関わって動かしていく組織やグループでの快適さや社会への貢献が主題化していくことは間違いない。そして、そうした集団においては「リーダーシップ」が問題になるのも当然である。そもそも異なる複数の人間が構成する集団においては、場合によっては対立する異なる見解が提起されるのが普通である。そうしたとき、そうした緊張状態をまとめ上げて、有効な道筋へと集団を導くためのリーダーシップが求められるが、そこでのリーダーは非凡な英雄でなければならないか。かつてのリーダーの理想像は、強い意志と確固たるビジョンをもったある種のスーパースターであったかもしれない（問いを提起することを性《さが》とする哲学者にはどだい無理な役割である）。けれども、価値観が多様化し、多文化的な要素が入り交じり、様々な角度からの情報が錯綜する現代では、そうした理想のリーダーはあまり機能しないどころか、かえって組織の弱体化などの害をもたらしうる。この点について詳述は控えるが、私はエドガー・シャインとピーター・シャインが提起する「謙虚なリーダーシップ」（humble leadership）の概念に注目したい。

謙虚なリーダーシップとは、簡潔に言えば、集団の中のメンバー相互が「パーソナイズ」（personize）[8]された個人的な関係を結び、メンバー全員が運営や経営の決定に責任を持って関わる、というものであろう。むろん、一聴してあまりに理想的すぎる、とも聞こえるが、実際にこうしたリーダーシップに近似した関係性の中で成果を挙げている例がある以上、検討に値する考えであることは否定できない。シャイン&シャインは「個人の能力ではなく、関係のモデルとグループ・ダイナミクスに基づいて前進する必要がある」（シャイン&シャイン 2020, p. 51）と述べる。「謙虚なリーダーシップ」概念の鍵は「パーソナイズ」という新しい用語である。「パーソナイズ」は、人格化・擬人化を意味する「パーソナライズ」（personalize）とは異なり、「相手のことを、そのとき担っている役割ではなく、一人の人間として考えようとする姿勢」（シャイン&シャイン 2020, p. 57）である。この辺りから、先ほどの両立思考の実践と同じく、哲学の議論から離れて、プラクティカルな組織論の議論となるが、私は、浮動的安定の態勢がここでの「謙虚なリーダーシップ」概念と親和するように思われるのである。多くの対立する異なる可能性や見解があることを、そして多様なありようの中で人生を送る生身の人間がまわりにいることをまずそのまま受け入れて、それを基盤にして活動をしていくという思想であると理解できるからである。

　もはや、本書の射程を超える、次なる領域に前のめりで分け入ってしまったかもしれない。まずは、腰を落ち着けて、本書が主題としている問題に立ち向かおう。すでに示唆したように、本書は二部構成で、前半で因果性の問題を扱い、後半で倫理的問題を扱う。しかしもちろん、その切り込み方は一貫している。宇宙視線／人生視線のコントラスト、浮動的安定の概念を岩盤に据えつつ、因果関係の問題や倫理的問題のゆらぎゆく様態に即して、ためらいと決断の諸相を浮き彫りにすること、それが本書のミッションである。本書をひもとく読者の皆さんが、どのような思考を広げていっていただけるか。著者として、大いに楽しみにしたい。

# 第一部　因果関係に潜む謎

# 第1章　因果と応報

## 1　なぜ因果関係か

本書『ためらいと決断の哲学』は、なぜ因果関係の問題を倫理と絡めて論じるのか。その点を説明することから始めたい。この第1章の目的は、本書全体の導入として、因果関係にまつわる問題性を概括的に整理し、それに向かう私自身の視点をいわば見取り図的に論じることにある。ある種の序章的な役目を担う章である。なので、第2章以降で詳しく論じられる議論と部分的にかぶる点があること、ご承知おきいただきたい。まず、個人的なことをあえて述べてみよう。そうすることで、本書の問題意識が相応に伝わると思う。

中学一年生の時、日本脳炎の予防接種をした。今晩は安静にするようにと医師から指示されたが、まだ子どもだった私は愚かにもその日の夕方に友人と大騒ぎをして大汗をかいてしまった。するとその晩に高熱を出してしまったのである。私は日本脳炎という病名におののき、怖い病気なのだと思い詰め、そしてその予防接種をした日に高熱を出したわけだから、日本脳炎で死ぬのではないかと、大変な恐怖を感じた。そして、なぜこんなことになってしまったのか、と自問した。それは、愚かにも自分が医師の指示に従わず大汗をかくほど遊んでしまった、その報いではないかと理解した。そのときは、結局は大事には至らず、翌日には回復した（もしかしたら今もまだ回復してないのかもしれないが……）。その時の高熱はいまでも記憶に残っており、幼な心にも非常に恐怖を感じた。その感触がよみがえる。そして、自分のせい、自分が汗をかいて遊んでしまったせいなのだ、そういう思いをいだいて、そのときに初めて「報い」、何かをやったときの「報い」という概念を、リアリティをもって感じたのである。

それから、やはり中学生の頃だったと思うが、テレビのニュースで「本日、死刑が執行されました」という報道があった。かつての日本では死刑執行を公には発表しなかった。かつては発表せずに、おそらく関係者が口伝てにその情報を伝えて、それを報道機関が発表する、というものだったようである。けれども、死刑執行されましたというテレビの報道に接して、私は、えもいわれぬ感覚を覚えた。

私は戦後生まれで、一九六〇年代から七〇年代にかけて一定程度の近代化を成し遂げた時代に成長したので、そういう環境の中で、この国で死刑が行われているというのは、どういうことなのだろうという思いを抱いたのである。日本の場合、死刑相当の犯罪というのは、殺人または外患誘致罪などであり、外患誘致罪とは外国の軍隊などを誘導して自国を滅ぼすようなプランを外国と共謀して立て、実際に武力行使が発生したときに成立する犯罪のことで、その場合は仮に死者が発生しなくとも死刑に処するということが刑法に定められている（刑法八一条）。けれども、戦後の裁判で、外患誘致罪が適用されて死刑判決が出た例はなく、実際上は殺人だけに限定されていると言える。[1] つまり、死刑というのは、実質的に、殺人をしたことによってその報いとして死刑が執行されるのだということであり、そのことを私はテレビ報道を通じて身近に自覚したわけである。

これは、平たく言えば、一般に仏教の言葉で因果応報と呼ばれる、私たちの社会の一つのあり方である。ただ、因果応報と一口で言っても、なかなか理解しがたい。私はこれはどういう思想なのだろうかと、中学生の時に疑問を抱き始めた。実をいうと、一四歳とか一五歳のときに将来の自分の進路を決断してしまうのは早過ぎる、もう少し物事を知ってからのほうがよかったと後になって思ったのだが、私は中学生の時に、因果応報について勉強してみたいという気持ちになり、中学生のときに哲学を勉強すると決心した。それで今日に至っているのである。

当初、因果関係、すなわち原因と結果の関係を研究するために、一番良い道は何かを考えて、仏教もそうだし法学もそうだし、あるいは経済学とか自然科学も適切かと考えた。しかし結局、哲学の道を選んだ。これはある意味では、人生最大のつまずきの元であったかもしれず、結局、ここにずっと足を絡め取られることになってしまったのである。私の著書の中に『原因と結果の迷宮』という本があるが、それは決して格好をつけて、そういう名前を付けたたわけではない。自分自身の実感として、原因と結果の関係とはどういうものかを理解するうちに深い迷宮に自身が入ってしまっていると思ったからである。もがいても抜けられなくなってしまったのだ。

## 2　森羅万象に食い込む因果関係

因果関係というのは、ミクロとマクロの物理現象から、心身、そして歴史現象、社会現象にまで関わる。たとえば、歴史現象では、荘園について、武士階級が出てきて荘園が崩壊したなどと記述する。武士階級の発生によって地頭という職位が発生して荘園の崩壊に至った。これはまさしく因果関係による説明である。それから社会現象や経済現象でも同様である。たとえば、日銀の利子の上下が経済現象に影響を及ぼす。これも因果関係である。心身の間も、たとえば不安になると胃が痛くなる。もちろん、それから体の調子が悪いと気分もすぐれず、うつ病を誘発しかねない。これも因果関係である。それからもちろん気象現象や物理・化学現象にも因果関係が語られる。

そして、ものごとの操作技術、責任帰属など、ほぼ森羅万象に関わることに因果関係が語られる。一番卑近な例では、私がテーブルを指で叩くと音が聞こえる。自明なことだが、この音が発生する原因は、私がテーブルを叩いたことにある。こういう因果関係を理解しないと、私たちは世界で生存できない。火の中に腕を突っ込んだら大やけどをしてしまう、といった因果関係を理解できないならば、この世でサバイバルできないのである。それほど因果関係というのは森羅万象に関わっており、認識の面でも実践の面でも私たちにとっての根源的な世界への体勢である。

そうした因果関係を説得性をもって主張するには、後でも触れるが、今日では、統計的な因果推論が強力なツールを提供している。「因果モデル」による分析や「ランダム化比較試験」などは、情報収集とその分析を精緻にしていけば、非常に説得力のある因果関係の提示となる。シミュレーションの技法をさらに正確な仕方で加味していければ、ＡＩ時代にふさわしい因果関係についての探究方法としてあまねく確立されてくると言えるだろう。ただし実際、統計的因果推論や因果モデルは技術的な意味できわめて強力かつ有効ではあるが、因果的に理解できそうな事象に対して複数の因果モデルが当てはまってしまう可能性があるし、なぜ因果関係が一般に過去ではなく未来に向かうのかといった根源的かつ形而上学的な問いに示唆を与えるものではない、といった弱みが指摘されることがある（Kutach 2014, pp. 139-140, およびクタッチ 2019, pp. 157-158）。

つまり、統計的因果推論は、あくまで私たちの観察やデータが及ぶ範囲の実践的な領域に考察を限定する限り有効なのであって、それを超える範囲について、あるいは因果概念そのものの謎（因果関係とは何かなど）について、すなわち形而上学的な領域についての考察には適当とは言い難い面があるのである。ちなみに、すでに「まえがき」で触れたが、私は、こうした私たちの観察やデータが及ぶ範囲に限って思考する観点を、つまり日常的レベルでものを考える観点を「人生視線」と呼び、何億年といったスパンで、あるいは根拠の根拠をというような仕方で物事を捉えようとする姿勢を「宇宙視線」と呼んでいる。統計的因果推論は人生視線において強力に機能するが、宇宙視線に関しては必ずしもそうは言い切れない、というのが私の見立てである。

しかし、強調したいが、統計的因果推論の今日的展開は、因果関係理解の深化を促す大きなステップであることは疑いの余地がない。現在の統計的因果推論のめざましい展開は驚嘆すべきであり、哲学的な因果論の文脈への影響も大きく、議論のクオリティを大きく変容させてしまっていると言える。私自身、大いに関心を注いでいる。実際、人生視線に立つ限り、統計や確率なしで私たちは一体どのようにサバイバルできるというのか。雪が降り出した道をノーマルタイヤの車で運転しようと思案するとき、私たちはスリップ事故や渋滞についての確率や統計（少なくとも確率・統計的な常識）を参考にしないではいられないだろう。そうしないとしたら、それは単なる不合理である。ただ、そうは言っても、結局、どうしても私の因果関係への関心は、当初の「報い」の思いへといつも立ち戻ってくる。どうしてもそこが引っかかってしまうのである。三つ子の魂百まで、なのか。

## 3　原因と責任の同義性

実際のところ、原因概念と応報概念の結びつきは最も根源的かつ原初的である。応報（retribution）は責任概念と直結する。責任があるから報いを受けるのである。ギリシア語では原因のことを「アイティア」と言う。西洋哲学について学んだことがある人は「アルケー」という言葉を知っているだろう。アルケーというのは万物の根源（あるいは「支配」という意味もある）であり、万物はアルケーに基づくということで、タレスという哲学者がそれは「水だ」と最初に言ったところから哲学は始まったというふうに、哲学史の教科書に書いてある。アイティアはそれに少し似ていて、原因を意味する。ところが、ギリシア語の辞典を引いてみると、アイティアは原因と記されているだけではなく「責任」とも書いてある。もとをたどれば、原因と責任というのは同じものと捉えられていたことが窺われる。受験英語で「AはBに責任がある」は「A is responsible for B」と学ぶ。「be responsible for」は、何々は責任がある、を意味する英語の有名なイディオムである。けれども実は、「A is responsible for B」は「AがBの原因である」という意味でもネイティブの人たちは使う。たとえば、「He was responsible for our loss」は「彼に私たちのチームが負けてしまった責任がある」という表現で、責任の意味に使う。でも「Heavy snow was responsible for the traffic jam」というと「大雪が原因で交通渋滞が起きた」ということになる。「is responsible for」は、前者の、彼のせいで負けてしまったという場合には責任を意味するし、大雪のために交通渋滞が起きてしまったという場合には原因を意味する。つまり「be responsible for」は、責任と原因のどちらも表すことができる。私たちは普通、「be responsible for」を「責任がある」と理解するが、必ずしもそれだけではなく「原因となる」を表すこともできるわけである。

もう既に言ってしまったが、実は日本語にも原因と責任の同等性を示す言葉がある。「彼のせいで負けてしまった」という「〜のせい」という言葉である。たとえばサッカーでオウンゴールをしてしまった時を思い起こそう（私はサッカーの醍醐味はオウンゴールじゃないかと思っている。あの何ともいえないシュールなお互いの顔を見合わせる場面、何とも楽しい、楽しいと述べては失礼だが、非常に人間的だなと思う)。大抵はオウンゴールをしたチームメイトを仲間は責めない。しかし、全然プレイに関係ない単なるファンの人のなかには「あいつ、何やっているんだ」と思うこともあるだろう。「あいつのせいで負けてしまった」というように、「責任」を帰属する。

けれども、「大雪のせいで交通渋滞になってしまった」という場合は、「原因」を大雪に帰している。「責任」を雪に帰する、というのはちょっとぎこちない(大雪対策を事前にしておかなかった自治体を責めるという文脈はありえなくはないが……)。このように、「〜のせい」はギリシア語の「アイティア」と同じに「原因」と「責任」の両方を意味している。日本語にもアイティアと同じ言葉が継承されているのである。

そして、責任がすぐれて人為的・制度依存的であることを考えると、原因と結果もまた単純に物理現象だけに限定した客観的な関係とはならないのではないかと予想される。もし原因と責任が同等の意味を持つということであれば、そのような推定が強力になされるだろう。

責任がすぐれて制度依存的であるという例は数多くある。たとえば何かモノをつくる会社が不祥事を起こした時に、責任をとるのは社長である。でも、社長はモノづくりの現場には大抵はいない。異物が紛れ込んでしまった時、社長はその現場にはいない。だとしたら、生産物の異常に物理的には関与していないわけである。けれども、責任をとるのが社長である。これは制度がそのようになっていると解するしかない。

## 4　刑罰の問題

責任と原因が同じだとすると、原因と結果も、もしかしたら制度的なものなのではないかという考え方が予想される。刑事責任の問題はその典型であろう。普通、刑罰というものをなぜ社会の制度として我々は使っているのかという問いに対しては、二つの考え方が一般に提起される。一つは応報刑で、刑罰は犯罪の報いであるという、原因と結果そのものの考え方である。端的に、ある人が原因をなした加害行為を行ったのだから、結果としてその人は責任をとって罰を受けるべきという形で、責任概念として原因・結果の関係が適用される。

もう一つは目的刑で、刑罰を与えることによって個人や社会に一定の効用をもたらすという考え方である。たとえば少年犯罪の場合、一度罪を犯した少年を更正させて社会に復帰させる。これは少年本人や社会に有益な効果をもたらすと推定される。それから、成人に関しては、刑罰があるということは犯罪抑止になると考えられている。すなわち、社会の安全性に寄与するのだから、刑罰制度は正当化される、というのが目的刑の考え方である。この場合、目的刑については、事実としてどういう効用があるかという事実認定があって、「よって罰を受けるべきなのだ」というような判断がなされている。応報刑の場合は端的に、効用の事実の判断抜きで端的に「べきだ」とされている。だから「べき」という点からすると、応報刑の方は加害行為と刑罰の間に直接的な因果（応報）関係の結びつきがある。もっとも、目的刑の場合も、刑罰とその効用との間には因果関係が想定されているとは言える。ただし、それは加害行為と刑罰の間の直接的な因果関係ではない。

しかし、目的刑だけで刑罰を根拠づけることは困難であると思われる。いま述べたように、目的刑については犯罪抑止という目的に適うとしばしば言われる。そして、社会の人々に対して、「あなたがこういうことをしたら、こういう風になってしまうんですよ」と知らせていくことが犯罪抑止にほかならない。これが刑罰の効用として、刑罰制度の正当化根拠とされる場合があるわけである。けれども、これは、多少悪い言葉で言うと、威嚇して、こういうことをやるとこういうふうになりますよと脅しているのと本質は変わらない。けれでも、脅すだけが目的でそのために刑罰があるのだとしたら、実はもっと効果がある刑がありうる。それは何かというと、加害者ではなくて、加害者の家族を罰するという刑である。ある人が窃盗をするとか、暴力をふるって傷害事件を犯したとする。傷害事件を起こした加害者本人が罰せられるというのが私たちの社会の制度だけれども、そうではなく、加害者の家族が罰せられるということになると、これは加害者本人にとって相当な大きなプレッシャーになることは間違いない。自分が悪いことをしたのだから自分が罰せられるのは仕方がない。けれども何も悪いことをしていない、自分の愛する家族、配偶者や子どもや親が、そういう人が罰せられるという制度にした場合どうなるか。加害行為をするのを思いとどまろうとする、犯罪の抑止効果が強力に作動するだろうと思われる。だだ、選挙違反の連座制などを別にすれば、傷害や殺人に対してそういう制度を採用している国はないだろう。

やはり刑罰というのは犯罪を犯した当人に科すというのが基本的な制度である。あくまでもその意味で目的刑ではなく応報概念、つまり犯罪と刑罰を原因と結果として解するという意味の因果概念が基本となっている。どのくらいの刑罰の重さにするかという量刑に関して目的刑的な考慮が働くのが、大体の国の刑罰の制度である。ただ一点注意点を挙げると、実はいま言った、加害者の家族を罰するという可能的制度の議論が当てはまらない方も少なからず社会にはおられる。どういうことかというと、家族がいらっしゃらない方である。天涯孤独の方の場合にはいま言った議論はあてはまらない。我々の社会で天涯孤独の方は、孤独死という課題を抱えて、いまいろいろ問題になっている。もちろん、どんな人も親から生まれてきたのだから、親という家族がいるはずだが、親との連絡もまったく取らず、兄弟姉妹、親族との連絡もまったく取らず、天涯孤独という方もおられるのである。その場合には家族に刑罰を科すという可能的制度の話は該当しない。日本はいま、孤独死が大変問題になっている。孤独死は最近は高齢者の方に限らず、二〇代、三〇代の方にも発生している。(2)

## 5 犯罪抑止？

くわえて、犯罪抑止というのは実は難しいということが分かってきている。一般に、死刑は一番重い罰なので、死刑に犯罪抑止効果があると思われるだろう（死刑については第7章でさらに詳しく論じる）。日本の場合、数年前まで二人以上殺した場合には死刑になる可能性があり、一人しか殺さない場合にはまず死刑判決は出なかった。けれども、今日、数年前からの傾向だが、一人しか殺さない場合でも状況によっては死刑判決が出るようになってきた。そのように、事実として死刑は厳格に適用されているのだが、では死刑というのは犯罪抑止効果があるのか、という問題が改めてどうしても浮かんでくる。死刑制度の正当化理由の大きな柱の一つが犯罪抑止効果に求められているとするならば、なんとなく抑止効果があるだろう、ではすまされない。学問的に立証が要求される。

しかし実は、犯罪抑止効果というのは検証がしにくいのである。犯罪抑止効果があるということはどういう状況かというと、殺したいと思っても、殺したら死刑になってしまうので、やはりやめようという、そういう事態を直接的には指すのであろう。ということはどういうことかというと、犯罪抑止効果が発揮された場合というのは何も起こっていないことになり、したがって統計には出てこないということである。だから、抑止効果を直接的に検証し立証することは原理的にとても難しいのである。

けれども、逆の場合もあるということにも注意が必要である。それは日本でもアメリカでもしばしば発生する事象である。すなわち、自殺したい、でも怖くて自分ではできない。お金がないから狙撃者を雇うこともできない。そういう場合にどういうふうになるかというと、人に殺してもらいたい、でも人に殺してもらうのも難しいので結局、死刑になりたいという願望につながってしまうのである。

実は世界的に見た場合は、死刑がある国は全体の三分の一以下である。三分の二以上の国は死刑を廃止している。日本は少数派である。いつも国連から止めるように言われているが、世論が支持しているからという理由で日本政府は死刑を存置し続けている。G7の中では死刑がある国は日本とアメリカの二国だけである。アメリカ合衆国は五〇州の中で死刑のある州とない州がある。実はアメリカでは死刑のない州に暮らしていて、自殺したいけれども自分でできないので人に殺してもらいたいという人は、わざわざ死刑のある州まで移動して、そこで無差別殺人のような事件を起こす。死刑相当の重罪を犯して死刑にしてもらうということである。いわば自分の本懐を遂げるわけである。これはどういうことか。死刑がない州に暮らしていたのに、わざわざ死刑がある州に移動して重罪を犯すということは、死刑のある州は犯罪を誘発しているとも言えるのではないか。死刑がなければそうした犯罪は発生しないだろうと思われるからである。ならば、死刑というのは場合によっては犯罪を誘発する効果を有しているのではないか。秋葉原で二〇〇八年に無差別殺傷事件が起こった。これも、犯人は〝自分は死にたい〟と言っていた。ということは、日本の実例に照らしても、死刑があるからこのような無差別殺傷事件が起こってしまったとも言えるだろう。死刑があるということが犯罪誘発効果を持っているということを示唆しうるという議論である。

## 6　原因指定のゆらぎ

さて、原因は客観的な世界の中に内在しているように一般に感じられるけれども、実は制度依存的なもので、確定しがたいという点に戻ろう。たとえば、マッチを擦ると火が付く。発火の原因はマッチを擦ったこと。これは当たり前の話であろう。けれども、話はそう単純ではない。たとえば、無酸素状態の実験室でマッチを擦ったときに発火した場合、外側からこの光景を見た人は、「えっ、なんであんなところで火が付くんだろう」と考えるだろう。そうしたら、「あの部屋に酸素があるということか」ということになる。その場合、酸素の存在に注目が集まるので、酸素の存在が原因の一つになる。少なくとも酸素の存在が最も注目される側面になるだろう。

音もそうである。私がテーブルを叩いてコツコツという音がしたら、私が手で叩いたことが音の原因である。けれども、宇宙空間で宇宙飛行士が遊泳しているときに何か物を叩いて、宇宙船の中でそれを見ていた人がその音を聞いたとしよう。それはびっくり仰天だろう。「えっ、宇宙なのに、そこに空気があるのか」ということになる。空気がなければ音は聞こえない。音というのは空気の振動なのだから、音が聞こえるということは空気があるということになる。その場合は、叩いたこと以上に、空気の存在が原因として指定されることになる。あるいは、水を被ったマッチの山の中で一本だけ抜き出したときに、それが発火したら、「えっ、あれだけ乾いてた？」ということになり、その場合はマッチの乾きが原因として指定されることになるだろう。

あるいは、マッチの発火が放火・火事につながってしまった場合、マッチを擦った人に悪意があったということで、マッチの発火そのものではなく、その悪意がそしてその人がマッチを擦って放火した行為が火事の原因として指定されるだろう。場合によっては放火犯が火をつけたゴミ置き場をきちんと片付けておかなかった被害者の家族に原因が求められることさえあるかもしれない。犯罪行為の責任については、非常に不思議かつ不条理なことだが、人間本性の歪んだ一面として、被害者の落ち度だとしてしまうことがあるのである。

かくのごとく、実は原因というのはものすごく不確定なのである。本性的に「ゆらぎゆく」ものなのである。私としては、こうしたゆらぎゆくありようを、原因探求の不備によるのであり、本当は確定した原因があるはずだというように捉えるのではなく、むしろ原因概念や因果関係概念にその本質の一部として組み込まれた、因果性の真の姿なのだと理解したいのである。ある事象に対して、どんな原因指定をしても、説得力は別として、必ずや別の原因指定の可能性が提起されうるからである。そうした場面で、特定の原因指定にのみ固執するのは理性的ではない。誠実であろうとする限り、私たちは「ためらい」を持つべきなのである。このように、まず理解してほしいのは、ある出来事の原因というのは、一個に確定できない。これが因果関係の本質であり、ここから議論が始まるということである。

たとえば、人間はいつか亡くなる。亡くなると死因は何かが言及される。ときどき、新聞を開くとお悔やみ欄で「死因は心不全」というように記されていることがある。誰も死ぬときは心臓が止まって死ぬわけだから、みんな心不全だろう、と思ったりもするが、まあ心臓病で心不全と医者が判断しているわけである。けれども、哲学者たちが死因ということを考えるときには、いろいろなことを考える。たとえば、アメリカの哲学者デイヴィッド・ルイスはアポロ神の物語に即して「死の原因は誕生である」という理解の仕方の可能性にさえ言及している（Lewis 2004, p. 101）。なぜそんなことが言えるのか。誕生しなければ死なないからである。明らかに、誕生は、少なくとも、死の必要条件なのである。私自身、実はある黒人の方の歌を聴いたことがある。差別を受けている黒人の方が「生まれなきゃよかった、生まれたことが不幸だった」と嘆いた、どうにもやるせない歌だった。それは自分のあり方というものに対して、誕生ということに原因を帰している見方にほかならない。そういう捉え方を延長したとき、誕生が死の原因という言い方は、決して変ではないことになろう。こうした、原因指定の非決定性、ゆらぎゆくさまは再び原因＝責任に立ち返って、責任帰属の文脈で考えると分かりやすい。

一例を挙げよう（同様な例を第４章でも少し違う仕方で挙げる）。駅のホームで人がドアに挟まれる事故があったとする。その時の原因、そして責任は何だろうか。もちろん「運転手の確認漏れ」だろう。「駅員の確認漏れ」というのは、一般的に責任あるものとして分かりやすい。しかし「被害者の駆け込み乗車」、これも悪い。だが、「ホームの構造」が悪いのではないか。係員の見えにくい構造になっているのでは？ということも原因の候補に挙がるかもしれない。それから「車両の構造」。さらに「鉄道会社の社員教育の不備」、つまり、きちんと毎回点検しないといけないという姿勢を徹底していない。それから、「被害者の会社の時間の厳格さ」。遅刻しそうだから慌てて乗った。時間の厳格さが極端すぎるのではないか。一分遅れると給料を五〇〇〇円減らすというような会社があったら、それはまずいだろう。それから「運転手の寝不足」で自分でミラーを確認しないで発車してしまった。それから「運転手の自宅周辺の昨夜の暴走族」で運転手が良く寝られなかったとか。これは暴走族が原因なのではないか。それから「暴走族を結果的に放置する」遠巻きに眺めていた警察が悪い。しっかりと取り締まらない。だから運転手が眠れなくて、注意不足になった。それから「バイク改造をした整備工場」。暴走族のバイクはすごい音を出して走ることがある。バイクの改造をした整備工場が原因で結局ドアに挟まれる事故が起きたのでは？

## 7 恒常的連接による習慣

これは風が吹けば桶屋が儲かるという落語みたいな話だが、実は普通に考えてもありうることである。では、こうした非決定性やゆらぎが発生してしまう根底にはどういう事態があるのだろうか。そもそも因果「関係」は目で見たり手でふれたりできないという、そういう基本的な特性がある。ヒュームは、Aタイプの出来事と、Bタイプの出来事で因果関係が認められるとき、私たちがどういうふうに原因と結果を理解しているかというと、恒常的連接、つまり、いつもAタイプの出来事が起こるとBタイプの出来事が起こる、という現象が基盤になっていると主張する。たとえば、物を支えなしに空中で離すと落ちる。これはだれもが子どものころから何度も経験していることだろう。手を放したら落ちる。普通のペンを机の上で持ち上げて、手を離したら落ちる。子ども時代からずっと経験している。だとするといま「手を離しますよ」というと、落ちると思う。なぜか。ヒュームはこう説明する。手を離すと落ちるという現象を人生の中で繰り返し繰り返し経験してきた、すなわち手を離すと落ちるということは恒常的連接（constant conjunction）をなしており、そうすると「Aタイプの出来事」＝「手を離す」と「Bタイプの出来事」＝「落ちる」、という二つの出来事が連想的にくっついてしまって、二つの出来事を結びつける癖が心の中でできてしまう。この癖はとても大事である。崖の上から飛び降りたら落ちる、という理解を我々ができなかったら命が危ういからである。私たちはそこに因果関係を見取っている。空中で支えがなかったら落下する。この恒常的連接を経験して、片方のタイプの出来事が出現すると、他方タイプの出来事を思うよう、いわば強制されて、習慣づけられてしまう。このような決定されてしまう感覚が、これこれの原因の後に、これこれの結果が必ず生じるという理解の真相なのだ、とヒュームは見抜いた。つまり、物を離すと落ちるということを私たちはいつも連続して経験してきたので、物を離す↓落ちるということが心の中で癖として結びついてしまっている。だから物を離すと落ちると思わざるを得なくなっている。強制的にそう考えるようになってしまう。それ以外のことを考えることができなくなってしまっている。この議論のポイントはなんだろうか。因果関係とは強制的に働く心理的な癖であり習慣による癖にすぎないとすること、これがヒューム因果論の最大のポイントなのである（Hume 2000, p. 112などを参照）。因果関係というのは私たちのものの捉え方の習慣なのだ。これは衝撃的な話である。これを衝撃的であると理解していただけると、若干、西洋近代哲学の入り口に入った感じだろう。では、なぜこれが衝撃的なのか。

原因と結果というと、熱いものに手を触れると火傷をするなどが典型例で、それはすなわち、熱さの中に熱という力のようなエネルギーがあって、それが人間の皮膚に異常を起こさせるというように捉えられるのが一般的なのではなかろうか。すなわち、そういう理解においては、熱さというのは、私たちの心理的思いとは独立の、客観的な世界の中にある事象であり、それがいわば因果的パワーを持っていて、そのパワーが人間の皮膚に異常をもたらす。これが普通の因果関係の理解ではなかろうか。つまり、因果関係というのは、客観的な世界の事象である、あるいは力、パワーが因果関係の源であるというのが我々の常識のように思われる。ところが、ヒュームはそう捉えなかった。ヒュームは、因果関係というのは、習慣、私たち自身のものの捉え方の習慣、癖だと捉えたのである。ばかげた暴論のように聞こえるだろうか。しかし、ヒュームの因果論は、哲学の歴史の中でかなりの影響力を持って検討され続けてきた議論である。哲学者の奇をてらった妄想だとして、端から切り捨ててしまうのは、少なくとも哲学を学ぼうとする場合にはお勧めできない。

## 8 因果関係は知覚できない

では、ヒュームがこのような因果論を展開するに至った根拠は何なのだろうか。それは、ヒュームが一〇代のときに気づいたという、一つの、少し考えるならば理解可能な、事実にある。すなわち、因果関係というのは、知覚できない、見ることも触ることも、味わうこともできない、というこの点への気づきである。たとえば、私がマイクを叩くと音がする。マイクからコンコンと音がしているのはなぜかというと、私が叩いているからにほかならない。けれども、ヒュームの考え方によると、この現象の中で、私たちが経験しているのは二つの知覚にすぎないということになる。すなわち、一つは、私の指がマイクに触れるのを見ていること。もう一つは、音が私たちの耳に届いて、音が聞こえること。この二つである。私がこのマイクを叩くことによって音がしている、これが普通の理解なのだが、ヒュームが気づいたのは、叩くこと「によって」というのは、ここでの私たちの知覚の中にはどこにも現れない、いうことなのである。私が指を動かすのは見える、そして直後に音が聞こえる。けれども、その音が、この指を叩くこと「によって」鳴っているのかどうかということは、知覚できない。そもそも「によって」を知覚するとはどういうことなのかも皆目分からない。「によって」を見るとか、「によって」を聞くとか、何のことなのか、たしかに答えに窮してしまうだろう。

それでは、なぜ、叩いたことによって音がする、というように私たちは理解してしまうのか。それは、叩くことの直後に音がすることの時間的に連続する経験、先に述べた恒常的連接の経験、を私たちが何度も繰り返して、それを心理的に結びつけてしまう習慣ができてしまったからだ。これがヒュームの見立てである。ヒュームは「私が一八歳の頃、思考の新しい情景が私の前に開かれたように思われる」とジョージ・チェイン宛てと想定される書簡にて述べている（Hume 1932, Vol. 1., p. 13. 一ノ瀬 2011b も参照）。内容的に考えて、「新しい情景」とは因果関係に関するヒューム固有の捉え方であると一般に解されている。この捉え方こそ、ヒューム因果論のスタートラインとなる。(3)

一点だけ追加しておく。先に記したように、私たちの常識に照らせば、原因と結果というのは実在の客観世界の中にある力のようなものだと考えられており、それによって自然の法則というものが生まれていると思われているのではないか。「まえがき」でも触れたが、カントは因果の客観性を守護すべきだと考えた。ヒュームは一七一一年生まれだが、カントはヒュームよりもちょっと後の一七二四年に生まれた。カントは、自分の先祖がスコットランド出身だと思っていたので、スコットランドの哲学に関心を向けていた。その当時のスコットランドの哲学者の代表者は、デイヴィッド・ヒュームである。哲学史の中で非常に有名なエピソードだが、カントは、ヒュームの議論を知るに至ると、非常に驚愕するに至った。ヒュームによれば、あえて素朴な言い方をすれば、自然の法則というのは全部、心理的な癖、思い込みにすぎないということになってしまう。しかし、ニュートン力学はいろいろなことを正確に予測している。ニュートン力学は、あれほど大きく予測に成功しているのに、それがただの人間の心の癖だというのはおかしい。やはり原因と結果の関係は客観的なものでなければならない。そのようにカントは考えたのだと思われる。

それゆえカントは、なんとか、ヒュームの呪縛から免れて、原因と結果の客観的で普遍的な妥当性というものを論証しようと努力する。その結果生まれたのが『純粋理性批判』にほかならない。なかでも、因果性を一つの純粋悟性概念、つまりカテゴリーとして、ア・プリオリに成立していると論証しようとする「カテゴリーの演繹」がヒュームの呪縛を逃れる戦略の本丸に当たるだろう。カテゴリーというのは、それを通じてのみ客観世界に関する私たちの認識が成立する、いわば人間の心の枠組みであって、それに基づいて私たちは何かを知るのだから（それなしでは何も認識できない）、その枠組みの中に因果性がもともと確固として入っていれば、もはや因果関係は不確定なものではなくなる、という算段である。哲学の本と言ったら、プラトン、アリストテレスも有名だが、カントの『純粋理性批判』もまた非常に有名な古典である。私も大学一年生のときに、岩波文庫の日本語訳だが、下北沢の駅のホームで『純粋理性批判』を読み終えた。世界の風景がまるっきり違う仕方で見えてきたような感覚を覚え、生まれて初めての奇妙な時間が流れた。こんなに深くものを考えるのが哲学なのかと呆然として、駅で立ち尽くしてしまったことを思い出す（いや座ってたかな……）。それほど、この本は衝撃的な議論を展開している。ただ、実はカントでさえも『純粋理性批判』の自分の議論、とくにカテゴリーに関する演繹論に満足しておらず、死に至るまで、繰り返し繰り返しそれを改訂しようとしている。

## 9　共通原因の問題

私の先生に廣松渉という有名な哲学者がいる。廣松先生による哲学史の講義でも、哲学というのはヒュームのところで一旦袋小路に陥ってしまった、そして、いまだその袋小路を抜けきっていないと述べられていた。けれども、ヒューム的な恒常的連接による因果関係理解にはやや問題含みの合意が伴う。恒常的連接とはA・B、A・B、A・Bの繰り返しの経験のことだった。では、たとえばお父さんが機関車の操縦士だとしよう。自分は、六歳か七歳の子どもだとする。そして、お父さんの仕事に関心があるので、一度お父さんが操縦しているところを見たいと言った。お父さんはそういうことをやってはいけないのだが、会社に内緒で彼の息子か娘を連れて行ってしまう。そして、お父さんが操縦桿を握って、それを引く。しかし、息子か娘は背が小さいので、台でお父さんが操縦桿を引いているのが見えない。だけど、お父さんが操縦桿を引くと、息子か娘の額の辺りに風が吹きかかる。操縦桿周辺に風が吹いて、息子か娘はその風を感じるわけである。そして、その後電車が発車する。何回か止まって、もう一回引くと、息子あるいは娘は風を感じる。すると電車が発車する。これは、子どもの体験からすると、操縦桿周辺に起こった風を感じるのと電車が発車するということに恒常的連接が発生することになる。そうすると、ヒュームの議論に従うと、電車が発車するのは、この風が引き起こしていることなのか、と思ってしまうことになる。

でも、実はこれは違う。操縦桿を引くということが原因で、それが電車の発進の原因であり、周辺に風を呼ぶ原因でもある、というのが通常の理解だろう。この二つの結果は、次の図のように、操縦桿を引くという共通原因（common cause）に発すると解されるわけである。太い矢印が因果関係と想定

共通原因による二つの結果

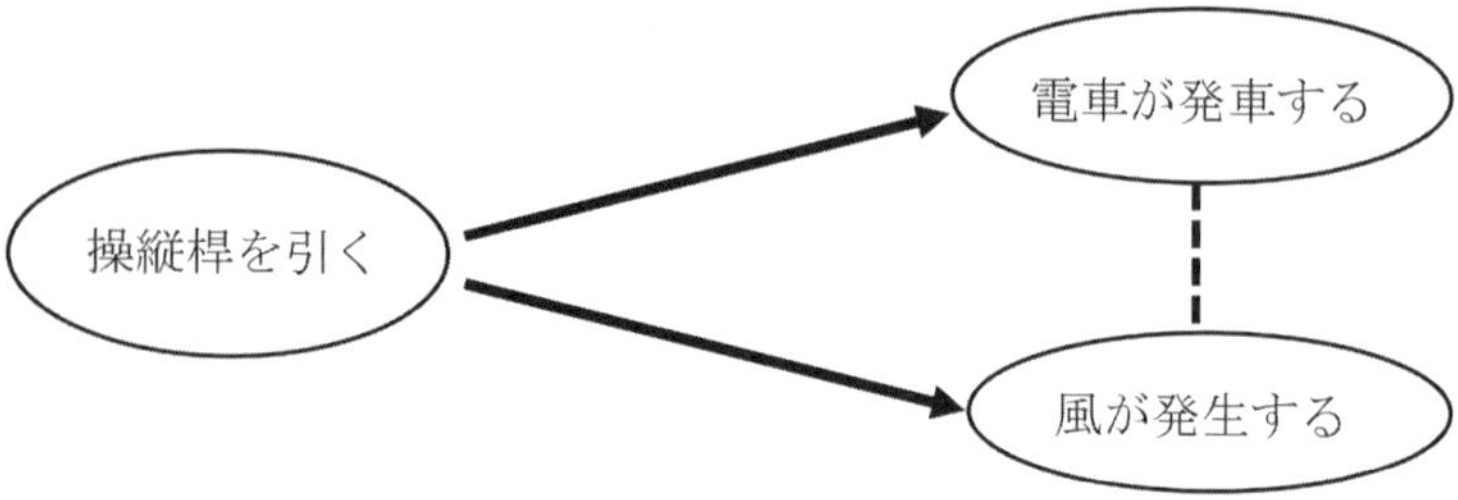


される結びつきである。

点線で示されている、電車の発車と風の発生とは、因果関係というよりも、一つの共通原因からの複数の共通結果という形での「相関関係」(correlation) にすぎない、というのが一般的な捉え方であろう。ところが、ヒュームのように恒常的連接だけに頼ってしまうと、この間にあたかも因果関係があるように判断されてしまう。けれども、操縦桿によって引き起こされる風、息子や娘がフワッと感じる風、によって電車が動くわけがない。しかしヒュームの議論によるとこうなってしまうかもしれない。

この共通原因の問題については、統計学者ロナルド・フィッシャーがかつて提起した、喫煙とがんについての物議を醸した議論が理解に資するかもしれない。フィッシャーは、喫煙とがんの因果関係を確信しすぎて、過度な禁煙運動をする社会に警鐘を鳴らした。これは、タバコの愛好者にとってはありがたい議論であるかもしれないが、愛好者ではない人にとっては、何を言っているんだということになるかもしれない。これはどういうことか。フッシャーはこのように述べる。喫煙と肺がんの間の観察に基づく関連性はその二つの因子の因果関係を証明していると解釈されているが、それ以外にもそうした観察に基づく関連性を説明する理論はありえる、すなわち「タバコの喫煙と肺がんは、互いに因果関

フィッシャーの喫煙と肺がんの可能的例

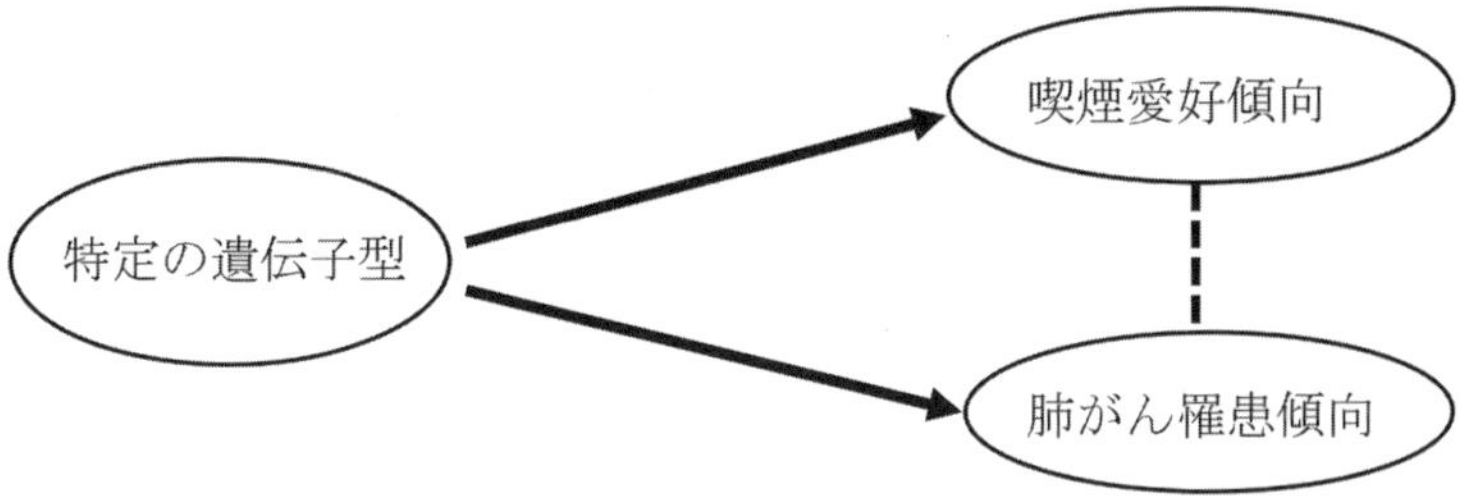


係をなしているのではなく、両者とも一つの共通原因、つまりこの場合は特定の遺伝子型、によって影響されている」という理論である（Fisher 1957, p. 297）[4]。すなわち、一つの可能な仮説として、タバコを吸いたくなるということは、ある種の遺伝的なもので、遺伝的なある傾向性が本人にニコチンを好む状態を作る。ところが、同じ遺伝的な構造が実はがんの体質も導いているということになっている。そうすると、どういうことが起こるかというと、私たちは喫煙をすると肺がんになりやすい、ということで統計的な因果関係を理解しているのだが、実はこれは相関関係にすぎない。本当は遺伝的構造に原因があるのだから、タバコを吸わなくてもがんになってしまう。このような可能性がある。理論的には可能な説明なので、この可能性を最初から除外するのは如何なものかというのがフィッシャーの言いたいところであったと思われる。先と同様に図示すると、上のようになる。

先と同様に、点線部分は一般には因果関係と解されているが、この説に従えば単なる相関関係であることになる。

## 10　共通原因の深淵

フッシャーは、決して、喫煙ががんをもたらすということを頭から否定していわけではなく、そうではなくて理論的にはこういう遺伝子型共通原因説が真である可能性もある。だから、この構造を、この可能性を、最初から度外視してしまうのは如何なものか。そしてもしこの遺伝子型共通原因説が本当だとしたら、タバコを吸いたい人は、吸った方がいいことになるかもしれない。なぜなら、どうせ吸わなくても同じ結果になるとしたら吸った方がいいという話にもなりうるからである。感覚的に言っても、がんが家族の中でしばしば同様な形で発生するように見えるときもあること（小腸がん？　Lynch症候群？　乳がん？）を考えると、遺伝的な側面に要因を求めることは必ずしも荒唐無稽とは言えないようにも感じられる。むろん、これが正しいかどうかは本当に厳密には分からない。ただ、フッシャーは、理論的な可能性としてこういう説があるから、度外視してはいけないのではないかと主張しているのだと思われる。

こうした共通原因への気づきは、因果関係の不確定的にゆらぎゆくさまを見事に露呈せしめている。フッシャーの喫煙と肺がんの遺伝子型共通原因説の例は、今日的な目で見るとかなり強引・無理筋のように見えるが、冷静に考えると、実は非常に根深い。というより、私たちが因果関係だと通常理解している関係性すべてに対して、理論上は普遍的に当てはまってしまいうるのである。原理的かつ形而上学的に考えると、フッシャーの遺伝子型共通原因説がまともな考慮対象になり得る可能性は、つまり、ある意味での火種は、決して消滅していない。実際、種々の因果関係について私たちが手にしている定量的証拠はたかだか一〇〇年程度の間のものにすぎず、今後別様の事態が露わとなってくる可能性を、一体誰が否定できるのだろうか。

実は、こうした共通原因についての着目は、哲学史的にも前例を見いだすことができる。それは、一七世紀フランスの哲学者ニコラ・マルブランシュの名とともに知られる「機会原因論」

機会原因論の考え方

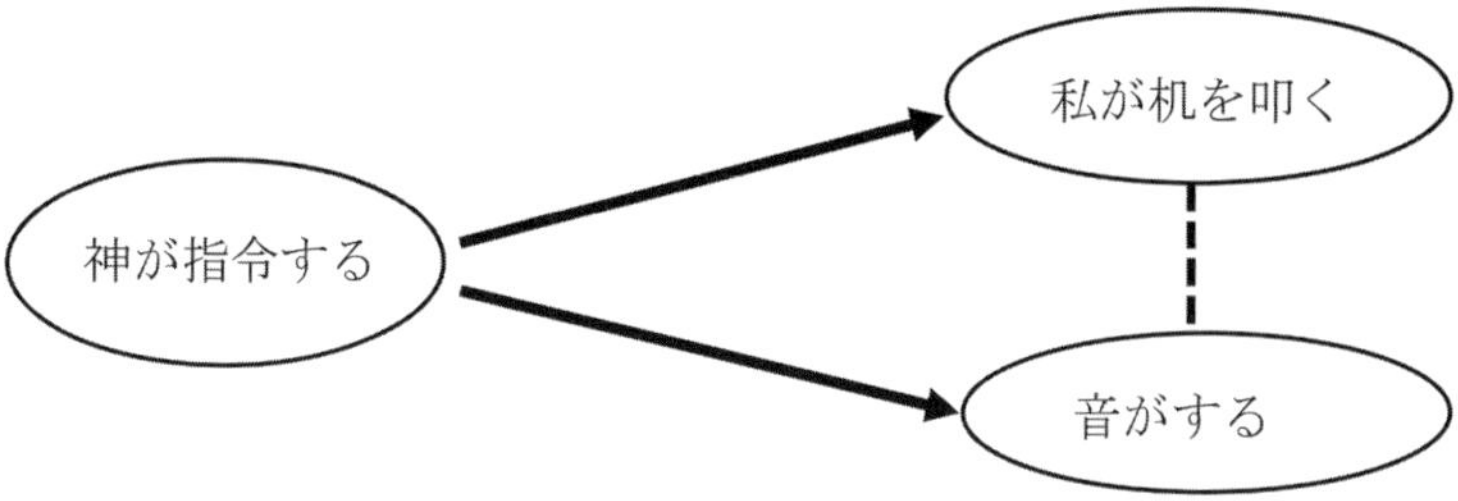


(occasionalism) である。機会原因論とは、誤解を恐れずざっくりと言うと、私が机を叩くと音がするのような、一般に原因と結果とされる二つの事象間の関係性は、実はそれぞれが神を原因として生じているのであって、それぞれの事象はそうした神の超越的な能力を確認する機会にすぎない、とする考え方である。「私たちは万物を神の内に見る」(Nous voyons toutes choses en Dieu) という言い方はよく知られている (Malebranche 1972, pp. 437-447)。つまり、操縦桿の例でいえば、操縦桿を引くの代わりに「神が指令する」を、そして二つの結果事象の代わりに「机を叩く」と「音がする」が入る、という形式で一般的に因果関係と思われている事象の関係性はそれぞれが神の偉大さを示す機会となっているだけなのだ、とする考え方である。念のため分かりやすさを考えて図示してみる。

　荒唐無稽の奇妙きわまりない主張に聞こえるが、驚くべきことに、原理的にそんなはずがない、とぴしゃりと拒絶することができない、ある意味で空恐ろしい議論である。[5] しかもマルブランシュは、こうした主張を提示しつつも、次のように展開する。

> しかし、私たちの精神がこのような仕方で万物を神の内に見るからといって、私たちの精神が神の本質を見るというように結論づけることはできないこと、この点を注意深く明記しなければならない。

神の本質は神御自らの絶対的存在であり、私たちの精神は絶対的に捉えられた神的実体について見ることはなく、単に被造物として相対的に、あるいは私たち自身が参与しうる限りにおいて見るだけである。私たちの精神が神の内に見るものは非常に不完全であるのに対して、神はきわめて完全なのである（Malebranche 1972, pp. 438-439）。

バロック時代の哲学に不慣れな人にとっては、なんとも古色蒼然とした物言いに聞こえるかもしれない。あるいは逆に、古典的な哲学やキリスト教文化圏に関心のある方にとっては、由緒正しく格調高い議論と思われるかもしれない。いずにせよ、私自身はこのマルブランシュの議論に、原因という概念が包含する本質的なゆらぎ、確定的にこれが原因なのだ、と断定できない本性、それに対する真っ直ぐな洞察を感じ取る。私たちの世界理解の裏面に宿る深淵で果てしない空洞を見るような気持ちになるのである。一見奇妙きてれつな議論だが、共通原因の構造が因果関係全般に普遍的に成立しているとする考え方であり、そして同時に、因果関係の根源的なゆらぎを強力に露呈させる、きわめて示唆に富む議論であると言うべきではないだろうか。ならば、私たちは因果的にものごとを判断するとき、誠実である限り、まずは「ためらい」を持つべきなのである。

## 11　因果関係と確率・統計

以上のような恒常的連接と共通原因の検討は、もう一つの重大な示唆をもたらす。すなわち、恒常的連接の統計的観察による因果関係理解は「必ず」そうなるというわけではなくて、「そうなりやすい」という因果関係理解に結びつくという点である。恒常的連接が過去の経験である限り、未来の出来事のありようを確定的に示すことができないのは考えてみれば当たり前だろう。ワクチン接種で副反応が出た人がいなかったとしても、今後も絶対に副反応は発生しないと断言はできない。それが医療であり、科学である。さらに、恒常的連接のような過去のデータに基づく因果関係理解の根底に宿る共通原因の構造からしても、問題となっている事象に対する因果関係を一つに特定できないという意味での不確定性もある。

けれども、そうは言っても、私たちはこの世界で生活している。そして生活は世界の事象の因果関係理解なしには不可能である。たとえば、火の中に腕を突っ込んだならば火傷をする、といった因果関係の理解なしにどうやって生存できようか。何らかの指針がなければ身動きが取れないだろう。だとすれば、不確定的なゆらぎに面しつつも、どういう理解をするのが程度的によいだろうか、という先に述べた人生視線からの考察が生まれてくるのは理の当然だと言える。「確率」の概念の登場である。実際今日では、因果関係というのは、「必ず」ということはあまり表に出なくて、統計的なデータを取って、こうだったらこうなる確率が高くなるという形で、因果関係を言い立てるというのがごく普通の考え方であろう。

たとえば、喫煙をすれば一〇〇%がんになるわけではない。ときどき、うちの爺さんは九六歳になって野良仕事をしているけれど、毎日タバコを吸っているよ、野良仕事の合間にタバコを吸っているけど元気だよ、といったことを述べるような人もいる。これを、喫煙は肺がんの原因になる、という主張を反証する事例として持ち出すのは、確率や統計に対する無理解なのだが、確かにこのように、喫煙したら肺がんになると決まっているわけではない。これは、あくまでもそういう傾向が出てくるということである。

それから、タミフル、これはインフルエンザの薬として有名だが、一時期問題になったように、タミフルを投与すると、一〇歳くらいの小児が急に階段から飛び降りてしまうことがある、と新聞にも報道された。これはタミフルが原因なのか。タミフルの本当の効果かは分からないし、タミフルを投与した児童全員が異常行動したわけではない。けれども、中には異常行動した子どもがいたわけである。それから、話題になった子宮頸がんワクチン。少し前までは使用を推奨していたが、子宮頸がんワクチンは副反応があるということで、報告された症例が子宮頸がんワクチンの本当の副反応かどうかはいろいろな議論があるにしても、政府では一時ワクチン接種の推奨をしていなかった。しかし、実は子宮頸がんワクチンというのはよく出来ていて、日本や二、三の国で副反応が報告され、日本政府は接種を勧めることにやや抑制的になっていたが、他の国では推奨されてきたし、日本でも二〇二二年から推奨が再開された。そもそも、なぜ推奨されているか。子宮頸がんというのはがん患者の中では、比較的若い方に見つかりやすいものだとされる。高齢の方に見つかりやすい子宮がんは、多くは子宮体がんと言われるものである。そして、実は日本では、子宮頸がんで亡くなる女性は毎年三〇〇〇人近くになる。けれども、子宮頸がんのワクチンを打つとそれがものすごく減る。ということは、副反応があるからと言って、ワクチンを打たないと三〇〇〇人近くの死亡者を放置するということになってしまう。これはどうなのだろうか、ということが問われることになったのである。いずれにせよ、子宮頸がんによる死者数をワクチンが減少させる。一〇〇%とまでは言えないとしても、「9価ワクチン」で、子宮頸がんの原因となるＨＰＶの80%から90%を防ぐことができます[6]」とされている。

こうしたワクチンの効果についての言説から分かるように、今日では因果関係というのは確率込みで語られるのが普通である。その発想はきわめてシンプルである。次のような単純な式でその発想の基本を表現できる。

$$P(E|C) > P(E|\sim C)$$

これは条件つき確率を使った式で、Cという現象があるという条件のもとでEが起こる確率と、Cという現象がないという条件のもとでEが起こる確率を比較している。そのときに、Cという現象があるという条件のもとでEが起こる確率がそうでない場合よりも大きい場合は、さしあたり、CがEの原因であると推定される（原因候補になる）、とする考え方である。これはかつてProbabilistic Causality、つまり「確率的因果」と呼ばれた考え方の一番原初的、基本的な公式である。たとえば、インフルエンザワクチンを打てば、インフルエンザにかからないで冬を越せる、でも、インフルエンザワクチンを打たなくても、インフルエンザにかからないで冬を越せるという場合で、インフルエンザワクチンを打った方が冬を越せる確率が高かった場合、これはワクチンの効果があるということになる。一〇〇％とは言っていない。

もう一つ例を出せば、うつ症状の人で、早朝に散歩をするとうつ症状が軽減されるという人と、うつ症状の人で、朝散歩をせずに寝坊をしていて、症状が軽減されるという二つのグループを比べて、早朝散歩をした方がうつ症状が一層軽減されるという場合には、たとえば、軽減される人が、全体のうつ症状を訴える人全体のわずか二％だとしても、そうではない人が何もしないで治る確率は〇・

一％だとしたら、これは効果があるということになるわけである。しかし、こうした確率的因果の考え方にも実は論ずべき点はいろいろとあって、迷宮性はどんどん深まっていく。

12　「シンプソンのパラドックス」

確率的因果の文脈において、古典的に有名な問題は、「シンプソンのパラドックス」と呼ばれるものである。次の表のような事例を考えてみよう（一ノ瀬 2011a, p. 59 参照）。ある薬物治療を受けた人たちの中で、男性で回復した人が二名、非回復の人が六名いるとする。ここでは分かりやすいように非常に小さい数にしているが、数が大きくなっても構造は同じである。つまり、男性で治療を受けた人は、八名のうち二名が回復している。ではこれを単純に確率だと考えた場合に、八分の二の確率でこの治療が効果を上げたということになる。八分の二というのは四分の一なので、〇・二五である。次に、治療をしなくても回復してしまった人が一人、回復しなかった人が四人。五人のうち一人回復して、五分の一、すなわち〇・二である。〇・二五と〇・二だと、〇・二五の方が上なので、確率的因果の考え方に従うと、この場合は治療にある程度効果があったと見なせる。

女性でも考えてみよう。治療をして回復した人が四名、回復しなかった人が一名である。この場合は、五分の四も効果があったことになる。五分の四というのは、〇・

| | 男性 | | 女性 | | 男女の全体 | |
|---|---|---|---|---|---|---|
| | 回復 | 非回復 | 回復 | 非回復 | 回復 | 非回復 |
| 治療 | 2 | 6 | 4 | 1 | 6 | 7 |
| 未治療 | 1 | 4 | 6 | 2 | 7 | 6 |

八である。それに対して、治療をしなくても回復した人が六名いて、回復しなかった人が二名、これは八分の六、つまり四分の三、〇・七五である。〇・八と〇・七五、これはわずかだけど、男性の場合と同様、治療をした方がいい。効果がある。ところが、女性と男性の統計数を合算すると、治療をして回復したのは二人と四人で六人、回復しなかった人は六人と一人だから七人になる。治療をしないで回復した人は一人と六人で七人、治療をしなくて回復しなかった人は四人と二人で六人。合算すると、治療した時に回復した人は、一三分の六となる。ところが、治療をしなくて回復した人は、なんと一三分の七人。男性と女性では治療をした方が効果があったのに、単純に数を合算しただけなのに、逆転してしまった。これをシンプソンのパラドックスと言う。

このパラドックスが提示された二〇世紀半ば当初は、統計学者たちは非常に困惑したようである。けれども、今日の統計的因果推論の文脈では、これはパラドックスでも何でもなく、治療と回復のプロセスに暗黙的に作用している「交絡因子」(confounders)を考慮に入れることで、矛盾したように見える事態をより精密にして、矛盾しない事態として表現することができるとされている。すなわち、治療から回復に至るプロセスに関して、性別だけが唯一の影響を与える因子ではなく、性別以外にもたとえば被験者の血圧とか年齢とか病歴とか、回復率に影響を与える因子、すなわち交絡因子がいくつか考えられるのであり、それも踏まえて統計データを整理し直せば、矛盾は解消されるということである。

こうした分野の議論を代表する哲学者・統計学者ジュデア・パールは、こうした交絡因子に関する考察に基づいて、「シンプソンのパラドックス」を材料に因果関係を統計的かつ数学的に処理する方法について、「構造的アプローチ」(the structural approach)と名付けて詳細な議論を展開している。なかでも、パールは、「治療効果を評価する場合、私たちは治療群と非治療群の間の反応の相違は治療そのものによるものであって、二つの群の間の治療とは関係ない固有な相違によるものではない、ということを確かめなければならない。すなわち、二つの群は反応変数に関わるすべての特徴において互いに似ていなければならない。原則として、もし治療群と非治療群がすべての関連する特徴において似ているならば治療効果は交絡されていない、とシンプルに宣言することで、これで交絡の定義を完結させたことになる」（Pearl 2000, p. 196）と述べたが、そうした考え方の背景には「交換可能性」（exchangeability）という概念が基盤として導入されている。同種の似ている対象や要素同士を交換してデータをとっても相違が出ないならば、そこには交絡因子による影響がない、という考え方である。たとえば、先に触れたように血圧や年齢などは被験者においてさまざまだと考えられるので交換可能性はなく、したがって交絡因子となると言えるが、対象者の自家用車の車種などは治療効果に関連する特徴とは言えず、交換可能性が成り立つ、ということであろう。

パールはこれに続けて、交換可能性に関して、「似ている」とか「関連する」は曖昧な表現なので、デ・フィネッティの「仮想的交換」（hypothetical exchange）という概念に寄せて、より正確さを期してこう記す。

> 二つの群が似ているかどうかを判断する代わりに、二つの群を仮想的に交換した場合を想像し（治療群が非治療群となり、非治療群が治療群となる）、この交換された状態のもとで観察されるデータが実際のデータと区別できるかどうかを判断する（Pearl 2000, p. 196）。

こうした形で交絡因子があるかないかを詰めていけば、「シンプソンのパラドックス」のような逆転現象も、一見してパラドックスに見えるだけで、実はパラドックスでも何でもない現象として理解できるようになる、というのである。

パールはこうした議論を精緻な数学的定式化を与えながら縷々展開している。いずれにせよ、問題の核心は、何かの事象と別の事象との因果関係を推定する場合には「交絡因子」がどのくらい絡んでいるかが重大な鍵になるということである。したがって、因果関係を統計的に推論する際には、交絡因子のあるなしをどのように見いだすかが一つの本質的に重要なミッションとなる。それは、パールの言い方からすると、仮想的交換というプロセスを介して実際のデータとの相違のあるなしを判断することによるとなるが、では、その相違のあるなしはどのように判別されるのだろうか。

## 13 因果的直観への問い

パールはこの点について、先の引用部分に続けてこのように述べている。人々は「治療に対する反応を支配するプロセスと治療の選択に影響を与える要因に関する基本的理解に基づいて、二つの群を交換するというシナリオをシミュレートすることができる」(Pearl 2000, p. 196)。では、ここでの「基本的理解」(basic understanding) とは何か。この点、必ずしも明言されていないが、パールの考えを推し量るヒントはいくつか述べられている。パールは、「シンプソンのパラドックス」がパラドックスのように見えてしまうことの前提に、確率上昇が因果関係を示唆するという確率的因果の発想と、私たちの「因果的直観」(causal intuitions) との間の齟齬が見出されるとした上で、どちらか一方を選択することで道が開けると述べる。そして、因果的直観を優先するとした上で、こう明言する。

ここでの私たちのスタンスは、本書の残りの部分でのスタンス同様、次のようである。すなわち、因果性はそれ自身の論理によって支配されており、この論理は確率計算を大幅に拡張することを要請している、というものである。私たちは、私たち自身の因果的直観を支配する論理を解明し、この論理によって不可思議な薬物が存在することが排除されることを形式的に示す義務がある(Pearl 2000, p. 180)。

では、因果的直観とは何なのだろうか。

パールは、薬物治療の例に沿って「シンプソンのパラドックス」を解決する(確率の大小関係の逆転は生じないという)証明を与えているが、その証明の前提として、「薬物が性別に影響を与えることはない」(drugs have no effect on gender)を仮定するとしている。この仮定は先に触れた「交換可能性」の議論と連動していると解釈できる。男性と女性という性別は、たとえば服用する薬物を現在服用している抗うつ剤から解熱剤に換えるという仮想的交換をしても変化することはない、という含意であろう。そしてパールは改めてこう述べる。この証明の根拠は「私たちの因果的直観の中にある、薬物は性別に影響を与えない、という自明だが重要な前提である」(Pearl 2000, p. 180)。たしかに、薬物が性別を変更させるなどありえないだろう。それは、私たちの人生視線にとってはあまりに明らかであり、そうした自明な前提から「シンプソンのパラドックス」が解決されるならば、その解決は非常に説得力がある。このように科学的・統計学的に因果関係を推定する方法が洗練されていくことは、私たちの生存にとって非常に有り難いことである。

ただ、哲学はまだ続かざるをえない。考察地平が宇宙視線へとスライドしていく。どうして、薬物は性別に影響を与えない、が直観的に自明な前提だと私たちは捉えるのか。唐突な問いに聞こえるかもしれないが、この前提それ自体も因果的主張であることに注意しなければならない。薬物の摂取が性別の変更を引き起こすことはない、という負の因果関係（因果的に無効の関係）、あるいはやや強引に言い換えれば、薬物の摂取は性別の持続をもたらす、というある意味で正の因果関係が提示されていることになるのである。ここで問わねばならない、その自明とされる因果関係はどのように確認されうるのか。

おそらく、シンプルな答えは、過去の経験の積み重ねによる、というしかないであろう。だとしたら、素朴かつ古典的な疑問がどうしても湧く。第一に、そうした因果関係それ自体に「シンプソンのパラドックス」のような表面上の矛盾が発生する可能性が理論上はありえるが、それに対応するのにまたまた因果的直観に基づいてさらに深層の自明な因果関係に訴えることになるのだろうか。人生視線上はほとんど想像できないが、宇宙視線上はありえる事態である。だとしたら、すぐに気づくように、ここには無限後退の罠が待ち受けていることになる。ここから派生的に、同じ論点・疑問が、たとえば血圧などを薬物治療の効果に対する交絡因子として取り出すというときにも当てはまるだろう。なぜ血圧と治療効果の間の因果関係が想定・予想されるのか、という問いが究極的には同じ道を辿ることは理論的には成り立つはずである。

また、実は因果的直観において自明な因果関係と認められる事態についても、先に触れた共通原因を言い立てる余地が皆無ではない、という点も宇宙視線からは導かれる。人生視線に立つ限りは意味不明な言説として即時に却下されるだろうが、宇宙視線からすれば、薬物を摂取することを望むという心理的あり方と、薬物が有効に作用するというあり方との共通原因として、たとえば遺伝的組成や神などが言い立てられる余地はないとは言えないだろう。そして最後に、あのいにしえの帰納の問題という、古くて新しい問題がここにも再び襲いかかる。自明な因果関係が過去の経験の積み重ねに基づくとしても、それが未来にも妥当し続けていくという理論的根拠は実はない。将来的には、摂取が性別変更につながるような薬物が生まれてくる可能性すら考えられる。少なくともたとえば、身体中のホルモンの状況に影響を与えて、心理的な性自認（gender identity）を変更させてしまうような薬物などは十分に想像可能であり、そしてそれは、今日の性自認の社会的受け止められ方に鑑みれば、薬物による性別変更の効果だと言ってよいのではないか。いずれにせよ、ヒュームの洞察は、本質的であるがゆえに、恐ろしくしぶとい。

## 14　時空的接近と量子力学

以上より、少なくとも宇宙視線に立つ限り（哲学はそうせざるをえない）、統計的に因果関係が推定されても、問題が何も残らないということにはならない。因果関係というのはものすごく難しい。実際、さらなる迷宮に入らなければならない。

先に改めて名前を出したヒュームに立ち戻ってみよう。ヒュームは、原因と結果とされる事象の特徴として、恒常的連接の前提として、原因と結果は、①時空的に接近している、②原因は結果に時間的に先行する、という二点を挙げた（Hume 2000, p. 54）。つまり、遠隔作用みたいなものはないということである。たとえば、ニュートンの万有引力による重力が原因として働くということは否定される。実際、当時の常識として、遠隔作用というものはない、作用というのは時空的に接近していると考えられていたのである。それから、原因と結果で、どちらが先に起こるかというと、原因の方が先に起こる、という二点を前提として挙げているわけである。

けれども、このような一見自明な論点にも問題が生じる。接近に関していうと、実は遠隔作用というのも今日の常識では認められている。たとえば、量子力学のEPR相関、つまりEinstein Podolsky Rosenの相関が挙げられる。アインシュタインは量子力学に関して、終生、懐疑的であった。量子力学は、世界の現象は確率的であると考える。ところが、アインシュタインは、世界の現象というのはもう因果的に決定されている、神はサイコロを振らない、サイコロみたいな形で確率で世界は支配されていないと考えた。いわゆる「因果律」を強固な要請として受け入れていた。だから、アインシュタインはEPR相関を提示することによって量子力学の学者たちに対して反論を投げかけようとした。

では、EPR相関とはどういうものか。素粒子が分岐して、二つに分かれた後、量子力学では全体に雲のように確率で分布しているものとして量子を考えるけれども、観察した瞬間にパッと一点に決まる。それが量子力学の描く量子のあり方である。このように一点決まることを「波束の収縮」という。波束の収縮が起こると、普通、我々が観測する前であったら、一つの素粒子が分岐して二つに分かれていても、どっちのところにあるかは、確率的にしか決まっていないのだが、一方をポンと見た時に、その二つが宇宙の果てと果てに分かれていたとしても、一方を見たとたん、もう片方の果ての方に一方が見られたことが伝わって、因果的に、見られた方に波束の収縮が起こってしまう。つまり、観察されたことの因果的効果が一瞬で宇宙の果てから果てに伝わってしまうのである。一般に非局所性相関と呼ばれる考え方である。しかし、それは光速よりも速い因果作用ではないか。光速よりも速いものなんてないはずなのに、どうしてこんなものを量子力学は認めるのかという形で、アインシュタインは量子力学に対して批判をしたわけである（森田 2015，第3章を参照）。

でもこれは、むしろ量子力学の反撃にあってしまう。遠隔作用があるということをあっさり量子力学は認めてしまった。それどころか、光速の不変という、アインシュタインの相対性理論の原則、それ自体も実はその後、大きな反論に巻き込まれていく。私たち日本に暮らす者は往往にして、進化理論とか、相対性理論とか量子力学などを何か確定した理論のように思ってそれを勉強するが、実は物理学とか生物学とか、自然科学というのは、本当に日進月歩で、いろいろ変容していっている。昨日までの常識が今日は違ってしまうということがしばしばある。アインシュタインの仕事についても同様である。アインシュタインの功績は讃えられるべきだけれども、アインシュタインの相対性理論を形作る光速度不変という考え方にはいろいろ疑問が提示されている（以上については、Cushing 1989, pp. 319-325 を参照）。

## 15　時時間的先行と逆向き因果

さらに、時間的先行に関しても、「逆向き因果」、つまり結果が先に来て原因の方が後に来るという因果関係があるのではないかということさえ言われている。これについては、二〇世紀のマイケル・ダメットというオックスフォードの哲学者の酋長の踊りというお話が有名である。ある部族で成人になるための過程として、二日間かけてライオンのいる草原に出かけ、次の二日間狩りを勇敢に遂行して、また二日かけて帰ってくるという通過儀式を行うとする。要するに、全体で六日間かかる儀式である。その間、酋長が、若者たちを勇敢に振る舞わせようとして踊り続ける。つまり、最後の二日間、ライオン狩りは終わってしまって、帰路の道に向かっている二日間も酋長は踊り続ける。これは変ではないか、最後の二日間はもう帰り道で、ライオン狩りは終わっているのだから、ライオン狩りを勇敢に行わせようというために行う踊りは無意味なのではないか。西洋から来てこの部族に出会った人は、その最後の二日間の踊りは何の意味もないのでは、という疑問を投げかける。けれども、彼らはそれを信じている。これは、明らかに過去に影響を与えようとしていることになる。これを論破することはできるだろうか。これがダメットの曾長の踊りの議論である（Dummett 1978, pp. 342-350）。

物理学でも、ディラックやファインマンの提起した理論の文脈で「反粒子」（anti-particle）という粒子が存在することが説かれている。それは「粒子エネルギーは正であるべし、という条件と相対論に従うべしという条件を付けると、粒子の対発生と対消滅が必然的となり、対発生した一方の粒子は時間と逆向きに運動する」（ファインマン／ワインバーグ 1990, p. 9）と記述されるように、過去に遡って進む粒子のことである。これは必ずしも仮説的なものではなく、「反粒子が存在しなければならない」（同、p. 10）と言われるように、実在のものとされている。反粒子はいわゆるＣＰＴ対称性と呼ばれる理論と関わる。「ＣＰＴ対称性のうちＣ対称性（荷電対称性）は粒子・反粒子の粒子反転の対称性を意味する……そして、Ｔ対称性は時間反転に対する対称性である」（市口 2009, p. 22）。それから、タキオン（tachyons）という、ある種仮説的な物質が言及されることがあるが、それは過去に情報を送れる、因果の破れを典型的に示す物質として知られている。ホリッジの言を引用しておこう。「もし私たちがタキオンの運動の向きを客観的なものと見なすならば、私たちは逆向き因果を受け入れざるをえないだろう」（Horwich 1987, p. 103）。こうした物理学の成果を踏まえたとき、原因が結果に時間的に先行する、という私たちの自明な常識もまたゆらぎゆくことは必定であろう。

それから、もう少し卑近なところで逆向き因果が発生する場合がある。つまり、原因が後に出てきて、結果は先に出てしまうというもので、仮現運動と言われる場合である。一定の距離に点Ａから点Ｂという二点があって、その二点が一定の時間差で順に光が点滅すると、点Ａから点Ｂに向けて点が運動するように見える。これはパチンコ屋のネオンサインなどで経験するお馴染みの現象だが、事実としてはあれは、一個ずつ光が順番に点いていているだけである。けれども、わたしたちがあれを見ると、点が動いていているように見える。あれが仮現運動と呼ばれる現象である。アニメーションもこの現象を活用している。

しかし、そもそもここで運動というのは、Ａ点からＢ点に光が移動する現象のことである。けれども、その運動の知覚が生じるのは、点Ｂが点滅した後でなければならない。点Ｂが点滅しなければ、ただ単にＡが点滅したとしか知覚されないのである。点Ａの点滅した後に点Ｂが一定の時間感覚を経て点滅すると、光がＡからＢに動いたと感じるわけである。すなわち、時系列で言うと、点Ｂが点滅した後に、ＡからＢへの運動が遡及的に、つまり過去に遡って構成されていることになる。アメリカの哲学者ネルソン・グッドマンがこうした現象のことを仮現運動として抜き出して論じた（Goodman 1978, pp. 72-74）。グッドマンは過去に遡って運動が作り出されることを「遡及的構成」（retrospective construction）と呼んでいる（Ibid, p. 74）。

実際私たちは、仮現運動を、街中のネオンサインなどでほぼつねに見ている。そして私たち人間の知覚能力には限界があり、時間間隔の識別可能な閾値というものがあって、それより短い時間間隔は知覚できない。だとすれば、ネオンサインに限らず、私たちが点や何らかの物体が切れ目なしに連続的に運動するのを見るということは、闘値を超えて見ているということになるだろう。これは、閾値の間を後になって埋めている、補填している、とも考えられる。そうだとすると、仮現運動はほぼつねに発生している作用だと言える。すなわち、私たちはいつも、過去に遡って、現象を構成しているということになる。そういう意味では結果の方が先に来て、原因は後に来ているという考え方はそんなに荒唐無稽なことではないのではないだろうか。ダメットの酋長の踊りはお話にすぎないが、これは実際のことである。果たして、原因と結果の時間的様相はどのように捉えたらよいのだろうか。

## 16　不在因果という問題

以上のような問題性から見ても、原因と結果の迷宮性は明らかだと思う。しかし、ヒュームによって指摘された因果関係それ自体は観察されないという、先に私が言及した性質に立ち返るならば、もっと迷宮の深みに落ち込んで行くことになる。

もともと、因果関係それ自体は見えない。私が指でマイクを叩くのを見たり、音がするのを聞いたりすることはできるけれど、私が指を動かして叩いたこと「によって」音がするという、「によって」は、どこにも見えない。これがヒュームの着眼点であった。つまり、もともと見えないものに対して語っているのが因果関係であるということになる。責任と原因が同じ概念であるとすると、先に、何かものを生産する会社で不祥事が起こった時に、社長が責任を取るという話をしたが、そのときに、社長とその生産物との間に何か関係が見えるかというと、見えない。見えないけれど、不祥事への責任、すなわち不祥事の原因という形で結びつけているわけである。だとするならば、「によって」というもともと見えないものに対して因果関係が語られるのだから、最初から見えないもの、つまり無いものに対しても語りうるのではないかという予想がついてくる。厳密にいえば、(A)「因果関係が見えない」ことと、(B)「見えないものが原因になる」ことは同じではないが、たとえば、塩分の取りすぎと胃がんの間の(見えない)因果関係そのものが原因となって、薄味の食生活を送ろうとする場合などは、(A)と(B)が結びついていると解されうるだろう。

不在因果(causation by absence)という問題圏がある。実は、二一世紀の文脈だと、不在因果は哲学的因果論の最もホットな話題の一つである。私自身もその研究に集中しているところで、詳しい検討は本書の第3章と第4章で展開するが、この第1章でもその概要に触れておきたい。

有名なのは、フローラの事例というものである。フローラは、親切にも、隣の家の蘭の花に毎日水をやっていた。あるとき、フローラが旅に出かけで、不在になった。その間、誰も隣家の蘭の花に水をやらなかった。すると、フローラが旅行に行っている間、かんかん照りが続いたのか、蘭の花が枯れてしまった。蘭の花が枯れた原因は何か、という話である。イギリスのヘレン・ビービーという哲学者が(実は以前にハートとオノレによって提起されていた話を脚色して)これを提示して、これが不在因果の問題の典型的な事例として扱われるようになった(Beebee 2004, p. 294)。不在因果の問題を広く惹起することになった、印象的な話である。では、花の枯死の原因はフローラが水をやらなかったことなのだろうか。それとも、隣の家の人自身が水をやらなかったことが原因なのだろうか。

因果関係のあぶり出し方としては、ヒュームの恒常的連接に基づく因果関係の理解というのはとても古典的で、すでに触れたようにカントにも影響を与えたし、歴史的に著名である。しかし、恒常的連接による因果関係の切り出し方というのは、先に共通原因の例を挙げて問題があるということを述べたが、実は、それ以外にも重大な欠点を含んでいるように思われる。

何かと言うと、不在因果の問題を扱うことができないように思われる、ということである。フローラが水をやらず、隣家の花に誰も水をあげていない状態と何が恒常的に連接するのか。フローラが花に水をやっていないという現象は起こっていない現象なので、恒常的連接で、Aタイプ、Bタイプの出来事と言っても、何も起こっていないわけなのでAタイプとは何のタイプかわからない。隣家の花に水をやっていないという事態は、そのときの花だんの状態についてあえてポジティブな事態として捉え代えそうとするならば、花があるという記述はできるし、風が吹いていると記述することもできるかもしれないけれど、そうした記述の可能性・選択肢は無際限に拡散してしまって、記述を特定化しようがない。逆に、フローラが水をやっていないという現象なのだ、という言い方を許容しようとすると、なぜそうした言い方だけがピックアップされるのか分からないという問題に直面する。同じ状況は、火事が起こっていない、洪水が起こっていない、キリンが近くにいない、などなどやはり記述の可能性・選択肢が無限に拡大してしまう。ようするに、Aタイプの出来事というものを確定できないのである。

では、どういう議論がありうるかというと、反事実的条件分析という、二〇世紀アメリカの哲学者デイヴィッド・ルイスが提起した議論がある。この第1章で私がさしあたり伝えたいのは、西洋の因果論というのは二人のデイヴィッドによるものが大きい、ということである。スコットランドのデイヴィッド・ヒューム、それからアメリカのデイヴィッド・ルイスである。

デイヴィッド・ルイスによって、因果関係の反事実的（counterfactual）条件分析というものが提案された。実は、これのヒントはデヴィット・ヒューム自身が出しているのだが、そのヒントを大々的に展開したのがこのデヴィット・ルイスである。もし事実に反して何々だったならば、これこれだったろう、と言えるならば、私たちはとりあえず何々とこれこれを因果関係として理解している。これは、大まかに言えば、私たちの理解の状態をあぶり出すものであると言える。たとえば、私がもし指でマイクを叩かなかったならば、音がしなかったろう。これは言えるだろうかと自問すると、私たちはそれを言えると思っている。したがって私が叩くことと音がすることの間には因果関係があるだろうと、少なくとも私が叩くことが音がすることの原因候補になるのだと、私たちは理解しているのだということをあぶりだせる。

では、それに対して、私がポケットに手を入れたら、ポケットに一〇〇円玉があった、という場合はどうだろうか。そのとき、私がポケットに手を入れなかったならば、一〇〇円玉はなかっただろうと言えるだろうか。言えないと思われる。一〇〇円玉はもとからポケットにあるのだから。ということは、私がポケットに手を入れることが一〇〇円玉があることの原因になっているわけではない。原因候補にはならない、ということになる。この反事実的条件分析の手法というのは、実は不在因果にも適用できる。フローラは旅行に行って水をあげなかったのだが、事実に反することを仮定して、もしフローラが水をあげていたならば、花は枯れなかっただろうと言えるであろう。なので、反事実的条件分析によって、フローラが水をあげなかったことが原因であるということが言えるということになる。けれども、原因の資格を満たすものはほぼ無限にあるということが分かる。フローラの友人がもし水をあげていたならば、花は枯れなかった、と言えてしまう。ということはフローラの友人の不作為に原因があることになる。また、やはり事実に反することだけれども、もしチャールズ国王がわざわざ水をあげに来てくれたならば、花は枯れなかっただろうと言える。では、チャールズ国王が水をあげなかったことが原因か、あるいは私がわざわざ、フローラの隣の家の蘭の花に水をあげるためにロンドンまで飛行機で行って水をあげれば花は枯れなかったとも言えるだろう。だったら、私が水をあげなかったことが原因なのか。このように、原因の可能性が無限に広がってしまう。

## 17　因果関係をめぐる「ためらい」と「決断」

この無限大に広がってしまうことを、今日の因果論の文脈では英語で profligate causation と言う。profligate というのは、放蕩息子の放蕩を意味する。要するに遊び惚けていろいろなところに出かけてしまうという意味である。しかし、放蕩因果では意味不明なので、私は野放図因果と訳している。不在因果の例は枚挙にいとまがない。飛行機整備士の不注意と事故、育児放棄と子供の害、政府による放射線教育の欠如と被曝への過剰な恐怖心による害、基準未充足の建築と家屋の崩壊、これらもすべて「ないこと」、「しなかったこと」が原因とみなされている事例であろう。

そして、これらの事例すべてに野放図因果の問題がやはり降りかかる。飛行機整備士の不注意があって事故があった場合、不注意がなければ事故にならなかったと、不注意が原因とも言えるが、しかし、上司がきちんと管理して監督していればならなかったのではないかとも言える。それから、育児放棄であっても、子供の親だけが育児しなければいけないということではなくて、叔父や叔母がわざわざ出かけて行って、甥や姪の世話をしてもいいのだから、叔父や叔母が育児をしていなかったことが原因とも言える。放射線教育も同様である。別に政府ではなくて、学校の先生方が個々人の判断で放射線のことを教えればよかったとか、親が教えればよかったとか、たくさん原因候補となりうる不作為は挙げられる。基準未充足の建築も同じことである。野放図因果の問題がいろいろと降りかかっている。そして、「ない」ということは、ときとして、重大な影響をもたらすし、大きく意味を持つということもある。たとえば、米国大統領が日本の皇室の結婚式のような儀式に出席しますよと、公式に伝えてきて、しかも日本のどこかのホテルに泊まっていて、それにもかかわらず、当日その会場に連絡なしで現れなかった場合に、なぜ大統領は来ないのかということになる。そうすると、日米関係に大きな影響が及ぶ。こうした影響発生の原因は、大統領が来なかったことにほかならない。大統領がその場にいない、ということが原因だと考えられるのである。

それから、コンピュータのバグの除去も例になろうか。バグを除去すると、すごくコンピュータはサクサク動く。原因は何かと言うと、バグがないことだ。「ない」ということはすごく重要なことなのである。こういう野放図因果の問題に対してどうすればいいかというと、一つの解決法として、事実としてどう「である」かだけでなく、どうす「べき」かという規範の視点から考えていくやり方がありえる。

前に応報刑を論じたときに述べたように、応報というのは「べき」を核心的な本質として含意するし、そしてそれは因果と結びついている。そのように因果と応報が結びつくなら、因果関係を「べき」という点から考えたらどうだろうか、という見方がおのずと出てくるだろう。飛行機整備士は注意深く点検する「べき」だったのであり、そのすべき度合いというのは飛行機を運転するパイロット自身が点検す「べき」度合いよりも大きい、だから、パイロットの不作為も飛行機整備士の不作為も、ともに反事実的条件分析を満たし、原因候補にはなるのだが、飛行機整備士の不作為の方に原因帰属することの説得性が高いということになる。そういう道筋の考え方が浮かび上がるのではないか。

では、フローラの場合はどうか。フローラは単に親切で隣の家の蘭の花に水をあげていたにすぎないのだから、蘭の枯死についてフローラの責任はあまりないと考えざるをえない。では、水をあげるべきなのは誰かというと、その家の本人であろう。家の主人があげる「べき」なのである。だから、フローラのケースでは、飛行機整備士の不注意とは違って、「べき」という観点から言うと、その家の家族があげるべきだという話になり、その方が説得性が高いということになるだろう。つまり、「べき」の観点を持ち込むことによって少し整理することができるようになるのである。この点については、とくに第4章にて詳細を論じる。

以上概括的に述べたことからも十分に窺われるように、因果関係の確定と原因の指定という営みは、きわめて複雑に錯綜していく宿命にあることが分かる。一つの捉え方に確定することが理論的にはできないわけである。なので、私としては、裁判モデル、刑事責任モデルが一番ふさわしいと述べておきたい。裁判は、いろいろと検証したり、議論をしたりして決まる。原因とは何か、ということが決まる。裁判には二つの要素があって、まず、quid facti、事実問題、事実の証拠として出るものがある。それから、quid juris、権利問題がある。どうすべきなのか、どれが正しいとみなすべきなのか、という場面である。これはカントの『純粋理性批判』の中で使われていた区分である。

quid facti と quid juris、すなわち事実問題と権利問題という二つの視点は、薬害訴訟などを見ても分かるように、事実としてどういうことが起こって、どうなっているのかということを、まず検証した上で、責任、つまり原因を決めていくという段取りになる。場合によっては原因の分配もする。一番大きく関わる原因はここで、その次に、それよりは関わりの程度は低いけれども違う原因がある……、というように。交通事故の場合にも、責任の分配ということをする。私が述べたことは、歩行者と運転手で、運転手の方に七割の責任があり、歩行者の方に三割の責任がある、と分配するようなことと同じ考え方にほかならない。

いずれにせよ、因果関係の理解は本質的に不確定的とならざるをえない。そういう意味において、私たちは、「なんでこんなことになったのか」というような問いを介して原因を探求・操作・追求するとき、まずはなにより「ためらい」を持たざるをえないし、むしろ誠実であろうとするなら「ためらい」を持つべきなのである。これは、私の言う宇宙視線に立脚した姿勢である。しかし同時に、人生視線に立ち返ったとき、因果関係理解を宙ぶらりんのままにしておくわけにはいかない。社会の運営、そして私たちのサバイバルが掛かっているのだ。どこかで、こう理解するべきだ、と「決断」しなければならない。

しかし、「まえがき」ですでに示唆したことだが、そうした決断は、「この理解で間違いない」と決することではない。そうであってはならない。私の趣旨を改めて明確に示すならば、ここで言う「決断」の本質は、「ためらい」を持つべき事態の中に私たちはつねに置かれているということ、そのことを理解すること、受け入れようとすることにある。「ためらい」を持たねばならないという決断でなければならないのである。そういう意味で、本書のタイトルである「ためらい」と「決断」は実は別々の様相の対比なのではなく、同一事態の表現なのである。すなわち、私の言う人生視線での「決断」は、究極的には、宇宙視線での「ためらい」をその内部に抱懐するものなのである、いや、宇宙視線での「ためらい」を抱懐すべきなのである。そして、そういう決断のもとで、私たちは人生視線の中での考慮によって細部の意思決定をいわば、うまくいってほしいと信じて、念じて、遂行していく。これは苦しいことだろうか。私は、これが私たちの生きる自然のありようだと、ある種の諦観を抱いて臨んでしまえば、むしろ安定の境地にたどり着けるのではないかと期待している。犬儒派が示唆するような犬のような受け止め方か、それとも宗教的なありようか。それは分からない。いずれにせよ、私はそうした境地を「浮動的安定」(drifting stability)と呼んできた。

それにしても、一体何の因果で私たちはこのような複雑な世界に生きなければならないのか。これは一体何の報いなのか。因果と応報、これは永遠に問い続けなければならない課題なのだろう。

以上の概括を踏まえて、次の第2章にて、認識や知識に関わる因果関係の問題を論じていく。不在因果、そして倫理の問題を考えるためには、まず認識や知識という根底的な次元の因果性について洗い出し、考察の基盤を少しでも固めていきたい。

# 第2章　「思考実験」から「知識の新因果説」へ

## 1　なぜ「思考実験」か

第1章の概括的考察を踏まえて、この第2章では、知識や認識にまつわる因果関係について検討する。第1章で私はしばしば「因果関係理解」という言い方をした。これは、因果関係というのは、それ自体として客観的に世界に実在している何かではなくて、まずもって私たちの受け取り方として成立しているのではないかと考えられることの反映である。ヒュームが、原因「によって」結果が起こる、というときの「によって」は知覚できない、と指摘した洞察を私は基本的に踏襲している（ヒュームの因果論のすべてを踏襲しているわけではないとしても）。すなわち、因果関係はまずは私たちの認識・知識として成立してくるということである。しかし、実のところ、「因果関係を成立させる知識」という言い方自体がやや問題含みであることにも直ちに気づく。なぜなら、実は知識や認識それ自体が因果的に生成してくる、という逆向きの側面があることも常識的に自明に思えるからである。たとえば、雪が降っていることを見たときに、その視覚経験が原因となって「いま雪が降っている」という知識が成立してくる、というのは素朴ながらきわめて強力な説得力を持つ描像だろう。(1) すなわち、「因果関係を成立させる知識」とは別に、「知識を成立させる因果関係」という、反対向きの形でも因果関係と知識は連関していると思われるのである。(2) 因果関係と知識とは双方向的に連関しているのである。だとしたら、知識と因果関係の相関のありようについて検討していくことが、因果関係にまつわる「ためらい」と「決断」を考究する本書にとって、かなり基本的な必須ミッションとなるであろう。

しかしながら、知識と因果との相関を解明するというのは、途方もなく壮大な哲学的課題であり、ここで全面的に展開することなど到底叶わない。ここでは、一歩前進のみを目指すことにして、まずはイギリスオックスフォード大学哲学部の現教授ティモシー・ウィリアムソン(3)の「思考実験」についての議論を梃子にして、第1章最後で触れた不在因果についての理解を基にした新しい「知識の因果説」を、あるいは少なくともそれに向かう足がかりを、示唆することを目的とする。主に参照するウィリアムソンの議論は、『哲学の哲学』所収の「思考実験」(“Thought Experiments”)という論文である。

まず、なぜ「思考実験」という主題を取り上げるのかについて記すところから始めよう。私が理解するに、思考実験は、少なくとも理論的次元においては、私たちのおよそありとあらゆる活動において遍在的に機能している。たとえば、道徳的評価というのは、普通、行為の実際の帰結と、そのような行為をしなかった場合との可能的帰結との間の比較に基づいてなされると考えられる。「他行為可能性」のフレーズがそのことを象徴している。「フランクファート事例」にかかわらず、私たちは「他行為可能性」をおおよそ道徳的責任の(必要条件ではないにせよ)十分条件として認識しているからである。ならば、他行為「可能性」という思考実験を含意する表象が、道徳的評価に絡みついていると言えるだろう。むろん、「フランクファート事例」そのものが思考実験であるという事実も見落とせない。道徳的問題と思考実験のつながりはこれに留まらない。「トロリー問題」、「殺すことと死なせることの対比」、「保安処分の是非をめぐる議論」、「食べられたいと希望するブタを食べるのは正当化されるか」(E. g. Baggini 2005)、といった議論はすべて思考実験を媒介している。

あるいは、「知覚」の場面も同様である。「このように目を向けなかったならば別様に見えただろう」といった、暗黙的な思考実験的仮定の元で、すべての知覚を理解することはできるし、そうすることが知覚の分析には有用である。たとえば、私たちは人を正面から見るとき、後ろに回ったならば背中が見えるだろう、という思考実験的仮定をしながら見ていると捉えることができる。そう仮定していないとは実際言い難いだろう。それ以外に、意思決定、推論とりわけ背理法的推論などに、思考実験的仮定が盛り込まれていることは明白である。

加えて特筆すべきは、思考実験は自然科学の発展にも大きな役割を果たしてきたという側面である。多くの例を挙げることができる。ガリレオが、思い物体は軽い物体よりも速く落下する、というアリストテレス的な考え方を斥けた思考実験は有名である。また、ハイゼンベルクの「不確定性関係」が思考実験によって提起されたこともまた大変有名である。さらに大きく分野を振幅させて、社会科学的な分野に目を向けても、ホッブズの自然状態論[4]、ロールズの「無知のベール」論など、明らかに思考実験的な議論であり、そしてそれが一定の説得力を持って人々に影響を与えているのである。

さらに、因果論にも同じことが妥当する。ヒュームから引用してみよう。

原因とはある対象であって、それの後に続いて別の対象が生じる、そしてそこでは第一の対象に類似したすべての対象の後に続いて第二の対象に類似した対象が生じる。あるいは、言い換えて、そこでは、第一の対象がなかったならば、第二の対象は存在しなかったであろう（Hume 1999, p. 146）。

これは歴史的にエポックメイキングな言説である。現代の因果論では、おおまかに、ヒューム以来の規則性説と、デイヴィッド・ルイスの反事実的条件分析との、二つの有力なアプローチが手がかりとされるが、まさしくヒューム自身が反事実的条件分析の先鞭を付けた哲学者にほかならなかったのである。そして、言うまでもなく、反事実的条件分析は本質的に思考実験的な議論なのである。かくのごとく、哲学が扱う様々な分野にまたがって、思考実験は核心的な機能を果たしている。

## 2 ウィリアムソンと「ゲティア問題」

すぐに気づくだろうが、思考実験と一口に言っても、多様な種類、多様な役割があるのであり、実際、そうした思考実験の多種についてどのように分類するかについても、いくつかの基準が提案されている。とはいえ、おそらく、大まかに言うならば、思考実験が果たすと期待されている役割は、次の三つにまとめられるだろう。

（1）特定の議論を積極的に確立する役割（E. g. ハイゼンベルクの思考実験など）
（2）パズルケースを提起する役割（E. g. トロリー問題など）
（3）特定の議論を否定的に論破する役割（E. g. ガリレオの思考実験など）

このうち、三つ目の否定的役割のことをロイ・ソレンセンは「真理反駁型」（Alethic Refuter）と呼んで、次のように概括した。「思考実験を分類する仕方は多様にあるが、親近性、独自性、単純性という点では、論駁的形式のものが最も点数が高い」(Sorensen 1993, p. 135)。すなわち、真理論駁型の思考実験こそが、思考実験の核心をなしているという診断である。私もこれに則って、以下、真理論駁型の思考実験に焦点を合わせていく。実際、ウィリアムソンも思考実験について論じるとき、この真理論駁型を主題として取り上げている。

ウィリアムソンは思考実験について論じるとき、まずこのように宣言する

哲学的な思考実験の文献において規準となる思考実験の例は、エドムント・ゲティアのそれであり、そこでゲティアは、正当化された真なる信念(justified true belief, 以下JTBと略)として知識を分析する伝統的なやり方を論駁しようとした(Williamson 2007, p. 179)。

いわゆる「ゲティア問題」こそが、哲学的な思考実験論の規準だというのである。では、「ゲティア問題」とは何か、そしてそれは本当に論じる価値のある問題なのか。

「ゲティア問題」は現代認識論の最大のトピックと言うべきもので、あまりに有名であろう。二つの思考実験から成っているが、そのうちの第一のものがとくに知られている。念のため、ゲティア自身の論文に即して、それを記しておく。スミスとジョーンズの二人が一つの職に応募したとする。そしてスミスは次の二つの命題の連言を信じる強力な証拠を手にしているとも想定する。第一の命題は、(a)「ジョーンズこそが職を得る人物であり、しかもジョーンズはポケットに一〇枚のコインを持っている」というものである。その証拠とは、その会社の社長がスミスに最後に職を得るのはジョーンズだと確言していたということと、スミス自身が数分前にジョーンズのポケット中のコインを実際に

数えて一〇枚コインがあることを確かめたということ、である。この（a）命題は、第二の命題（b）「今回の職を得る人物はポケットに一〇枚のコインを持っている」を含意する。ここでスミスは、命題（a）に対する強力な証拠を有していることにより、命題（a）が含意する命題（b）も受け入れていると想定される。つまり、スミスは、命題（b）に対する「正当化された真なる信念」(justified true belief、以下JTBと略）を有している。しかるに、スミスには思いもよらなかったことに、ジョーンズではなくスミスが職を得ることになった。しかも、さらにスミスには思いもかけないことに、スミス自身が自分のポケットに一〇枚のコインを持っていたのであった。このとき、命題（a）は偽となるが、命題（b）は真となる。すなわち、次の三つがすべて真となる。（i）「命題（b）は真である」、（ii）「スミスは命題（b）が真であると信じている」、（iii）「スミスは命題（b）が真であると信じることにおいて正当化されている」。すなわち、知識をJTBとして定義する限り、スミスは命題（b）を知っていることになるはずである。しかし、スミスが命題（b）が真であることを知らない、というのは明らかではないか（Gettier 1973）。

なんとも奇妙な思考実験である。しかし、これこそ、現代認識論に侃々諤々の論争を巻き起こしたところの、知識をJTBとして定義する標準的定義（以下「JTB知識観」と称する）に対する「真理論駁型」の思考実験にほかならない。そして、ウィリアムソンは、こうしたゲティアの思考実験を「ゲティア・ケース」（GC）と呼んだ上で、ウィリアムソン自身の「ゲティア・ケース」の思考実験を提示している。引用しておこう。

狡猾な書籍販売者が、自身の販売している特定の本がかつてヴァージニア・ウルフの蔵書だったということを決定的に示すように見える証拠を捏造している。オーランドは、それに得心して、相当な金額を支払ってその本を購入する。オーランドは、つまり、彼の所蔵本の一つはかつてヴァージニア・ウルフの蔵書だったという、正当化された偽なる信念を抱いている。そして、この根拠にのみ基づいて、オーランドは、一つの本を所有しており、それはかつてヴァージニア・ウルフの蔵書であった、という存在量化された信念を抱いている。しかるに、この信念は実際上は真なのである、なぜなら、事実として、オーランドの蔵書のうちの別の本がかつてヴァージニア・ウルフの蔵書だったからである。ただ、オーランドはその本とヴァージニア・ウルフとをいかなる仕方においても結びつけ連想させることはないのだが。ともあれ、オーランドは、かつてヴァージニア・ウルフの蔵書だった本を所有しているという正当化された真なる信念を有している。しかし、オーランドは、かつてヴァージニア・ウルフの蔵書だった本を所有していることは知らないのである。ここで理解するべきなのは、こうした虚構的な物語がどのようにして哲学的分析の反例を提供していると言いうるのか、そのことである（Williamson 2007, p. 183）。

きわめて興味深いことに、ウィリアムソンは、すべての「ゲティア・ケース」が想像的かつ思考実験的なものではないとして、現実の「ゲティア・ケース」にも言及している。ウィリアムソンは、「壊れて止まってしまった腕時計が実際に正確な時間を指し示している」（Williamson 2017, p. 192）という例を挙げている。この場合、それを見ている私たちは、いま何時何分かということについて、ＪＴＢを有しているが、いま何時何分かについて知っているとは言えないだろう、というのがウィリアムソンの見立てである。

## 3　正当化された真なる信念？

ＪＴＢ知識観と「ゲティア・ケース」についての議論はすでにして百花繚乱であり、それについてここで検討するつもりはないが、二点注記しておきたい。第一に、ゲティア自身が言及しているように、チザムやエアなど実際に知識がＪＴＢであることを当然視しているかのような哲学者も多々おり、そしてそうした見解の源泉は、しばしば言われるように、『テアイテトス』におけるプラトンの議論だとされているが、こうした論立ては必ずしも受け入れられるとは思われない。たしかに、『テアイテトス』においてプラトンはソクラテスにこう言わせている。「ロゴスと真なる思いなしを離れては、いかなるものも知識でありえない（λογον τε και αρθης doξης）」（Plato 1921 *Theaetetus*, 202 D）。これはＪＴＢの原型だろう。しかし、ソクラテスは、『テアイテトス』の読者は先刻ご承知のように、この対話篇の最終部分において、「知識であるのは、テアイテトス、感覚でもなければ、真なる思いなしでもなく、そうかといってまた真なる思いなしにロゴスが加わっているものでもないということになる」（Plato 1921 *Theaetetus*, 210 B）と語るに至る。それゆえ、知識とはＪＴＢである、という規定を、プラトンに由来する伝統的な規定であるとして疑問の余地なく受け入れる、という態度は慎重に回避すべきである。

第二に、私たちの日常的な概念使用から「知識」概念を考える限り、事実として、それはＪＴＢからずいぶんずれている、という点にも注意したい。たとえば、「彼は具合が悪いと言ってるけれど、本当は元気だということを私は知ってる。あれは仮病だ」などと言う場合があるだろう。言葉遣いとしてまったくおかしくない。しかし、このように言うとき、私の申し立てている知識は、ＪＴＢに従うならば、真正の知識としての資格をまったく持ちえない。なぜなら、私が信じている内容は端的に可謬的だからである。彼は実は本当に具合が悪いかもしれないのである。しかし、私たちは、そのような状況においても、しばしば「私は知っている」と述べる。この点は、ゲティアの思考実験にも当てはまるだろう。職を募集している会社の社長がスミスにした確言は、完全に確かなわけではなく、きわめて可謬的で可変的だからである。人間の決断というのは、残念なことか幸運なことか、変化しうるのである。

同様な点は、歴史的知識や価値についての知識について、さらに明瞭に確認することができる。私たち日本人は、とりわけ歴史好きの人なら、徳川家康が一六一六年に亡くなったということを知っている。けれども、当たり前だが、この家康の死という出来事について直接的に見知っている人はいまは存在しない。さらに、以前から別の情報もしばしば語られていて、それによれば、家康は前年一六一五年の大坂夏の陣にて戦死しているとされるのである。つまり、家康は一六一六年に亡くなったという私たちの信念は、ＪＴＢが要求しているような知識の資格を持っているとは言えないのである。さらに、たとえば、「たいていの人は、民主主義が最も望ましい政治形態だと知っている」とか、「死ぬのが怖いのは誰も同じだ、そんなことみんな知ってる」などと語る文脈があるだろう。けれど、民主主義が最も望ましいのかどうか、それは疑問なしとはしないし（ポピュリズムを想起されたい）、死が万人にとって恐怖の対象かどうか、かつてのエピクロスの議論を持ち出さずとも、必ずしも断定できないように思われる。つまり、私たちの日常的な語りの中での「知識」は、ＪＴＢからかけ離れているのである。もっとも、以上の私の疑念は、あくまで「真理」とか「正当化」というのを厳密に捉えた場合の疑問である。それらを常識の範囲内で緩く捉えるならば、「ＪＴＢ知識観」が一定の説得力を持つこともまた確かであるようには思われる。

## 4 「ゲティア・ケース」の論理的構造

ウィリアムソンの議論に戻ろう。ウィリアムソンの狙いは、JTB知識観に抗するゲティア問題の真理論駁型の役割に焦点を合わせて、様相概念を媒介して、思考実験の論理的構造を形式化する点にある。その上で、そうした構造を分析していく、ということである。こうした戦略は、前節で私が述べた、JTB知識観の疑義を呈されるべき側面を暴くことにとって、学術的に堅実な手法であるように思われる。それに、もともとウィリアムソンは、そもそも知識は何かによって分析されるものではなく、それ自体が原始概念なのであるという立場を提唱し、「知識第一主義」(knowledge first)を打ち出したことで名をはせた哲学者なのだから、JTB知識観がJTBによって知識を分析しようとするものである以上、JTB知識観はウィリアムソンにとってはそのまま全面的には受け入れられないもののはずである。なお、ウィリアムソンの展開する「知識第一主義」とは、きわめて簡潔に言えば、JTB、つまり知識を「正当化された真なる信念」という形で理解する伝統的立場、すなわち「知識」を「信念」によって理解する立場に対して、「知識」はそれ自体原始概念であり、「信念」によって定義されるものではなく、むしろ「知識」こそが正当化や信念を説明する役割を担う、とするラディカルな立場のことを指している。それゆえ、ウィリアムソンにとって、もともとJTBは堅持すべき立場とは見なされていなかったのである。

ウィリアムソンの議論は慎重に段階を追って進む。最初に彼は、「ゲティア・ケース」とは、知るということの必要十分条件を提起する言説に照準を定めたものであると指摘した上で、次のようなJTB知識観の定式化を提示する。「□」は必然性を示す記号である。そして「∀」は「すべての」という全称を示す量化記号である。「$K(x, p)$」は「xはpであると知っている」を示す。

(1)　$\Box\forall x\forall p\,(K(x, p) = JTB\,(x, p))$

すなわち、いかなる主体x、そしていかなる命題pにとっても、必然的に、xがpを知っているというのは、xがpについての正当化された真なる信念を持っているときであり、そのときに限る、ということである。そして、もし「ゲティア・ケース」が不可能であるならば、（1）のような必然性の主張に対する脅威はまったく存在しないことになるとして（Williamson 2007, pp. 183-184）、「ゲティア・ケース」が可能であることを導入しないと、ここから先の議論が成立しないと考え、次のように「ゲティア・ケース」（GC）の可能性を定式化する。「◇」は可能性を示す記号である。そして「∃」は「存在する」を示す量化記号である。

(2)　$\Diamond\exists x\Diamond p\ GC\,(x, p)$

かくして、向かうべき課題はこうなる。「（1）に抗する議論を完遂するためには、「ゲティア・ケース」に面した主体は知識をもつことなくＪＴＢを有している、という裁定を導く必要がある」（Williamson 2007, p. 184）。

ウィリアムソンは、最初の暫定案として、「ゲティア・ケース」の定式化として次のような表現を提起する。「┐」は否定を表す。

(3)　□∀x∀p (GC (x, p) → (JTB (x,p) & ¬ K(x,p)))

すなわち、ある命題に対してゲティア的関係にあるすべての主体において、必然的に、その命題に対して、知識を持つことなくＪＴＢを有している、ということである。それゆえ、「可能的な事態の必然的な帰結は、それ自体可能である」という基本的な様相的推論規則に従うと、（２）と（３）からの論理的帰結として、「ある命題について、それについての知識を持つことなくＪＴＢを有する主体が存在する」を引き出すことができる。すなわち、

(4)　◇∃x∃p (JTB (x,p) & ¬ K(x,p))

である。しかしながら、（４）は明白に（１）と矛盾する、したがってＪＴＢは知識を持つことにとって十分ではない。こうした「ゲティア・ケース」は、ＪＴＢ知識観に抗する真理論駁型の思考実験として機能するのである。

けれども、「ゲティア・ケース」についての裁定として（３）が最善の説明になるのかは、よく考えると疑わしい。「哲学においては、例というのは完全な詳細のもとで記述されることはほとんどありえない」(Williamson 2007, p. 185)、「たとえば、「ゲティア・ケース」では、もし偽の信念ｑに基づいて真の信念ｐを推論したとしても、その主体は、大変に奇妙なことではあるが、たまたまｑについて疑いを呼び起こしうるやっかいな記憶あるいは明白な記憶が呼び戻されてしまうことがあって、そう

したときの帰結は、pについての正当化を獲得するのではなく、qについての正当化を失うということになりうる」（ibid.）。ウィリアムソンは「狂気の科学者」（mad scientist）による干渉の例にさえ言及する。要するに、ＪＴＢ知識観に対する真理論駁型の思考実験として「ゲティア・ケース」が機能するとしても、それは（３）のような厳密な（つまり必然的な）条件文として扱われるべきではない、ということである。

問うべきは、もし「ゲティア・ケース」の事例が成り立つとするならば、それは知識なしのＪＴＢの事例になりうるのかどうか、という点である。かくして、ウィリアムソンは次のように言明する。「それは反事実的条件文を構成するのであり、それは（３）のような厳密な条件文よりもずっと弱い、と裁定しなければならない。ラフな表現をするならば、それが知識なしのＪＴＢを要請するのは、あくまで「ゲティア・ケース」の直近の現実化においてのみであって、すべての可能な現実化においてそのように要求しているわけではない」（Williamson 2007, p. 186）。こうした着眼は、次のように文の後ろにつく、反事実的条件の記号（□）を用いて記号化されうる。

（3*）　∃x∃p GC (x,p) □→∀x∀p (GC (x,p) → (JTB (x,p) & ￢K(x,p)))

私が理解する限り、この提案こそ、「ゲティア・ケース」に典型的に代表される思考実験についての、ウィリアムソンの議論の核心であろう。ここで「反事実的条件文」を用いるということは、とりもなおさず、ウィリアムソンは、「ゲティア・ケース」は事実としてほとんど発生していない、と理解していると考えられる。あるいは少なくとも、ウィリアムソンは、なんらかの「ゲティア・ケース」が

JTB知識観への真理論駁型の思考実験になるかどうかは、事後的に判断されるものだ、と理解しているのだと思われる。「反事実的条件文」は、原則的には、過去事象に対して構成されるものだからである。

## 5 「ゲティア直観」とそのさざ波

ウィリアムソンは、(3*) を受け入れる際の背景をなす直観を「ゲティア直観」と呼び、それを日常言語的に次のような「反事実的条件文」として説明する。

もしある思考する主体がゲティア的な仕方である命題に関わるとしたならば、彼/彼女はそれについての知識を持つことなく、それについての正当化された真なる信念を有しているだろう (Williamson 2007, p. 195)。

そしてウィリアムソンは、自身の定式化である (3*) を擁護するため、それに対してありうる反論を検討する。まず、可能のように思われる (3*) の改訂版を取り上げ、検討する。それは次の (17) とナンバリングされる定式化である。

(17) ∃x∃p GC (x,p) □→ ∃x∃p (GC (x,p) → (JTB (x,p) & ┐K(x,p)))

しかし、これは「ゲティア直観」には対応しておらず、却下されなければならない。なぜならば、この定式化では、知識を持つことなしにＪＴＢを有するという「ゲティア・ケース」の特定の事例を示すことにならないからである。つまり、前件の「ゲティア・ケース」の事例とは異なる「ゲティア・ケース」の事例が恣意的に後件を充足した場合でも、（17）式は成立してしまうからである。

しかし、では、（3*）の反事実的条件文は何を含意している定式化なのだろうか。少なくともウィリアムソンは、ＪＴＢ知識観に抗する「ゲティア・ケース」の真理論駁型の役割が、ＪＴＢ知識観を全的に論駁するものであるとは捉えていない。そうではなく、「ゲティア・ケース」を反事実的条件文として解釈する見方を呈示したのである。すなわち、ウィリアムソンは、「ゲティア・ケース」は希な事例であり、滅多に発生しないものなので、実際上はＪＴＢが採用される傾向にある、と想定していたわけである。むろん、厳密に言えば、ウィリアムソンの全体的なスキームは「知識第一主義」を標榜しているのだから、ＪＴＢは知識の定義としては妥当しないのだが、一般的な言葉遣いとして知識がＪＴＢとして理解される傾向にあるとは認められるということである。

ウィリアムソンの「ゲティア・ケース」を範型とした思考実験論の発表後、いくつかの反論が提起され、さざ波が立った。代表的なものは、逸脱事例の可能性を指摘するものだろう。すなわち、反事実的条件文（3*）の前件を満たすけれども後件を満たさない事例で、その結果（3*）が成立しない、という反例である。たとえば、コーニッツとハグビストによれば、（3*）式の「前件は満足するかもしれないけれども、「ゲティア・ケース」において言及される根拠とは独立で追加的な根拠に基づいて、（3*）の命題を信じる人がいるかもしれない」（Cohniz and Häggvist 2018, p. 412）と述べる。たとえば、ウィリアムソン思考実験論の代表的な批判者であるイチカワとジャービスは、同様な見地から、「ゲティア・ケース」の逸脱事例を提起する。やや長いが、正確を期すため引用する。彼らはまず、通常の「ゲティア・ケース」の例を提起する。

ジョーは腕時計を家に忘れてきてしまったが、いま何時か知りたいと思った。彼は壁に掛かっている時計を見た。むろん彼は時計を読むことに熟練しているので、壁時計が一〇時一五分を指しているとと判断するのに困難はなかった。「よし」と彼は思った。「パンブルトン氏が私と会うのを予定している時間までまだ一五分ある」。ジョーは、一〇時三〇分に大事な面会の約束をしていたのである。

しかしながら、事実はそのように見えるものとは違っていた。なぜならば、ジョーは不精確な壁時計を見ていたからである。実は時はすでに一〇時三〇分であった。しかし、運命はその日ジョーに微笑んだ。パンブルトン氏の秘書の側の不注意な誤りによって、パンブルトン氏はその日の約束が一〇時四五分だと思っていたのである。したがって、パンブルトン氏がジョーは遅刻だなと思ってしまうまでどのくらい時間の猶予があるかについて、ジョーが信じていたことは、結局のところ真だったのである（Ichikawa & Jarvis 2009, p. 222）。

その上で、イチカワとジャービスは、この思考実験に別な条件を加える形で、次のように逸脱事例を提起する。

ジョーは時計を読むことに熟練しているので、壁時計が一〇時一五分を指していると判断するのに困難はなかった。「よし」と彼は思った。「パンブルトン氏が私と会うのを予定している時間までまだ一五分ある」。ジョーは、パンブルトン氏が閉回路監視テレビを通じてジョーの様子を見ていて、ジョーのいる現在地からジョーがパンブルトン氏の部屋に着くまで一五分かかるということを精確に予測するであろうことを知っていた（Ichikawa & Jarvis 2009, p. 224）。

イチカワとジャービスによれば、この第二の事例は、「ゲティア・ケース」が成立する（すなわちJTBが成立する）けれども、主体であるジョーが、パンブルトン氏との会合までどのくらいの時間的余裕があるかについて正確に知っているという、そういう状況にほかならない。それゆえ、彼らは、これは「悪い、逸脱した、ゲティア・ケース」であると診断する。こうした可能性を受け入れることによって、ウィリアムソンの（3*）式による定式化は誤りであることが示せると彼らは主張する。なぜなら、（3*）式は、この「悪いゲティア・ケース」の可能性を排除できないからだ、というのである。これはまことに錯綜した議論であると言わなければならない。

ともあれ、イチカワとジャービスは、結論として、ウィリアムソンの定式化は可謬的であるとの診断のもと、思考実験についてのもっと堅固な定式化を提示しようとするのである。それは、私には正直たいへん奇妙なものに思われるが、「ゲティア・ケース」を必然的でア・プリオリな判断として定式化する、というものである。これはほんとうに混乱をきわめた論争であるように私には思われる。しかし、こうした論争の文脈に沿って、ウィリアムソン自身、自身の「ゲティア・ケース」の定式化は可謬的なものであることをむしろ即座に認め、次のように述べた。「私たちは、哲学における思考実験の方法が、自然科学における方法よりも信頼できることが判明するだろうなどと期待することは、実際上不可能である」(Williamson 2009)。

いずれにせよ、ウィリアムソンの批判者のポイントは、つまり、ウィリアムソンの真理論駁型の思考実験についての判断は偶然的である(contingent)、と指摘することにあったと要約することができるだろう(Cohniz and Häggvist 2018, p. 414)。けれども、率直に言って私は、なぜウィリアムソンの思考実験の定式化が、真理論駁型思考実験を偶然的なものにするという咎で批判されるべきなのか、理解ができない。思考実験として多数の様々な種類のものが提起されうるし、そのなかには、あまりに当然のことだが、それらの議論が効果を発揮したものとして受け入れられる場面もあるし、受け入れられない場面もあるだろう。思考実験に限らず議論というのは、そうした経験的な条件に巻き込まれる宿命にある。したがって、むしろ逆に、思考実験の定式化が経験的偶然性をまったく許容しない、それこそ必然的かつ普遍的なものであるとしたら、かえってそうした定式化は誤りである、あるいは内実のない無意味なものである、と断じるべきだろう。ウィリアムソンの定式化については、単に、「ゲティア・ケース」が効果を発揮している場合について記述しているものとして扱えばよいだけのことである。

実際、「ゲティア・ケース」について私は長い間疑問に思っていたことがある。もし、JTBの出自に従って、プラトン的な生得的知識の見解(知識とはイデア界において獲得していたことを想起することにほかならないとする見解、すなわちアナムネーシス説)を文字通りに受け入れるとするならば、「ゲティア・ケース」での認識主体は実ははじめから正しい知識を有していた、とする可能性を認めうるのであり、だとしたら、もともとの「ゲティア・ケース」の内実とは合致しないことになるのではなかろうか。そのようにも考えられる。こうした意味で、思考実験はときどき失敗しうるのである。

## 6 「非ゲティア・ケース」と二つの条件文

私は、原則として、反事実的条件文に訴える仕方で思考実験を定式化するウィリアムソンの議論を問題の核心を突くものとして受け入れる。むろん、やや改善すべき点があるのでは、とは感じている。正直、思考実験という問題を形式論理的な（つまり真理関数的な）観点からのみ処理することが適切なのかどうか、多少疑問を抱く。こうした疑問を背景にしつつ、私自身の考え方を展開するに当たって、まずは以下三つの点を記したい。

第一に、「思考実験」という名称が明確に示しているように、思考実験には、なんらかの種類の、現実化されなかった想定が含まれていなければならない。さもなければ、それは思考実験ではなく、現実実験であろう。すなわち、定義的に現実の事実に反するなんらかの仮定が含まれていなければならない。だとしたら、思考実験を「反事実的条件文」によって処理しようとすることは完璧に理に適ったことであると言ってよい。このことに反して、ウィリアムソンの批判者たちは、思考実験を反事実的条件文に訴えることなしに扱おうとする傾向がある。それは、どうしても受け入れにくい方向性のように聞こえてしまう。

第二に、私は、ウィリアムソンの批判者たちが提起した「悪いゲティア・ケース」の例について、強い疑問を抱く。たとえば、イチカワの挙げる第二のシナリオにおいて、ジョーは、パンブルトン氏との面会までにまだ一五分あると知っていたと論じられているが、このシナリオは明らかに事情を完全に変化させてしまっている。この状況では、ジョーが止まってしまっている壁時計を見て得た情報に基づいて依然として一五分の余裕があるということにＪＴＢを持った、というジョーの元々のＪＴ

Bのありようは事態にまったく何の関係もなくなってしまっている。これは、ウィリアムソンの議論に対する反論になるようには思えない。

おそらく、このような私の疑いは、結局は、認識論における「正当化」とか「真理」というのをどう理解するかに関わっている。そもそも、私たちの知識に関して「完璧な正当化」とか「純粋な真理」などといったことを要求するのはどだい無理なことである。この点は、「歴史的知識」について考えればすぐ分かる。たとえば、フランス革命が一七八九年に発生したということを私たちはどうやって知るのか。私たちには直接的な見知りは何もない。間接的な証拠か、証言の記録に頼るしかない。つまり、厳密な意味で「正当化」を遂行したり、「真理」に到達したりすることなど、完全に絶望的なのである。厳密に言って、過去はもはやどこにもないからである。

第三に、そしてそれは私の戦略にとって最大に重要なポイントなのだが、ウィリアムソンが「ゲティア・ケース」の思考実験を反事実的条件文によって理解したという事実は、その反事実的条件文の前件を否定することによる別の条件文が現実に成立している、ということを自動的に含意するように思われる。いってみるならば「非ゲティア・ケース」を表現する条件文である。おそらく、そうした条件文は（一般的あるいは展望的な仕方で）直説法条件文によって、次のように定式化されうるだろう。

$$(3^{**})\quad \exists x \exists p \neg GC(x, p) \rightarrow \exists x \exists p\, (JTB(x,p) \,\&\, K(x,p))$$

あるいは、もし私たちが、「ゲティア・ケース」の有する潜在的可能性、すなわち、後になってそれとして露わとなってくるという回顧的・遡及的ありかた、を考慮するならば、次のような反事実的条件文による定式化も可能であろう。

$$(3^{***})\quad \exists x \exists p\, \neg GC(x,p)\ \Box\!\!\rightarrow\ \exists x \exists p\, (JTB(x,p)\ \&\ K(x,p))$$

では、どちらの定式化がより適切であろうか。

おそらく、ここで私は、「直説法」(indicative) 条件文と「反事実的」(counterfactual) 条件文（本章の文脈では「仮定法」(subjunctive) 条件文と反事実的条件文とはさしあたり同じものとして扱う）という二つの条件文の区別について、私自身どのように理解しているかについて明示しなければならないだろう。このことは私の責務である、なぜならば、私の母語である日本語ではこの二つの条件文についての、英語ほど明確な文法的区別はないように思われるからである。いや、英語のネイティブ・スピーカーにとってさえ、この二つの条件文の区別は多少混乱していて不明瞭に感じられるであろうと思われる。けれども、議論の要をなす場面なので、両条件文の区別についておおまかな理解は示さねばならないし、示すことはできる。

私個人にとっては、アダムズ－エジントン流の説明がとても分かりやすく有益であるように思われた。アーネスト・アダムズの説明を引用する（一ノ瀬 2021, pp. 250-252 参照）。

二つの条件文が相違する典型的な状況とは、共通の後件が偽だと知られる状況である。そうした場合、反事実的条件文は肯定的になるが、直説法条件文はそうではない……二人の男が森を散歩しながら、陰に隠れて鳥の様子を盗み見ている。そこからでは色がはっきり見えない。一方の男が直説法条件文を用いて「もしあの鳥がカナリアならば、黄色いだろう」と相棒の男に告げた。しかるに、いまや、その鳥が陽光の中に飛び立ち、その色が黄色ではなく青であることがはっきり見えたとしよう。この状況下では、最初に発言した男が直説法条件文を引き続き肯定することはありそうにない。そして実際、彼はそれを肯定すべきではない、なぜならば、その直説法条件文の後件が偽であることを学んだ以上、それを肯定し続けることを正当化するのはあまりに無理筋だからである。しかし他方、この男が直説法条件文の代わりに、「もしあの鳥がカナリアだったならば、黄色だっただろう」という反事実的条件文に述べ変えて、それを肯定することは十分にありそうである（Adams 1975, p. 104）。

また、似た発想のもとで、ドロシー・エジントンは「もしAならば、B」について、次のように述べる。

人は、Aでないと合点しつつAを想定することができる。また、むろん、Aでないと合点していないときにも、Aであると想定することができる。典型的には、仮定法条件文あるいは反事実的条件文は最初の種類の想定の帰結であり、開放条件文あるいは直説法条件文は第二の種類の想定の帰結である。ものがよく見えづらいケースが、この点を明確にするだろう。私がいま見ている絨毯は赤ではないと知っていると合点しているとしよう。私は「もしそれが赤だったならば、この絨毯に似合っていただろうに」と述べることがあろう。しかし同時に、「もしそれが申し分のない赤に見えるのだとしたら、私は色覚特異性を有していたのか、あるいはなんらかの幻覚を抱いていたのかであろう」とも述べることがあるかもしれない。仮定法の場合、私は、絨毯が赤ではないと思っているとき私は正しいということを当然視しているが、直説法条件文の場合、私は間違っているという事態を想定している。つまり、赤には見えないという事態にもかかわらず、それが赤であることが認識的に可能である事態を考慮しているのである（Edgington 1991, pp. 178-179）。

こうしたアダムズ－エジントン流の説明を踏まえて、二つの条件文の区別に対する、私自身のさしあたりの整理を記す。すなわち、大まかに述べるならば、反事実的条件文は、典型的には、過去の案件に対して遡及的・回顧的に扱うことに適合していて、そこでは話者は、そうした過去において何が実際に生じて何が生じなかったかということを基本的に承知していると想定されている。その上で、事実に反したことを前件で仮定して反事実的条件文を構成するのである。なので、反事実的条件文の前件について、それは偽であると話者は理解していると、そのように基本的に想定されている。こうした点からすると、反事実的条件文を未来の案件に適用することは、非常に歪んだやり方であることになるのではなかろうか。未来についてはそもそも確実に真な事態は、原理的に承知しえないからである(5)。

それに対して、直説法条件文というのは、典型的には、現在あるいは未来の案件に対して展望的な文脈で（ある種のシミュレーションとして）意味をなすものであって、そこでは話者は、何が実際に発生するかについて確実には承知していない。むろん、だからといって、直説法条件文が過去の案件に対して適用されえない、ということではない。「もし邪馬台国が出雲にあったならば、出雲大社の沿革について再考する必要があるだろう」というような直説法条件文を構成することは有意味にできる。

この場合、邪馬台国がどこにあったかについて確実には分かっていないので、反事実的条件文ではなく、直説法条件文が適当なのである。

## 7　原因としての「ゲティア・ケース」の不在

いずれにせよ、私の理解では、反事実的条件文的思考というのは、本来的に、過去の出来事に回顧的に関わっていると思われる。たとえば、クリストファー・ヒッチコックの次の言い方を見てみよう。

反事実的思考はネガティブな結果によって引き金を引かれる、そして将来に向けた改善を導くという役目を果たすのである……［反事実的思考を研究する］心理学者たちは、反事実的思考の情動的帰結、すなわち典型的には、後悔の感情、にずっと関心を抱いてきたのである（Hitchcock 2011, p. 173）。

後悔の感情と連合したネガティブな影響こそが反事実的思考の徴表として使用されている」（Hitchcock 2011, p. 175）。

それでは、ウィリアムソンの議論の含意として、直説法条件文タイプの（3**）と、反事実的条件文タイプの（3***）とで、どちらがよりよい定式化であると裁定すべきだろうか。正直、私はこの問題について完全な確信は持てない。この問いへの解答は、現に起こったことや起こらなかったことの認知というのをどのように理解するかに掛かっている。たしかに、ウィリアムソンの最終的定式化(3*)を見る限り、反事実的条件文なのだから、私たちは「ゲティア・ケース」は実際には成り立っていなかったと認知しているということが示唆されているように思える。とはいえ、「ゲティア・ケース」が未来にも成り立たないということは保証されてない。だとしたら、「もし「ゲティア・ケース」が成り立っていないならば」という条件は直説法条件文(3**)として述べるのが適切だろうか。この場合、知識の意味を考える時間的視点は「現在」に置かれることになる。

しかしながら、ウィリアムソンの定式化(3*)が偶然的であるとされていたことを考慮するならば、「ゲティア・ケース」が成り立っていたか成り立っていなかったかは不確実であると推定することが理に適っていることになる。むろん、そうは言っても、私たちは何が起こったかについて表面的にはすでに知識を有していると感じてはいる。けれども、厳密には、「ゲティア・ケース」が発生しているか否かについては不確実であったと言うべきである。このことは、おしなべてすべての「知識」と想定される事象に当てはまるのではなかろうか。知覚などを介して何かを知った、という場合でも、それが真に知識に到達したもので、錯覚だとか、「ゲティア・ケース」だとか、逸脱的な事情が混入してはいないとは、その場では確実に判定できない。後になってはじめて判定できるものである。すなわち、知識の成立如何というのは、原理的に回顧的・遡及的にしか判定できず、しかもそのように回顧される過去の時点で発生していた事実というのは、「ゲティア・ケース」に焦点を当てるならば、「「ゲティア・ケース」が発生していたかどうか確実には分からない」というものなのである。ただし、このあたりの解釈は慎重さが求められる。「ゲティア・ケース」が成立しているか分からないならば、(3*)は最初から直説法条件文で表すのが筋であろう。しかし、ウィリアムソンはそうはしなかった。

おそらく、その根底には、「ゲティア・ケース」は成り立っていない、すなわち、ウィリアムソンの「知識第一主義」に照らして、「ゲティア・ケース」はそもそも知識現象の埒外にあると、そう解されていたと推定されるのである。この点からして、ウィリアムソンの反事実的条件文による定式化 $(3^{*})$ は、先に述べた私自身の反事実的条件文の理解に沿っても、まことに的を射たものであることが分かる。なぜならば、回顧的・遡及的である点、そして、「もし「ゲティア・ケース」が成立していたならば」、すなわち、「もし「ゲティア・ケース」が知識現象に関わるのならば」を含意することを前件で仮定していると解されうるのだから、「「ゲティア・ケース」が知識現象に関わる」という事実に反した仮定を前件にしていることになり、その点においても、反事実的条件文による定式化は適切であるからである。

かくして、私は、「非ゲティア・ケース」の定式化として、反事実的条件文 $(3^{***})$ こそが妥当な定式化であると、そう結論する。すなわち、さしあたり、次の連言の形で、知識について規定したいと思うのである。

$$(3^{*})\ \&\ (3^{***})$$

精確にもう一度記すならば、

$$\exists x \exists p\ GC(x,p)\ \Box\!\!\rightarrow \forall x \forall p\ (GC(x,p) \rightarrow (JTB(x,p)\ \&\ \neg K(x,p)))$$
$$\&\quad \exists x \exists p\ \neg GC(x,p)\ \Box\!\!\rightarrow \exists x \exists p\ (JTB(x,p)\ \&\ K(x,p))$$

改めて注意しておくならば、この定式化の後件は、つまり（3＊＊＊）は、「ゲティア・ケース」のような奇妙かつ逸脱的な例がない場合があると仮定したならば、ＪＴＢが成り立つことが知識が成立していることにつながるという意味を含意している。こうした理解はあくまで私自身の見解で、ウィリアムソンの「知識第一主義」とは整合しないかもしれない。しかし、私自身は、あくまで「ゲティア・ケース」が発生していないという条件が成立している限りは、受容可能な理解だと考えている。とはいえ実際のところ、ウィリアムソンの示した（3＊）は「真理論駁型」の思考実験なので、「ゲティア・ケース」が可能であることは「ＪＴＢ知識観」の反例となり、「ＪＴＢ知識観」を論駁するという含意だが、そのことは、「ゲティア・ケース」が成り立たない場合にも「ＪＴＢ知識観」が説得力を持たない、ということは含意しない。その点を踏まえて、たしかに「ＪＴＢ知識観」は普遍的に成り立つ、つまりは、宇宙視線的に成り立つ、一般的知識観としては論駁されるとしても、「ゲティア・ケース」が成り立っていないならば、その限りでは、ＪＴＢは知識成立の正当化要件として説得力を持ちうるだろう、と論じ進めるのが私の議論の筋道である。とはいえ、「ゲティア・ケース」が成り立っていないと確認することがどのように可能なのかが、次の、そして最大の問題となる。後で論じる。

さて、ここまで定式化して来ると、直ちに想起されるのは、デイヴィッド・ルイスによる「因果の反事実的条件分析」ではなかろうか。ルイスによれば、出来事ｃと出来事ｅの因果関係は（ヒューム的精神に従って）次のように反事実的条件文として分析される。

$$O(c)\ \Box\!\!\rightarrow O(e)\ \text{and}\ {\sim}O(c)\ \Box\!\!\rightarrow {\sim}O(e)$$

（Lewis 1986, p. 167）

これは明らかに、上に示した連言に、構造的に酷似している。そうした類似性を考慮し、さらには、すでに示唆してあることだが、ウィリアムソン自身が「知識の概念」というよりむしろ「知識の本性あるいは知識という現象」（Williamson 2007, p. 206）と宣言しているという事実をも考慮して、すなわち、知識を現象として捉える点に焦点を合わせることで、彼の議論の含意を一般化しつつ、非常に意外な方向にウィリアムソンの議論を展開していくことができるのではなかろうか。

すなわち、ウィリアムソンの議論に基づいた私自身の見解を、「正当化された真なる信念」（ＪＴＢ）とおぼしき文を私たちが抱いているという現象を前提した上で、次の二点から構成するものとして提示したいのである。

（1）知識は、「ゲティア・ケース」のような尋常ならざる条件の「不在」とＪＴＢとおぼしき文を抱くという現象との間の因果関係に関する反事実的条件文によって、経験的に獲得される。つまり、「ゲティア・ケース」の「不在」が知識成立の原因となるのである。

（2）その反対に、もしなにか「ゲティア・ケース」のような尋常ならざる事態が発生したならば、私たちは、ＪＴＢとおぼしき文を抱いても、知識を持つことを妨げられるのである。

おそらく、こうした見解は、「知識の新因果説」（a new causal theory of knowledge）と呼ばれてよいのではなかろうか。「反事実的条件分析」のみならず「ゲティア・ケース」の不在といった、直接的な経験を越えた形で知識が理解されている点で、すでに示唆したように、この「知識の新因果説」は「まえがき」や第1章で言及した「宇宙視線」に強く寄り添った議論である点、確認しておきたい。

この新因果説はアルヴィン・ゴールドマンによってかつて提起された古典的な「知識の因果説」とは異なる。ゴールドマンの古典的な因果説は、知識、証言、記憶といった事象に焦点を合わせて、それらに発する因果連鎖を軸として展開されるもので、知識は、私たちの信念がそうした源泉と因果的に結びついているときにのみ成立するものであり、それゆえ、「ゲティア・ケース」のような事例は因果連鎖をもたないので知識のカテゴリーから排除される、という趣旨の議論を（それ以外に「推理による知識」についても論じてはいるが）主軸とするものであった（Goldman 1967）。これに対して、私の言う新因果説は、思考実験という文脈のもとでの、尋常ならざる事態の「不在」を強調する形で経験的事象についての命題の反事実的関係に焦点を当てている。なにより、「不在因果」を基軸として展開されているという点で、古典的な因果説と異なるのである。

シンプルな例で例解してみよう。もし尋常ならざる条件が不在ならば、私は、自分の誕生日が一二月五日であることを、市役所の戸籍謄本を見ることで知るに至る。けれども、もしそうした戸籍が、名前と誕生日が偶然に私のと同じ別の人のものであったり、あるいは、市役所の戸籍係の人が悪意をもって戸籍の内容を捏造したのだが、それがたまたま正しい内容であったり、といったことが発生していたならば、私は自分の誕生日が一二月五日であることを知ってはいないことになるだろう。すなわち、もし私が自分の誕生日の知識を持っているということが受け入れられているとするならば、奇妙な偶然の一致が「不在」であることが、ＪＴＢを通じて私が自分の誕生日の知識を持つことになる原因であった、ということである。ここで強調したいことは、「ゲティア・ケース」が発生しているか否かについて、知識を持ったとされる時点では、私は確実な仕方では判断できなかった、ということである。むろん、一般的には、つまりは人生視線的には、「ゲティア・ケース」が発生しているというのはほとんど起こりそうにないとは思えるのだが。

## 8　認識的ニヒリズム

さて、以上の議論を承けるならば、一つの驚くべき理解が帰結する。すなわち、何かを知る、という事態は、それを知ったと想定されるその時点では未確定であって、「ゲティア・ケース」が発生していないということが確認された後に遡及的に確定する、という帰結である。たとえば、私が空を見て「竜巻が近づいている」と思ったとき、私はその時点で「竜巻が近づいてる」という知識を得たとは確言できず、たまたま何らかの雷雲の映像が空に映し出されていた、といった奇妙な事態がなかった、という不在性が確認できないうちは宙ぶらりんの状態になる、ということである。冷静に考えて、これは絶望的・破壊的事態であるというほかない。過去に遡及して何かの不在を確定するなどということが困難を極めること、あるいは原理的に不可能であるという匂いさえすることは、明白だからである。加えて、何かの不在性を確認するということそれ自体、一つの知識として現出するほかはなく、だとすると、事態はまたまた無限後退の泥沼に陥るしかなくなる。かくして、知識なるものはそもそも不可能であるという事態を帰結するように思われるのである。こうした帰結は、おそらく「認識的ニヒリズム」(epistemic nihilism) という名でかつてテレンス・キュニオが批判的に言及した立場を、多少異なる視点からかえって裏書きすることになるのではなかろうか（Cuneo 2007, Chap. 4）。

「認識的ニヒリズム」は、キュニオの規定に従えば、かつてJ・L・マッキーが倫理学に関して提起した「誤謬理論」（error theory）（倫理的主張は客観的根拠がなくすべて誤りである）の認識論的対応理論であり、倫理的事実なるものが存在しないように認識的事実も存在しない、よって知識なるものは成立しない、という立場である。そもそも道徳的判断に関する「誤謬理論」とは、一般的に、「道徳的判断は信念と主張によって成り立っているが、誤謬理論者たちはそうした信念や主張は決して真にならないと考える……道徳的判断は決して真にならない、なぜならば、そうした判断を真にするのに必要な性質、すなわち、道徳的悪事性、道徳的善性、徳、悪などなどの性質はシンプルに存在しない、あるいは少なくとも例示化されえないからである」とする立場のことである（Joyce 2021, 3. 2）。こうした「誤謬理論」は、道徳的判断を言明したりすることは事実として認めているので、ジョイスが指摘するように、道徳的判断を一種の「言語行為」（speech act）と捉えるという道筋へと向かいやすいと言える。

「認識的ニヒリズム」も、「誤謬理論」に対応的に、認識に関して「真理」が問題になっていると前提して、しかし、そうした真理性を担保する認識的事実（epistemic facts）はそもそも存在しない、と論じ及ぶ立場である（Cuneo 2007, pp. 115-116）。そして「認識的ニヒリズム」も同じく「言語行為」として知識を見なす方向へと向きがちである、というのがキュニオの診断である。そしてキュニオは、倫理的な「誤謬理論」を拒絶すると同時に、あるいはそれを拒絶するために、「誤謬理論」との同等性を有する「認識的ニヒリズム」を徹底的に論駁しようとしている。

三点言及しておく。第一に、私の「知識の新因果説」は宇宙視線を強く加味した形で展開されている知識論であって、それゆえ、改めて人生視線を前面に押し出した場合には異なった仕方で知識は捉えられることになる点、注記したい。私が空を見て「竜巻が近づいている」と思ったとき、周りの人々もそれを否定しなければ、人生視線においては私は「竜巻が近づいている」という知識をそのときに得たと言って差し支えない。いや、むしろ人生視線の中ではそう見なすべきであって、そうでなければ（屋内に退避しようなどの）次の行動が取れないといった不都合が生じると想定される（ただし純粋に宇宙視線を採れば、竜巻が来ると思った後に本当に竜巻が来たとしても、それは幸運にも的中したということでしかないのだが、それは措こう）。

実際キュニオは、結局のところ「認識的ニヒリズム」を論難するときの根拠を日常的な私たちの実践に求めている。このように述べる。「世界に対する私たちの常識的想念にとって根本的なのは、私が示唆したように、根源的な認識的懐疑論は偽であるという前提である。通常の行為者が日常的に行為したり何かを信じたりするとき、彼らは、認識的理由は存在しないとか、認識的メリットやデメリットを明示する信念は存在しないとか、そうしたことを論じる議論は存在しないなどという立場は厳に拒絶されなければならない、と暗黙的に前提している」（Cuneo 2007, p. 123）。私の考えでは、こうした議論は「認識的ニヒリズム」の批判にも「知識の新因果説」の批判にもなっていない。キュニオの議論は人生視線からの批判であって、宇宙視線に強く寄せた「知識の新因果説」に対しては空振りであろう。

第二に、しかし、私が第1章末尾で「私の言う人生視線での「決断」は、究極的には、宇宙視線での「ためらい」をその内部に抱懐するものなのである」と述べたように、宇宙視線と人生視線は互いに排反なわけではなく、むしろ相互に融合している、いや融合すべきなのである。その点からして、実は「知識の新因果説」は、「ゲティア・ケース」の不在性を同定する際に、やはり科学的知識の人生視線的ネットワークを背景にして、そうした同定の確かさの度合いを算定する道を許容している。それに対して、キュニオの「認識的ニヒリズム」批判は、（「認識的ニヒリズム」そのものに責があるのだと思うが）真と偽の二値性に拠っているように思われる。

けれども、「知識の新因果説」では二値性にこだわる必然性はまったくなく、知識現象にまつわる不在因果について全面的に主張不可能としているのではなく、相応の正当性をグラデーション的に許容する態勢となっている。「知識の新因果説」は、「竜巻が近づいている」という知識候補と、「UFOが襲来してくる」という知識候補とで、同様に直ちに知識たりえないとするのではなく、「竜巻が近づいている」の方により強い説得性を許容する戦略を描くのである。この度合いについては、最後に述べるように、私は（藁をもつかむような気持ちなのではあるが）「確率」の概念にすがりたいと思っている。いずれにせよ、「認識的ニヒリズム」が二値性を不可欠な前提とするならば、私の「知識の新因果説」は「認識的ニヒリズム」とその点で袂を分かつ。けれども、「認識的ニヒリズム」が程度説的な解釈を許容するならば、「知識の新因果説」は「認識的ニヒリズム」と同調し、それを新たに展開した考えとなるだろう。

第三に、しかし私は、キュニオの議論展開に積極的に同意したい点があり、それは「認識的ニヒリズム」が「言語行為」として知識を捉える見方に結びつきうるという理解である。本書の主題ではないが、私はつとに「音楽化された認識論」という立場を展開しており、それは、認識・知識とは言語による、しかるに言語は（内語も含めて）音声であり、そして音声である限りは（美的評価はどうあれ）音楽としての構造を有している、よって知識とは音楽である、という着想に基づく認識論の試みである。「知識の新因果説」は、宇宙視線的には知識なるものがほぼ不可能であるという含意を示唆しそうでありつつも、実は全面的に不可能なのではなく、人生視線的な見地からいわば「準」あるいは「暫定」知識というような審級で知識・認識のステイタスを確保しようとする立場でもあり、そしてそうした認識・知識は、「認識的ニヒリズム」と親和的に、客観的事実などとは関わりのない次元で立ち現れてくるものである。こうした知識観が知識を言語行為と捉える立場となり、そしてそれが「音楽化された認識論」と結びついていくのはきわめて自然である。実際私は、因果関係が言語行為として生成するという議論を別著にて、「音楽化された認識論」との連関のもと、すでに公表してある（一ノ瀬 2018, pp. 267-269）(6)。

## 9　知識をめぐる「ためらい」と「決断」

けれども、「知識の新因果説」を宇宙視線的に厳密かつ理論的に受け取ると（そう受け取るのは哲学的には誠実だろう）、知識なるものが非常に危ういものになる、いやむしろ知識なるものがおよそ到達不可能なものになってしまうという破壊的な見解となりそうだというのは依然として避けがたい。しかし、これは真に破壊的と言うべきだろうか。一見不可思議に聞こえるかもしれないが、私には一見思われるほどには破壊的とは思えないのである。虚心坦懐に考えて、私たちが絶対確実になんらかの「知識」を得ている、という事態を想定できるだろうかと問うてみると、誠実である限り、自信を持ってイエスと答えることはできないことは、むしろ明白ではないか。

歴史的知識などは言うまでもなく、知覚的知識とていくらでも間違いの可能性が想定される。科学的知識とて、訂正可能性を免れないことは自然科学をめぐるこれまでの歴史的経緯が実証している。まして今日ネットを通じた「フェイク・ニュース」が問題となっており、他者の証言を通じた知識がかなり危ういことは、かえって常識と化しつつあるのではないか。論理的推論による知識でさえ、記憶や文法という私たち人間の生物的・社会慣習的ありように依存している以上、真の意味での確実性とは言い難いと私は捉えている。そういう意味で、私たちは、厳密には、知る、知った、という事態に面して「ためらい」を覚えるべきなのである。正直である限り、そして私の言う宇宙視線に立つ限り、ためらわねばならないのである。ならば、私の言う「知識の新因果説」が「認識的ニヒリズム」に同調してゆくという事態は、決して全面的に破壊的なわけではなく、事実の一面の誠実な描写なのではないかと思えるのである。

しかし、そうした描写に即した姿勢を貫くことは、現実世界から遊離した、この世ならぬ生活を送ることになってしまう。そういう意味で、繰り返しになるが、「知識の新因果説」が露呈させるニヒリズムの様態は、宇宙視線ならぬ人生視線にたった途端、やはり何らかの解決を求められる。では、ためらうべきという要請から目を背けて、不確実な事態を確実であると自己欺瞞的に見なして毎日を送るべきなのだろうか。それは違う。そうした態度は人類の叡智への背信になってしまう。では、どうすべきか。目指すべきは、「ためらう」べきであることをそのまま受け入れると「決断」して、そうしたゆらぎの中で安定していくことなのではないだろうか。まさしく「浮動的安定」の様態である。それは、人生視線に立って、当座の知見を考慮しつつ、先に進んでいこう、先に進めるはずだ、と身を投げ出してゆくことである。

私が思うに、ウィリアムソンの「知識第一主義」というのは、ＪＴＢ知識観に立つ限り「認識的ニヒリズム」に無防備に陥ることを本能的に見越して、いわば逆転の発想で、現に「知っている」と私たちが当座観念している事態を出発点にしてしまおうという思い切った大胆な立場であり（コロンブスの卵?）、それが結果的にニヒリズムをさしあたり超克していく道なのだ、という含意を持つ見解なのだと解釈できるのではないか。ウィリアムソン自身がそのような見解を自覚的に抱いていたかは分からないが、私は、このようにウィリアムソンの認識論を解釈することで、宇宙視線から導かれる「ためらい」を抱きつつ、そのこと自体を安んじて受け入れると「決断」し、人生視線に立脚した判断をしながら暮らしてゆく、という指針を抜き出すことができると解している。繰り返すが、こうした生存のあり方、それが私の言う「浮動的安定」なのである。

最後に、こうした「知識の新因果説」をさらに展開する場合の見込みと、乗り越えるべき課題について、瞥見して本章を終えたい。本章冒頭で述べたように、知識と因果の関わりを解明するというのは壮大な課題であり、直ちには完遂できない。一歩ずつ進むしかない。そういう考え方のもと、ここまでの考察を一歩として、次の歩みの方向を見定めておくことは無意味ではないはずである。

まず、「ゲティア・ケース」の存否についての不確実性をどう扱うかという点について、先に予告したように、私は当面「確率概念」を適用することを念頭に置いている。そうすることで、知識についての反事実的条件文をリアリスティックに理解できるのではないか。次に、私は「ラムジー・テスト」あるいはいわゆる「ストルネイカーの仮説」（条件文「p→q」の成立する確率は条件つき確率 P(q｜p) によって測られるとする考え方）を改訂したものを、確率的観点から反事実的条件文にも適用することを目論んでいる（「ラムジー・テスト」や「ストルネイカーの仮説」はもともと直説法条件文に適用されたものである）。

むろん、このような私の「知識の新因果説」のプロジェクトを合理的で説得力あるものにするためには、克服しなければならない課題がいくつかある。第一に、循環に陥ることなしに、どのようにして因果関係や確率的関係について確証するのか、という疑問に向かう必要がある。これには、確率概念の多様、すなわち、頻度説や主観説などを考慮に入れつつ、因果性との絡み具合をまずは明るみにもたらすことが求められるだろう。第二に、「ストルネイカーの仮説」に対する、ルイスの「トリビアリティ結果」の議論をどう処理するかも検討しなければならない。「トリビアリティ結果」としてルイスが提起している議論は二つあるが、第一の議論が代表的である。それは、非常に簡単に言うと、「p→q」＝P(q｜p)とする「ストルネイカーの仮説」は、結局のところ、P(q｜p)＝P(q)となり、いかなるpとqに関してもそれらは相互に確率的に独立となってしまい、仮説として無効かつ空虚な式になる、とする議論である（Lewis 1975, pp. 131-134. 一ノ瀬 2006, pp. 262-263 の註12も参照）。反事実的条件文の意味論を構築するという課題にとって、まことにシリアスな障壁として立ちはだかる。この点について私は、アダムズの議論やシュルツの議論を参考にしつつ、問題の出発点に立ち戻って、直説法条件文に対する反事実的条件文の論理的・意味論的構造について改めて根本的に分析し直すことで立ち向かいたい。具体的に私は、エジントンの議論に拠って「非真理観数的」な意味論に訴えることを考えている。この課題は、私にとって大いに意欲をかき立てるものであり、ぜひ前に進んでいきたい。

そして第三に、「不在因果」の問題に必ずまとわりつく「野放図因果」（profligate causation）の問題にも対応していかなければならない(7)。実にこの問題こそ、次の第3章と第4章にて徹底的に考察を試みる主題である。

# 第3章　不在因果と反事実的条件分析

## 1　見ると見ないの同時性

不思議に思っていることがある。自分は自分で他の人とは別の存在だし、もちろん、道に転がっている小石や、空に浮かぶ雲とも異なる、独立の個人だという考え方、これがどうにもストンと腑に落ちないのである。まず、呼吸だ。四六時中私たちは呼吸をしているが、それはとりもなおさず自然環境と結びついているということなのではないか。森林の清浄な空気を吸うとき、私たちは環境と合体する、そんな風に解すべきではないか。そして、近年のコロナ騒動で図らずも明らかになったように、他者と近づいて対話をするとき、私たちは呼吸の影響を与え合っている。そして、私たち生物は、遺伝子を介して先祖とも直結している。どうも、自分は他と隔絶された個人なのだ、という描像はどこか怪しいのではないか。むしろ、自分は、時間的にも空間的にも、何か大きな一つの全体の一つの（部分ではなく）側面であると捉えるべきなのではないか。

かつて古代ギリシアの哲学者パルメニデスは、「あるもの」はあり、「ないもの」はない、そして「あるもの」は「ないものに」になることはなく、その逆もない、すなわち生成消滅ということはありえず、すべて「あるもの」は一つの単一の全体なのだと論じた。不可思議な思想だが、とりあえず引用してみよう。「ある（有る）もの」とは、

有るものは不生なるものゆえ、不滅なるもの、何故なら完全無欠なるもの、また動揺せざるも

の、無終なるものゆえ、それはかつて或る時にだけ有ったでもなく、またいつか或る時に初めて有るだろうでもない。何故ならそれは現在一緒に全体として、一つとし、連続せるものとして有るゆえ（山本訳 1958, p. 40）。[1]

パルメニデスは詩の形で自身の考えを表現しており、しかも古代ギリシア語なので、なかなか解釈は難しいところだが、世界は一つで不動である、という主張であることは間違いない。実際、パルメニデスは世界を一つの球のようなものとして捉えて、こう記す。

死すべきものどもが真なりと信じて取りきめた一切の名前、すなわち、〝生成する〟や〝消滅する〟、〝有る〟や〝有らぬ〟、また〝場所を変える〟や〝明るい色を［暗い色と］取り変える〟などはたんなる呼び名にすぎぬであろう。されど窮極の限界はあるものゆえ、まんまろき球の塊の如く、凡ゆる方向において完結していて、中心より凡ゆる方向において均衡を得ている［中略］有るものはここにては有るものより一そう多くあり、かしこにては有るものより一そう少く有るようなことは出来ぬゆえ（山本訳 1958, pp. 41-42）。

むろん、これはあまりに奇妙な主張である。「まんまろき球」の外側はあるのかないのか、それがあるとしてもないとしても自家撞着にならないか、などなど直ちに疑問が湧く。しかし、だからと言って何の説得性もないかというと、そうでもないところが古代ギリシア哲学の不屈の生命力なのだろう。実際、この「まんまろき球」は私たちの有する「宇宙」の概念にたとえることができるかもしれない。

宇宙は一つ。たしかに多世界説や宇宙膨張説など、パルメニデスの描像に反する見方もありうるが、宇宙は一つであり、全体としてのエネルギーは不滅である、というのは直観に訴える。言い方を換えるならば、この世界に「多」はない、多くの物があり一つ一つは個別の個物だというのは錯覚だ、という見方である。(2) 私は、そうした錯覚は言語使用に由来しており、錯覚として何か機能しているにすぎないと受けとめる限りは、この見方には一定の合理性を感じる。

やや大仕掛けな話になったかもしれないが、こうした古代ギリシアの世界観に寄せた形で私が言いたいのは、個体とか個人という概念はかなり眉唾であり、むしろすべてのものはシームレスに結びついている、とする世界観は十分に成り立つのではないか、という点なのである。もちろん、言語的な次元で特定の側面にのみハイライトすることは可能であるし、むしろそれが言語を媒介した、ある種の虚構性を本質的に抱懐した、知的営みの核心なのであろうし、社会制度の基盤になるのだろう。「人権」といった概念を少しでも反省するならば、それが人為的な虚構として私たちの社会の土台を提供していることがすぐに理解できる。(3) しかし、そのように特定側面をハイライトするときにも、依然として「一つの全体」という様相が根底にあることは不動である。(4)

以上のような論点は実は卑近な場面からも確認できる。それは「見る」ことである。自分の手元に出された料理を見ていると想定しよう。焼け具合や、ソースの色など、じっと見る。しかし、あまりに自明なことだが、私たちが料理をじっと見ているとき、自分の背後は「見ない」。これは、なにも視覚的知覚にだけ限らない。触ること、聞くことなど、私たちの経験全般に当てはまる。すなわち、「見る」に即して言えば、私たちは何かを見るとき、何かを見ない、のである。何かを意図的に見るとき、何かを意図的に見ないのである。私はこれを「見ると見ないの同時性」あるいは簡略化して

「同時性テーゼ」と呼んでおきたい(5)。そして強調しておいていい点は、「見る」範囲や側面に比して「見ない」範囲や側面はとてつもなく巨大であること、これである。一側面を見ることは、それ以外の広大な領域を見ないことであり、それがともに同時に成り立っていて、全体をなしているのである。見ることは見ないことを介して、全体へと連なっている。すなわち、見ないことを介して、全体へと結びつくポテンシャリティをつねに胚胎しているのである。

ともあれ、以上の検討をまとめる形で、本章の基本的な二つの仮説的論点（私自身は直観的に妥当だと解している論点）を確認しておきたい。一つ目は上に述べた「同時性テーゼ」であり、二つ目は便宜的に「虚構性テーゼ」としておこう。

**同時性テーゼ**　なにかを見ること、ひいてはなにかを行うことというのは、本質的につねに同時に、あるいはもっと強く論理的に、実は別の何かを見ないこと、別の何かを行わないことである。そして行わないことの領域はとてつもなく巨大である。

という論点である。もう一つの論点は、パルメニデスの提起した世界観は（一見の印象に反して）相当に説得的であることを踏まえたもので、

**虚構性テーゼ**　世界は一つであり、「多」は事実としては成立しておらず、個体化や個別化は、言語を媒介したある種の人為的な虚構である、しかしそうした虚構性が人間の知的営みや社会の土台を形成している。

という論点である。以下、こうした着想にのっとって論を展開していく。言い方を換えれば、本章および次の第4章は、以下の議論が説得的であるならば以上の二つの論点の信憑性を確証できるという、仮説の検証のスタイルを取るということである。

## 2　不在因果の問い

以上の二つの仮説「同時性テーゼ」と「虚構性テーゼ」を展開していくため、ここでは第1章以来の主題である「因果関係」の問題に焦点を当てる。実際、因果関係はあまりに普遍的であり、「同時性テーゼ」で言及した「見ること」や「行うこと」にダイレクトに連関している。「見ること」は、大抵は見ようとする意志が、そしてどこかに視線を向けるという動作が、原因となって帰結する現象であり、そしてまた「見ること」によって視覚対象の理解が帰結するという意味でも、濃密に因果的な事象である。同じことは、「行うこと」一般に当てはまる。意志や欲求や衝動を原因として行為が発出し、行為はまた何らかの影響をもたらす、というのは、さしあたり自然な描像であろう。そして、そうであるならば、そのような因果関係の中に、あるいはそれに沿う形で、「見ないこと」や「行わないこと」の側面も入り込んでこざるをえないはずである。以下こうした「ない」で表現される事態を「不在（性）」（absence）と総称しよう。[6] しかし、ここで問おう。では、その不在性そのものが因果関係を形成することはないのだろうか。

こうした問いは、一見奇妙に聞こえたとしても、実は答えるのはたやすい。不在が原因となったり、結果となったりすることは、日常に充満した現象であり、あまりにありふれている。たとえば、私にはぜひにも購入したい新刊の書籍があり、品ぞろいのよい大型書店に行き、お目当ての書籍を購入しようとしたところ、なんと、すでに売り切れてその書籍はなかった。私は、非常に落胆してしまった。よくある状況だろう。では、このときの私の落胆の原因は何か。売り切れた書籍の置いてあった場所に別の書籍が置かれていたことが原因だろうか。それとも、その書棚の周辺に何人かのお客さんがいたことが原因だろうか。そうではないだろう。お目当ての書籍がそこに「ない」こと、それが落胆の原因だとするのが私たちの日常言語の用法である。

そしてさらに、落胆が原因となって、別の必需品の買い物をするのを忘れてしまった。つまり、結果として買わ「ない」という不在をもたらしうる。こういうこともままある。かくのごとく、不在は原因にも結果にもなるのである。それどころか、原因と結果の両方が不在となることもあるだろう。会議の予定を思い出さ「ない」ことによって、会議に出席し「ない」、などのケースである。こんなこと、珍しくもなんともないだろう。同様な例は、自然現象に関しても多々挙げられる。気候変動により緑豊かだった地域に干ばつが起こり、砂漠化した、というとき、砂漠化の原因はなんだろうか。干ばつが原因なのだが、干ばつとはまさしく雨が降ら「ない」ことである。雨が降ら「ない」ことが砂漠化をもたらしたのである。そして砂漠化とは植物が「ない」ことであり、その結果として動物がい「ない」ことにもなりうる。「ない」が「ない」をもたらすことなど、このように何の不思議もなく表象しうるし、現実にもしばしば発生している。以上のような不在性を因果の項として含む因果関係は「不在因果」(causation by absence) と呼ばれる。私の考えでは、因果関係についての議論が、このようにごくごく日常的な不在因果の問題性を射程に収め切れていないとしたならば、それは重大な欠損になってしまうだろう。

そして「同時性テーゼ」を踏まえて言うならば、料理を見る、のようになにかを（不在ではなく）ポジティブに行うときにも、記述可能なほぼ無数の行わ「ない」ことも同時に発出している。すでに触れたように、私たちが料理に注意を向けてそれを注視するとき、背後は見「ない」が、行わ「ない」ことはそれに尽きない。足を上げてないし、走っていないし、泳いでないし、眠っていないし、テニスをしていないし、飛んでいない。はたまた、突拍子もない側面かもしれないが、月面を歩いてもいない。どんなに突拍子もないとしても、それらは紛れもない真理なのである。こんな述べ方に対しては、おそらく、たとえ真理だとしても空虚な物言いで、なんの情報価値もないではないか、と言われそうではある。たしかに、そうかもしれない。しかし、文脈によっては、突然意義のある不在性の記述になることもありえること、ここに私は注目したい。もし私が背後のドアを見張っている役目を負っているとき、目の前の料理に注目していて、背後の異変を見逃してしまったらどうか。その場合、私のありようは「背後を見ていない」と間違いなく記述されるだろう。そして私の見過ごしによってなにか害が発生したならば、私が「背後を見なかったこと」が害発生の原因とされるのは必定である。

私が料理に注目していて月面を歩いていないことでさえ、文脈によっては月面を歩いていない不在性がハイライトされうる。たとえば、数年後に人間が直面したとしたらきわめて有害な現象が月面で発生したとしよう。さらにいまから数十年後には人類は容易に月面散歩ができるようになったとしよう。七〇〇年後の私の子孫が現在辺りの時期について振り返り、自分の先祖（つまり私）があの頃月面を歩いていたら、いまの自分は存在しないな、と考えても不思議ではない。七〇〇年後からすれば、いま頃の数十年ぐらいのスパンは同時期に感じられるだろうからである。つまり、私がいま月面を歩いていない「ない」ことが、私の子孫の存在の（一つの）原因として指定される可能性は、絶対ないとは言えない。事ほどさように、同時性テーゼは理論的には成立しているし、そこから不在因果が主張されるポテンシャリティが確認できる。

## 3　不作為と過失

すでに挙げたいくつかの例から示唆されることは多々あるが、ひとつには、不在因果には、客観的現象ではなく、どうやら人為的あるいは価値的な視点が含まれるのではないか、という論点が見出せそうである。料理に注目していて背後を見「ない」ことが問題になる典型は、背後を見張る使命を怠った場合であった。使命なるものは客観的現象ではない。また、月面を歩いてい「ない」ことが子孫の存在の原因として見なされうる（かなり想像的な）状況には、子孫の人自身が存在することへのポジティブな価値づけが背景にあると思われる。こうした不在因果に内在する人為的・価値的な視点があからさまに表に出るのは、責任が問題となる不在性、すなわち「不作為」（omission）、そしてその一部をなす「過失」（negligence）の場面であろう。[7] 象徴的な例をいくつかの文献から引用してみる。まずは、一九世紀に明確な形で「信念の倫理」を提起したウィリアム・キングドン・クリフォードの有名な思考実験を引用しよう。

ある船主が移民船を出帆させようとしていた。彼は移民船が老朽化していて、船体が万全ではないことをもとから知っていた。そして移民船が多くの海をそして様々な気候の中を航海してきて、しばしば修理が必要だったことも知っていた。この船は航海には適さないのではないかという疑いが頭をもたげてきた。こうした疑いによって彼の心は蹂躙され、不愉快になった。そして、おそらく、多大な出費になるとしても、移民船を徹底的にオーバーホールして整備し直すべきではないかと考えた。けれども、この移民船が出航間際になったとき、彼はこうした憂鬱な心配を克服することに成功した。彼は自身に言い聞かせた、この移民船は過去非常に多くの航海を無事にやり遂げてきたし、非常に多くの嵐を凌いできたのだから、今回の航海から無事に帰帆できないかもしれないなどと考えることはくだらない心配ではないか、と……彼は、船大工や工事請負人たちの誠実さを疑うなどという狭量さをさっぱりと切り捨てようとした。そのようにして、彼はついに、自分の移民船は完全に安全であり航海に適するという、心からの快適な確信を獲得するに至った。彼は、軽やかな心で、そして移住者たちが今後向かうであろう見知らぬ新しい土地で大いに繁栄してほしいという善意あふれる願いとともに、移民船の出航を見届けた。そして、その移民船が大海のただ中に沈没し行方知らずとなったとき、彼は保険金を受け取ったのであった（Clifford 1999, p. 70）。

クリフォードは、きちんとした根拠や証拠なしに特定の認識に至ってしまうことを倫理的悪として糾弾しようとして、その典型的なケースとして船主の例を挙げた。これは、素直に考えて、「自己欺瞞」の例と言えると思うが、なにかの行為遂行による害発生の懸念があることを認識していたにもかかわらず、それを精査せず行為を遂行してしまい害を発生させてしまったと解すれば、いわゆる「認識ある過失」（reckless disregard）に該当するだろう。精査し「ない」という点で不在が関わり、そこに害発生の原因が求められるならばそれは不在因果の例となるわけである。次に、コウリーの挙げる白内障患者の失明の訴訟例を引用する。

白内障を治療した手術の九ヶ月後、原告は視神経萎縮の結果失明したことが発覚した。しかし、専門家たちはこの萎縮の原因について合意に至らなかった。視神経萎縮は、担当医師が眼球後方の出血が発生していたにもかかわらず手術を続けたという過失に由来した可能性もあったし、あるいは、当該の原告のように高血圧症や糖尿病を患っている患者においてしばしば発生しがちな、目のなかの突然の一撃の結果であるという可能性もあった。しかもその上、当該原告は重度の緑内障をも患っており、そして緑内障もまた、長い時間の経過の中で、視神経萎縮をもたらしうるのである（Khoury 2006, p. 52)。

かなり繊細な問題だが、眼球後方の出血について注意し「ない」という「不作為」が原因候補として挙げられている。こうした注意をすべきであるという義務が想定されるならば、それは不作為の一つである「過失」に当たる（ただし、それを処罰対象にするかどうかは別問題である）。

医療に関する、コウリーの例に似た事例はしばしば言挙げされる。たとえば、イギリスのジャーナリストのマシュー・サイドのベストセラー『ブラックボックス思考』（邦題『失敗の科学』）の冒頭には、三七歳の女性エレインの副鼻腔炎の手術での、かなりショッキングな医療ミスの実例が紹介されている。副鼻腔炎の手術それ自体は決して難しいものではなく、医師からすれば手慣れた医療処置の一つである。手術は麻酔薬の投与から始まった。麻酔がかかっている間は生体機能の多くが麻痺するため、呼吸の人工的な補助が必要となる。その際、ラリンジアルマスクという、空気を入れると酸素マスクのように膨らむ器具を用いる。しかるに、エレインの場合、なぜか口にそのマスクが入らなかった。医師は麻酔薬を追加投与し、サイズの小さいマスクを試した。しかしそれも入らない。エレインはチアノーゼを起こし始めた。いよいよ医師たちも慌て始める。最後の手段は気管支切開だ。

八時四七分、看護師たちは次の行動を的確に読み、三人の内一番経験を積んだ看護師のジェーンが、気管支切開キットを取りに飛び出した。そして戻ると、気管支切開キットの準備ができました、とエレインを囲んで奮闘中の三人の医師に告げた。しかし、どうしたことか医師たちは一瞬振り返っただけで、反応を示さ「ない」……ジェーンは戸惑った。時間は刻々と過ぎ、事態は危機的だ。ジェーンは考えた、経験豊かな三人の医師たちが事態に立ち向かっている。間違いなく、気管支切開を考慮しているはずだ（Syed 2015, p. 6）。

かくして、ルーティンとも言える簡単な手術であるにもかかわらず、エレインはいのちを失った。私たちの言語使用からして、明らかに「気管支切開キットに対して反応しなかった」医師たちの不作為、そして過失がエレインの死をもたらしたと記述されるだろう。

## 4　意図的不作為と過失不作為

以上のような不作為や過失による害発生の事例は、生命倫理においてもはや古典的となった「殺すことと死なせること」(killing and letting die) の区別に即して確認することができる。こうした領域の問題に関して、いわゆる実験哲学的な手法によりながら、近年めざましい考察を展開しているパスカル・ウィレムセンの『不作為とその道徳的関連性』の冒頭部分にそうした事例が言及されている。引用する。

ある晩ウォルター(化学の教員)はジェス(ウォルターのかつての学生)と昨今の案件について話し合うために車でジェスの家に向かっている。すると、ジェスは彼のガールフレンドのジェーンとともにベッドで寝ていた。ウォルターは、ジェーンが再びジェスにヘロインを服用させたことを悟る。すると突然ジェーンが体を起こして、嘔吐しつつ窒息し始める。ウォルターは直ちに彼女に駆け寄り介抱しようとしたが、自らを制する。ジェーンがこのまま死ねば、彼女のジェスに対する悪影響も止むと考えたからである。ウォルターは、恐怖の表情を浮かべながら、ジェーンが窒息死するのを見届けた。その後、ウォルターは部屋を去ったが、ジェスはまだ寝たままだった。ジェスが目覚めたとき、ジェーンが亡くなっていることに気づく。ジェスは自分のせいだと思い、自ら進んでリハビリ施設に向かうことになった (Willemsen 2019, p. 9)。

何もしないこと、死ぬに任せること、それがここで問題になっている。この問題に関する伝統的な文脈では、死ぬに任せることは、殺すことと比べて、同様に道徳的に悪なのか、それとも悪の度合いはより高いのか、より低いのか、それとも何らの責任もないのか、という点が問われてきた。いずれにせよここで確認できるのは、何もし「ない」で死ぬに任せることも、死の原因として捉えられる可能性があるということである。不作為が原因とされる象徴的な場面である。

次に、日本の刑法学の文脈からの、保護責任者遺棄の事例を挙げておこう。

小さい子供が遊んでいて子供部屋の窓から落ちて死亡した。近くの台所で母親が隣人としゃべっており、それをまったく認識していなかった場合に、二人が子供の死を阻止しなかったことで不作為による過失致死罪になるかがまず問題となる。隣人は保証人的義務を欠くため責任を負わないが、保証人の観点から母親において最低限（elementar）の帰属要件は満たされる。だが、それは彼女に死亡の結果が不法として帰属されることを意味するわけではない。さらに許された危険などの客観的な注意義務の基準を持って過失犯の成否を判断すべきである。諸例では、保証人的地位が肯定されるけれども、過失を認めるかについては争いの余地がある（楊 2022, p. 10）。

微妙なケースだが、過失不作為が成立するかどうか検討の余地があるということである。このことは、すなわち、母親が子どもの様子を注意してみて「いなかった」という不在が子どもの死亡の原因と見なしうるのか、争いの余地があるということである。

ここで詳述はしないが、刑法学の分野では「不作為犯」についての研究や判例の検討が重厚に積み重なっている。刑法学では、一般的に、「何々し「ない」」という不作為を犯罪の構成要件として明記してある犯罪を「真正不作為犯」、「何々する」という作為が犯罪の構成要件となっていて、それが不作為によって実現される場合を「不真正不作為犯」と呼ばれる。一見して明らかに想像できるように、不作為犯とりわけ不真正不作為犯については多様な問題性が惹起されるのはいかんとも避け難いだろう。刑法学の視点から言えば、まず「不真正不作為犯は、真正不作為犯に対比して解決の困難な問題を含んでいる。その問題性は、とくに、罪刑法定主義との関係から生まれる」（内藤 1983, p.223）と概括される。不真正不作為犯というのは、犯罪の構成要件を規定する条文に直接的に明記されていない状態を犯罪と認定することなのだから、罪刑法定主義の原則との緊張関係が発出するのは必定である。

ともあれ、以上、いくつか不在因果に関わる仮想的そして現実的事例を追跡してみた。不作為そして過失という概念がおもに機能する諸ケースであった。各事例により記述されている事態は異なるが、すべて「しない」、「しなかった」という不在性、あるいは「ないこと」（nothingness）に関わって害が発生している点で共通している。しかし、以上はあくまで不在因果を暗示する諸ケースであって、私はまだ不在因果そのものの検討には立ち入っていない。そもそも不在と害の間の関係は何なのか、果たして因果関係と言えるのか、こうした問いを深めていかなければならない。そして、このことは、不作為犯と罪刑法定主義との緊張関係という、すぐれて刑法学的な根本問題に対して哲学的視点から切り込む試みともなるはずである。

## 5 「根源的ペシミズム」と不在因果の可能性

けれども、ひとたび哲学での不在因果に関する議論に目を向けてみると、かなりネガティブな見解が多いことにいやでも気づかざるをえない。不在を因果関係の項として認めることへの拒絶感が哲学者の間に根強いのである。ウィレムセンは、こうした拒絶感を示す立場を「根源的ペシミズム」（radical pessimism）と呼び、その動機を次のように述べる。

不作為の因果的パワーについての根源的ペシミズムが論じてきたこと、それは、不作為による因果関係に対する反事実的説明は不満足でしかない、なぜなら、それは不必要に存在論を膨大化させてしまう（inflate ontology）からだ、というものである（Willemsen 2019, p. 57）。

不在因果は「存在論的インフレ」をもたらすので、受け入れがたいというわけである。たしかに、私はいま執筆しているが、同時に泳いでい「ない」。しかし同時に、眠ってい「ない」し、テニスをしてい「ない」。こうした可能性はきりがない。特定の状態を不作為とするとき、同時に無限に多様な不作為状態が存在することになってしまう。

こうした見方に沿って、しかし同時に刑法に関わる事象や日常言語の用法において不在因果を含意するような言説が一定程度有効に機能しているという私たちの事実をも考慮した形で、ヘレン・ビービーは、デイヴィドソンの因果性に関する二区分に拠りつつ、「根源的ペシミズム」の一つと目されうる議論を提示した。ビービーは、デイヴィドソンの、いまや古典と言うべき「因果的関係」（“Causal Relations”）という論文に注目し（Beebee 2004, p. 301）、そこでの「因果関係」（causation）と因果的説明（causal explanation）の区別に注目する。デイヴィドソンの因果関係についての議論はなかなかに複雑だが、基本の出発点は、出来事（event）を関係項とする因果的言明（causal statements）を真理関数的に扱うにはどのようにすべきか、あるいは真理関数的に扱えない因果的言明はあるのか、といった論理哲学的な問題提起にある。そしてこう述べる。

因果的関係は純粋に外延的な実質的条件文によって表現されうるのか、それともそこには（非ヒューム的な）何か一層強い結合が含まれているのだろうか。この問いは誤解を招く、なぜならこの問いは二つの別の事柄を混同しているからである。すなわち、因果的言明の論理形式と因果性の分析という二つを混同しているのである（Davidson 1980, p. 161）。

そしてデイヴィドソンは、後者の因果性の分析を「因果的物語」（causal story）を与えることであるとして、こう展開する。

言い換えれば、それは初歩的な因果的説明なのである。説明は典型的には出来事に関わるのではなく、言明に関わる（ibid.）。

すなわち、デイヴィドソンは、論理的に真理関数的かどうかを問いうる因果的言明そのものを扱う文脈と、因果的言明を用いて事象の因果的説明を行う文脈とは、水準の異なる文脈なので混同すべきではない、としているわけである。しかも彼は、そうした区分の基盤をなす、哲学者の因果論の共通前提としてこう指摘している。「原因は個別的な出来事であり、因果的関係は出来事間において成立する」（Davidson 1980, p. 161）。すなわち、因果的言明の基盤となるのは世界に客観的に発生している「出来事」である、という立場である。こうした立場が不在因果についての「根源的ペシミズム」と親和性が高いのは明白である（なお、不在因果に対して実際に発生した積極的出来事に関する因果を便宜上「出来事因果」と呼ぶことにする）。

ビービーは、こうしたデイヴィドソンの議論を継承する形で「因果関係」と「因果的説明」を区別して、因果関係は出来事を基盤にして「c caused e」で表現されるのに対して、因果的説明は文として表される「事実」(facts) を基盤として「E because C」で表されるという対比づけを提示する (Beebee 2004, p. 301)。そしてこう明言する。「私はすべての因果的説明が因果関係の報告なわけではない、という見解を擁護する。因果的説明の説明項の被説明項に対する関係は、原因と結果に対する関係と同じである必要はない……私は、不在についての事実を含む因果的説明はまさしくこうした種類の説明と見なされうる、という見解を擁護する」(Ibid.)。そして、因果関係においては「真理」(truth) が問題となるのに対して、因果的説明は「非難」(blame) などが問題となる場合に要請され、そこでは真理ではなく「適切性」(adequacy) が問題となる (Beebee 2004, p. 307) と論じ及ぶ。不在性を因果関係の項となりうると捉える立場、すなわち、不在因果というあり方を導入する立場、へのネガティブな評価が展開されていると見なすことができるだろう(8)。

私自身は、真理関数的に問いうる因果的関係というのが、果たして因果的説明とそのように峻別できるのか、その点やや懐疑的である。デイヴィドソンやビービーが因果的説明と対比的に言及する因果関係の背景にはかなり膨大な私たちの前提了解が入り込んでいて、その背景の前提了解のどこかに焦点を当てることで説得性を、つまりはビービーの言う適切性を得ているのではないかと、思うのである。言い方を換えれば、特定の出来事に関わる因果関係は、仮に真理条件的に分析できるのだとしても、前提了解のどこをハイライトするかに依存しているのであり、別の因果関係の言明として提起し直すことが理論的に可能なのではないかと思うのである。それゆえ因果関係もまた、そうした提起し直しがどの程度適切性と説得性説を持つかという問いにつねに開かれていると思われ、そういう意味で因果的説明のありようを抱懐しているのではないかと、そのように考える。

一例を挙げておこう。「私がコップを落としたことがコップが割れたことの原因である」。これは出来事因果として真理関数的に扱えるだろう。しかし、こうした事態の背景には、前提了解として、コップを運ぶときにはきちんと持つべきなのに私はしっかり握っていなかった、といった規範性や不在性に関わる理解が潜在していると考えられるし、実際そういう理解が顕在化する文脈はあるだろう。言い方を換えれば、「コップのもろさがコップが割れたことの原因である」という別の仕方で事態を記述してもよかったはずなのだが（落としても簡単に割れないコップが近くにあるならば、こういう記述はかなり説得的になる）、特定の文脈では「コップを落としたこと」が、何らかの傾きのもと、ハイライトされている、ということである。だとするならば、出来事因果を因果的説明と峻別して、不在因果についての根源的ペシミズムを展開することは一見思われるほど自明とは言えないのではないか。実は、デイヴィドソン自身図らずも、因果関係として扱うかそれとも因果的説明として扱うかを検討するべき対象として、不在因果の事例を論じている。たとえば、「スプリンクラーが機能しなかったことが火事の原因となった（the failure of the sprinkling system caused the fire）」（Davidson 1980, p. 161）。これは明白に不在因果の現象である。こうした問いは、おそらく、真理の整合説とかデフレ理論などを含めた、真理概念をめぐる哲学的議論に直結する問題系であろう。「真理関数」と言うときの「真理」、実はそこに問題の核があるようにも思えるからである。

いずれにせよ、ある種の哲学的傾向からして、そして存在論的インフレという根本的問題に照らして、不在因果についてのネガティブな視点が根強くあること、しかしそうした視点に対しても疑問の余地がありうること、これらが確認できた。

## 6　オプティミズムへの道

　すでに指摘したように、私たちの日常的な世界理解の中に不作為や過失などの不在性を何らかの原因と見なすことは広範かつ普遍的に成立している。なので、これをすべて因果性と無関係だとして拒絶することは戦略としては著しく説得性を欠く。かつてラッセルが「原因の概念について」という古典的な論文において、原因概念は石器時代の遺物で現代では関数概念を用いて現象を記述すべきだという趣旨の議論を展開した（Russell 1917）。ラッセルの議論の細部には多くの洞察が認められるが、原因概念を無効と論じる方向性には、少なくとも私は大きな疑問を抱く。今日においても依然として、メディアなどで事故や事件を報道する際に「当局は原因解明に乗り出した」といった表現が使われる事例には枚挙にいとまがないし、経済学や法学などの社会科学などでは因果概念はまさしく現役として機能している。そうした点からして、原因概念を追放して関数概念に変えよう、といった哲学者の提案に果たしてどういう意味があるのか、どうにも疑問を禁じ得ない。提案自体は意味があるとしても、結局実現可能性はなく、原因概念が無効なのではなく、むしろ提案それ自体が無効なのではなかろうか。

　ということで、根源的ペシミズムを説得性を持って展開するには、デイヴィドソンやビービーのように、不在因果の可能性を因果関係から派生する理解としてとりあえず取り込める体制にしておいて、その上で、そうした不在因果の非本来性を述べ立てる、という戦略を採るという流れになるのだろう。けれども、こうした文脈では、むしろ開き直って不在因果をれっきとした因果関係としてポジティブに取り込むという立場、ウィレムセンの言い方を借りるならば「オプティミズム」（optimism）の立場も有力な戦略候補となるのではなかろうか。いや、むしろ私は、すでに述べたように、デイヴィドソンが区別する因果関係と因果的説明との間の垣根は実際はほとんどないと考えるので、もし不在因果の言説がとりあえず日常会話的にあるいはフォークサイコロジー的に有意味に因果的説明として成立しているのだとしたら、不在因果についてはオプティミズムの方が説得性に富むと考える。

実のところ、何度か触れたウィレムセンやその他リベングッド・マケリイなどによる、二一世紀版の「実験哲学」風のアプローチにより、[9] 不作為や不在を何らかの原因と見なすことは私たちの日常的な世界理解においてごく普通であり、とくにそうした言説は「期待」(expectation) が絡むとき、さらにとりわけ「規範性」(normativity) が絡むときには顕著に表れることがつとに指摘されてきた。この点は、子どもに対する親の育児放棄とその後の子どもの死亡、といった典型的なケースを顧みれば容易に首肯されるだろう。冷静に言えば、子どもの死亡原因は多様に指定可能である。血圧低下、呼吸困難、心機能異常、あるいは熱中症などなど。しかし、私たちの社会では、こうしたケースでは、子どもの死亡原因は親の育児放棄だと、すなわち親が育児を「しなかった」という不作為を原因と見なすのである。しかも再び冷静に言えば、子どもが死亡が発生する過程において、親は育児不作為だけに関わっていたはずもない。むしろ、たとえば、遊戯施設に行っていたとか飲食を楽しんでいたとか、なにかの作為的行為をしていたはずである。にもかかわらず私たちはあえて「育児をしなかった」という不作為に焦点を当てて因果関係を認定するのである。ここには、たしかに、規範性が絡み、それに基づいた一般的な期待も関わっていると言える。実際の所、育児放棄については、日本の刑法二一八条に不作為を罰する規定が次のように明示されている。

老年者、幼年者、身体障害者又は病者を保護する責任のある者がこれらの者を遺棄し、又はその生存に必要な保護をしなかったときは、三月以上五年以下の懲役に処する。

このように、親の育児については「必要な保護をしなかったとき」という不作為が犯罪の構成要件をなすことが明記されている。先に触れた「真正不作為犯」である。

では、この刑法二一八条の条文に即して、慎重を期して、ここで改めて問いを再提起しよう。ここでいう「遺棄」の後で子どもに重大な害が発生した場合、「遺棄」と「発生した害」との関係は何なのか[10]。不在が関わる「因果関係」、すなわち「不在因果」と本当に見なしてよいのか。そして、害発生の「責任」の帰属はどのようなロジックによってなされるのだろうか。まず一点注記しておく。先に言及した楊は、過失犯が正犯概念に包摂されうるかどうかという論点に絡めて、ドイツ刑法での考え方をこのように伝える。「ドイツ刑法二二二条、二二九条の過失致死罪や過失傷害罪における「過失によって生じさせた（durch Fahrlässigkeit verursacht）」」という文言に過失犯における拡張的正犯概念を見出そうとしている」（楊 2022, p. 85）。“verursachen” はもちろん「原因」を意味する “Ursache” の派生語であり、「なになにの原因となる」を意味する。すなわち、刑法学の文脈においても、過失、すなわち何かをするべき場面でそれをしないという「不作為」が原因として扱われることは、事実として決して的外れではない。この点、哲学の文脈で「存在論的インフレ」を理由にして不在因果に対するペシミズムが強固に提示され続けていることに比して、注目に値する。

## 7　ヒューム因果論への問い直し

以上、不在因果についてペシミズムからオプティミズムへと流れを追ってきた。ここでさらに哲学的考察を深めて遂行するため、そもそも因果関係とは何であり、どのように理解されるのか、という根源的な地平へと一旦議論を掘り下げていきたい。そうした深掘りに向かう一つの道程として、哲学での因果論に関して影響力抜群のヒュームの議論に手がかりを求めたい。ただし、ここはヒューム研究を目指す場ではないので、ざっくりと触れるに留める。

まず、ヒュームの『人間知性研究』の有名な一説を引用する。

類似の対象はつねに類似するものに連接している。これについて私たちは経験を有している。それゆえ、この経験に見合った仕方で、次のように定義できるだろう、すなわち、原因とはある対象であって、その後に続いて別の対象が生じる、そしてそこでは第一の対象に類似したすべての対象の後に続いて第二の対象に類似した対象が生じる、と。あるいは言い換えて、そこでは第一の対象がなかったならば、第二の対象は存在しなかったであろう、と。原因が出現すると、心はつねに、習慣的推移によって結果の観念へと運ばれる。これについてもまた私たちは経験を有している。それゆえ、私たちは、この経験に適合するように、原因の別な定義を形成することもできるだろう。すなわち、原因とは、別の対象が後に続いて生じる対象であって、原因とされる対象が出現すると思考はいつもあの別な対象に運ばれると、そのように称することができるだろう (Hume 1999, p. 146)。

これは一般に「ヒュームによる原因の二つの定義」と称される議論である。一つ目は、二種の対象間の恒常的連接（constant conjunction）の経験に基づく定義であり、第二の定義は恒常的連接のゆえに生じる思考の習慣による定義である。

ヒュームの議論の骨子は次のように要約できる。私たちはA事象（たとえば「机を叩くこと」）とB事象（たとえば「音がすること」）が連続的かつ時空的に接近した形で発生することは知覚できるけれども、A事象「によって」B事象が発生した、という「によって」は知覚できない。しかるに、この「によって」こそが因果関係の本体である。けれども、A事象とB事象が連続して起こるという恒常的連接の経験をすることで両者を結びつける習慣ができて[11]、結びつけないではいられない「心の被決定性」（determination of the mimd）（Hume 2000, p. 112 et al.）あるいは「思考の被決定」（the determination of his toughts）（Hume 1999, p. 158 note）が生じる。この被決定感、つまり、強制されているという感覚、これこそが因果的必然性と呼ばれる概念の正体なのだ、というのがヒュームの議論である。

以上のようなヒューム因果論について、確認しておきたい論点が二つある。ヒューム因果論の核心は、因果関係は客観的事実としては認識できない、心理的な癖としてしか立ち現れない、そういう意味において「因果関係はない」としている点にあると思われる。むろん、因果関係を介して私たちが現象を理解していることはヒュームも前提として受け入れており、因果的理解を私たちがしているという事実は認められている。「ない」とされているのは、私たちの側の因果的理解ではなくて、世界の側の因果的事実である。それが「ない」とされている。だとしたら、ヒューム因果論というのは「不在因果」に直結する洞察を示しているのだろうか。

慌ててはいけない。ヒュームの議論は単に、因果関係は客観的事実としては確認できないとしているだけで、「不在」や「ないこと」が因果関係の項となることを支持しているわけではない。それどころか、不在性の存在論的インフレを想起するならば、ヒュームの議論は不在因果にはむしろ馴染まないように思えるのである。なぜなら、恒常的連接とは特定の事象と別の特定の事象との関係性なのであるのに対して、不在は特定化することができない、逆の言い方をすれば、無限数の特定化が可能になってしまうからである。ヒュームの議論に沿って、たとえば、「机を叩くこと」と「音がすること」の間の恒常的連接はさしあたり理解できる。しかるに、同時性テーゼにより、「机を叩くこと」という事象と同時に無限に多様な不在性が発生（？）している。机を叩いているときと同時に、海で泳いでい「ない」し、寝てい「ない」し、クジラがい「ない」し、ライオンがい「ない」し、トラがい「ない」などなど。そして、音がしていると同時に、机は爆発してい「ない」し、金貨があふれてくることは「ない」し、ハトが現れてい「ない」などなど。不在性を因果の項として認めたら、一体何と何が恒常的連接をしていると言うべきなのか、まったく不明となってしまう。

けれども、もう一度冷静に考えると、ヒュームの因果論がやはり不在因果に関わることが浮かび上がる。ヒュームの議論をある仕方で素直に捉えると、因果関係はそれ自体としては客観的事実としては存在しないということになる。しかるに、私たちの日常において、因果関係理解そのものが原因となることは多々ある。たとえば、近年、大腸がんの罹患は日光浴による紫外線暴露不足が原因の一つであることが判明してきた[12]（一次因果としておく）。こうした知見を得たとき、人は適度に日光浴をしようと動機づけられる。すなわち、大腸がんと紫外線暴露不足との間の因果関係理解それ自体が原因となって、適度に日光浴をしようという意図が結果するということである（二次因果としよう）。しかるに、ヒュームの議論に素直に従えば、因果関係は「ない」のであった。ということは、ここで言う二次因果は「ない」もの、すなわち一次因果そのものを原因とする因果関係、すなわち不在因果の事例と見なすことができる。ヒューム因果論は、少なくとも、そういう高階のレベルの不在因果を議論の中に包摂できるのである。

もっとも、直ちに異論が出よう。ヒュームは因果関係を客観的事実としては「ない」としたかもしれないが、心理的な現象としては被決定感といったリアルな出来事として捉えたのであり、その意味でヒュームの論じた因果関係を不在因果として扱うことはミスリーディングではないか、と。なるほど。しかし、同時性テーゼを想起するならば、そもそも不在性はポジティブな出来事といつも一蓮托生の状態にある。不在因果の典型例とされる育児放棄の場合を考えてみればそのことは合点がいくだろう。すでに触れたように、育児放棄といっても、文字通り何もしていないわけではない。遊戯施設に行っていたり飲食を楽しんでいたりという、ポジティブな作為的行為を何かしているのである。だとすれば、心理的な被決定感がリアルに発生している状況でも、その状況の含意されている不在性に焦点を当てることは反則ではないし、場合によって事態の核心を突く捉え方になりうるのである。

## 8　反事実的条件分析への道

ヒューム因果論に関して確認すべき第二の論点は、不在因果の問題に関して非常に射程の広い眺望をもたらすものである。それは、先に引用した『人間知性研究』の有名な一説の中にある次の部分に関わる。

あるいは言い換えて、そこでは第一の対象がなかったならば、第二の対象は存在しなかったであろう、と（Hume 1999, p. 146)。

これは決定的に重要な一節で、今日の哲学的論争文脈における不在因果の議論に直結する洞察である。そしてまた、刑法学の分野での、主として過失犯に関して必ずと言っていいほど言及される「But for test」(「なかりせばテスト」)に対応する考え方である。すなわち、今日の（ネルソン・グッドマン以来の）哲学の文脈で言うところの「因果の反事実的条件分析」(counterfactual conditional analysis of causation) の考え方である。実を言うと、先に引用したウィレムセンの、根源的ペシミズムに関する説明の部分にも、「不作為による因果関係に対する反事実的説明 (a counterfactual account) は不満足でしかない」(Willemsen 2019, p. 57) として、すでに「反事実的条件分析」の考え方が議論の中に持ち込まれざるをえない事情は示唆されていた。

反事実的条件分析とは、要するに、「しなかったこと」や「なかったこと」という不在に対して、「もし何々していれば」とか「もし何々があれば」といった事実に反する過程をした条件文の形で因果関係を捉えようとする考え方である。「もし育児放棄をしていなかったならば（きちんと子どもの世話をしていたならば)、子どもは死亡しなかったであろう」といった捉え方のことであり、そういう捉え方が受け入れられるならば、育児放棄が子どもの死亡の原因であると言える、とする考え方である。歴史的に言って、ヒュームの発言はこの「因果の反事実的条件分析」の先駆を成すものであると言えるのだが、不思議なことに、ヒューム自身はこの方向での議論を展開していない。自身の恒常的連接に基づく因果論との本質的な違いについて、必ずしも自覚がなかったのかもしれない。あるいは、もしかしたら、自身の恒常的連接に基づく因果論を適用すると因果の反事実的条件分析には結局は成功の見込みがないと（暗黙的に？）直観していたと解釈できるのかもしれない（See Anderson 2019）。ここでは、しかし、ヒューム研究には踏み込まない。そして実際、ヒュームの議論は別にして、今日の不在因果と責任帰属を有意味に扱う見方として、「因果の反事実的条件分析」こそが最も最適な理論と考えられていると言ってよい。

このことについては、アメリカの哲学者デイヴィド・ルイスによる因果論の展開が大きな影響を与えた。ルイスは、自覚的かつ明確に、反事実的条件分析に因果関係理解の核心を求めたのである。ルイスは「因果的依存」（causal dependence）という概念によって因果関係を分析しているが、その際、彼固有の「可能世界」（possible world）の概念を用いている。しかし、話が混乱するのを避けるため、ここでは可能世界論には踏み込まない。また、厳密に記すならば、ルイスは「因果的依存」（causal dependence）は「因果関係」（causation）を含意するが、その逆は成り立たない、と述べている。ルイスはこう記す。「因果関係はつねに推移的でなければならないが、因果的依存はそうでないこともありうる。それゆえ、因果的依存なしの因果関係がありうるのである。c, d, eを、cなしにdが生じることはなかったし、dなしにeが生じることもなかっただろう、と言える現実の出来事としてみよう。このとき、たとえeはcなしでもやはり生じた（別の仕方で引き起こされた）だろうと言えるとしても、cはeの原因なのである」（Lewis 1986, p. 167）。

この点は、たとえば、ライト兄弟がはじめて有人動力飛行に成功したことがプロペラ旅客機の開発につながり、そしてプロペラ旅客機の開発が今日のジェット機の開発につながったという因果関係の系列を考えたとき、理解しやすいだろう。今日のジェット機の開発の原因はライト兄弟の有人動力飛行の成功にあるとするのは間違いではないが、たとえライト兄弟の成功がなかったとしても、他の誰かが同様の成功を成し遂げていただろうとほぼ間違いなく言えるので、現在のジェット機の開発はライト兄弟の成功に因果的に依存しているとは（少なくともルイスの議論に沿う限り）言えないだろう。ルイスによるこうした因果関係と因果的依存との区別は、トークン的な現実因果（actual causality、ルイスの言う因果関係に当たる）とタイプ的な一般因果（general causality、ルイスの言う因果的依存に当たる）といった区別にも関わるだろうと思われる（See Halpern 2016）。

ともあれ、ルイスの因果論の核心をなす着想を確認しておこう。すでに第2章でも引用した式だが、彼は次のような定式によって因果的依存を説明した。

$$O(c) \mathrel{\Box\!\!\rightarrow} O(e) \quad \text{and} \quad {\sim}O(c) \mathrel{\Box\!\!\rightarrow} {\sim}O(e)$$

(Lewis 1986, p. 167)

$O(c)$は「cが発生する」という命題である。そして、「$\Box\!\!\rightarrow$」は反事実的条件文を示す演算子で、ルイスは可能世界論を用いてその真理条件を示しているが、あえて意訳すれば、次のように因果的依存が規定されていると考えられる。すなわち、「$O(c) \mathrel{\Box\!\!\rightarrow} O(e)$」は、cが発生していない場合に反事実的条件的にcが発生していると仮定したときeが発生するだろうと言えるときに真となり、他方で「${\sim}O(c) \mathrel{\Box\!\!\rightarrow} {\sim}O(e)$」は、cが発生している場合に反事実的条件的にcが発生していないと仮定したときeが発生しないだろうと言えるときに真となり、その両方が成り立つときにeはcに因果的に依存していると言える、ということである。「机を叩くと音がする」という因果関係に照らして例解すれば、机を叩いていないときに「机を叩けば音がするだろう」という反事実的条件文が真となり、机を実際に叩いて音がしているときに「机を叩かなければ音はしないだろう」という反事実的条件文が真となり、その両方が成立するときに「机を叩くこと」と「音がすること」の間に因果的依存が認められるということである。

　むろん、ここで「真理」の概念を適用することにはいささかの躊躇いを感ぜざるをえまい。どうやって「机を叩かなければ音がしないだろう」を真だと断定できるのだろうか。検証のしようがないし、可能性としては別の仕方で音がしてしまうことも絶対に否定はできない。この点は「反事実的条件文の意味論」という極めつきの難問に関わる。たとえば『因果性』を表したダグラス・クタッチは「因果の反事実的条件説は、いくつかの肝心な点で体系性に欠けている。まず、私たちは反事実的条件文の真偽をどうやって知るのだろうか。前に挙げた例では、関連する反事実的条件文の直観的なもっともらしさに訴えたわけだが、こうした反事実的条件文に関する判断は何に基づいて正当化されるのだろうか。因果性の問題を解決するために利用される反事実的条件文には、単なる思いつき以上の根拠があるのだろうか」（Kutach 2014, pp. 74-75. 邦訳『因果性』2019, p. 85）と手厳しい批判を率直に示している。おそらく、ルイスが因果的依存を現実因果と概念的に区別して、因果的依存をタイプ的な一般因果、つまり因果的な法則性と近似したものと見なすという戦略がここに生きてくるのだろうと思われる。法則的に捉えるならば、別の仕方で音がしてしまう可能性などを一旦捨象して、一般的に考えることができるだろうからである。

　もっとも、実は私は、タイプとトークンという伝統的な区分に対しても、それを自明なものとして受け取ることには慎重でありたい。当然のことだが念のため言及すれば、少なくとも、両アスペクトが互いに折り重なって有意味たりていることは注意しておくべきだろう。「本能寺の変が織田氏の衰退の原因となった」というトークン因果の主張は、「事変」や「衰退」についてのタイプ因果を受け入れている文脈ではじめて受容可能かつ理解可能な主張となるし、「喫煙は肺がんの原因となる」というタイプ因果もまた、個別のトークン的データによって支持されなければ意味をなさない。

しかし、いずれにせよ、上のようなクタッチの批判が「因果の反事実的条件分析」に対して致命的な一撃を与えたことになるかというと、必ずしもそうは言えない。そもそも文に対して真理値を与えるという営みそれ自体、根源的な意味で難題であると言わねばならないからである。枚挙にいとまがないほど例を挙げられる。「地球は太陽の周りを公転している」は真だろうか。たぶん。しかし、虚心坦懐に考えてみると、この主張には「宇宙の中で運動しているか静止しているかの基準をどう確定するのか」という問題が潜在している。実際、宇宙膨張説からしたら、太陽も動いていることになり、静止した太陽の周りを地球が回っているという描像は取れない。また、地球公転説の主張は、論理的に言って、無時間的な成立が陰伏的に織り込まれているが、それを確認するのは原理的に無理だろう。

根本的に言って、「哺乳類は肺呼吸をする」といった命題でさえ、それが無時間的な全称命題と捉えられるならば（論理学では通常そう捉える）、真理だと言えるはずもない。この辺の議論は、私自身、本書でもキーワードとして導入してある「宇宙視線」（viewpoint from space）や「浮動的安定」（drifting stability）といった概念のもと、すでに多少なりとも展開してある（一ノ瀬 2019 参照）。しかし、こうした議論は真理論という、別口の巨大な領域と関わるのでここでは深入りしない。確認しておきたいのは、反事実的条件文の真理条件が不明確だという批判は、「因果の反事実的条件分析」に対する、一見思われるほど決定的な批判にはならないのではないか、という点である。

次に章を変えて、不在因果の構造と問題性についてさらに深く探っていくことにしよう。

# 第4章　不在因果と責任帰属の構図

## 1　因果的先取

前章で、不在因果という主題のありようについて、「因果の反事実的条件分析」という形での捉え方を導入し、それについて基本的に肯定的な見取り図を描いてみた。けれども、「因果の反事実的条件分析」に何の問題もないなどということにはならない。哲学者の間に不在因果についての「根源的ペシミズム」がなかなかに有力であるのも、不在因果を強力に根拠づける「因果の反事実的条件分析」に関する根深い疑問があるからだと思われる。三つの根本的な難点を確認しておこう。

一つは、ルイス自身も明確に意識していた問題で、一般に「因果的先取」(causal preemption)の問題と呼ばれる。ある事象aが別の事象bの原因であることは何らの理論に訴えるまでもなく自明であるのに、ある状況の下では、反事実的条件分析を適用すると、その原因性を主張できなくなってしまうという難問のことである。要するに、「因果の反事実的条件分析」は因果関係を十全に説明できないのではないか、という疑問をもたらす難問である。まず、ルイスの言い方を直接引用しておこう。

c1が生じて、eを引き起こす。そしてc2も起こるけど、それはeを引き起こさない。けれど、もしc1が不在だったならば、c2がeを引き起こしていただろう、という場合を想定してほしい。このとき、c2はeの潜在的な代替の原因だけれど、現実の原因であるc1に先取されている。これは、c1とc2がeを過剰決定しているけれど、非対称的な仕方で過剰決定している、と言えるかもしれない。では、果たしてどういう相違によって、c1はeの原因なのに、c2はeの原因ではない、ということになるのだろうか（Lewis 1986, p. 171）。

ルイス自身の例はやや分かりにくいので、私が別著で挙げた（ちょっとスパイ小説風の）例を再び引いてみよう。ある国の独裁者Dを暗殺するため、政敵側が二人の腕っこきのスナイパー頼朝と尊氏を雇ったとしよう。二人は、独裁者Dが現れる場所がよく見えるホテルの部屋にて、Dが現れるのを待った。そしてついにDが姿を現した。いまがチャンスだ。頼朝が間髪を入れず撃った。弾はDの胸を貫き、Dは倒れて絶命した。少し離れた場所で待機していた尊氏は、頼朝が撃った瞬間、無駄撃ちは止めた。自分の先輩に当たる頼朝が（自身と同じくらい）とてつもなく腕っこきのスナイパーであることを熟知していたからである。さて、この場合、独裁者Dの死亡の原因は何か。言うまでもない。頼朝の狙撃である。これは疑いようがない。しかし、ここに「因果の反事実的条件分析」を当てはめたならどうか。「もし頼朝が狙撃しなかったならば、独裁者Dは死亡しなかった」は成り立つと言えるだろうか。言えないだろう。なぜなら、頼朝が狙撃しなかったならば、尊氏が狙撃して、独裁者Dはやはり銃撃されて亡くなっていただろうからである。つまり、この場合、頼朝の狙撃は独裁者Dの死亡の原因とは言えないことになる。きわめて自明に思われる因果関係を「因果の反事実的条件分析」は説明できないのである。これが「因果的先取」の問題である。尊氏の狙撃が原因となる可能性を、頼朝の射撃が先取りしてしまっている、という意味からの名称である。

これについては、もう一つのシナリオもありえる。すなわち、頼朝が狙撃した後、ほんの〇・二秒後ぐらいに尊氏も撃った、というケースである。尊氏は頼朝の射撃を確認していたけれど、自分に課せられた責務として撃った、というような状況である。そのとき、頼朝の弾が独裁者Dに命中してDが倒れていくが、その直後にDの急所から少しずれたところを尊氏の弾が通過していく。この場合も、独裁者の死の原因は頼朝の狙撃である。その自明性は揺るがないだろう。しかし、再び「因果の反事実的条件分析」をここに当てはめて、「もし頼朝が狙撃しなかったならば、独裁者Dは死亡しなかった」は成り立つと言えるか、と問うてみよう。やはり、言えない、と思われる。頼朝が狙撃せず頼朝の弾がDの急所に撃ち込まれなかったとしても、尊氏の弾が撃ち込まれたであろうからである。かくして先のケースと同様に、きわめて自明に思われる因果関係を「因果の反事実的条件分析」は説明できないのである。一般に、尊氏が撃つのを辞めてしまったようなケースは「早い因果的先取」(early preemption)、尊氏も撃ったようなケースは「遅い因果的先取」(late preemption) と呼ばれる(以上の頼朝・尊氏の例は一ノ瀬 2018, pp. 242-246 による)。

どうにもややこしい。この問題は、「過剰決定」(overdetermination) として例解することもできるし、その方がわかりやすいかもしれない。過剰決定とは、一人の人が次々と通り過ぎる多くの車に轢かれて亡くなる、といった場合の原因について発生する。どの車が轢いたことが死亡の原因なのか、という難問である。ハート&オノレの古典的著作『法における因果性』には因果的先取や過剰決定に類する事例がしばしば検討対象とされている。一つだけ引用しておく。「人物Aが火のついた煙草を落葉の中に投げ込み、それに火が付く。まさに炎が消えかかろうとするときに、Aと協力して行動しているわけではない人物Bが意識的にそこにガソリンを注ぐ。火は燃え広がって森林を焼く」(Hart & Hnoré 1959, p. 74)。炎は消えつつあったからである。ハート&オノレはAの行為は森林火災の原因ではない、と続けて述べており、それはたしかに説得性がある。しかし、「因果の反事実的条件分析」を適用すると、「もしAが吸い殻を投げ込まなければ、森林火災は発生しなかっただろう」という条件文は十分に受容可能だと思われる。火の気がないところにガソリンをまいても火災は発生しないからである。つまり、ここでは、直観的に特定の結果の原因ではないと思われる事象が「因果の反事実的条件分析」に従えば原因になってしまうという、先の頼朝・尊氏の例とは別口の難点が浮かび上がっているのである。[1]

ルイスもこの因果的先取の問題についていくつかの応答を試みている。その点についての多少の説明は前掲拙著に譲るが(一ノ瀬 2018, pp. 246-249)、二点だけ触れておく。一つは、ルイスの拠って立つような一般因果としての「因果的依存」ではなく、トークン的な現実因果の観点から事態を捉えることが有効だと私自身は理解している、という点である。もともと過失や不作為と絡むような不在因果を本章は主題化しており、そこには責任帰属の問題が定義的にまとわりついている。そして、責任帰属は一般因果を背景としつつも、トークンとしての現実因果の問題に直結しているのは明らかである。たとえば殺傷による殺人事件についても、出血や心機能についての因果的メカニズムを前提しつつも、前後の複層的な特殊要因を考慮して初めて責任帰属そしてその程度が判決されていく。現実因果こそが問題なのである。

だとすれば、頼朝の狙撃による独裁者Dの暗殺と、尊氏の狙撃によるDの暗殺は異なる因果系列であり、「頼朝の狙撃がなかったとしてもDの死亡が結果したであろう、だから頼朝の狙撃の自明な原因性を「因果の反事実的条件分析」は汲み取れない」、という述べ方は筋違いなのではないかと思えるのである。すなわち、「頼朝の狙撃がなかったならば、頼朝の狙撃によって発生した様相でのDの死亡はなかったであろう」、は依然として成立しているのであり、反事実的条件分析の効力は生きていることになるのではなかろうか。ルイスも、こうした論点を、それぞれの特殊事情での因果関係の固有な様相を「脆さ」(fragility) と特徴づけて検討しているが、それだと原因候補が広がりすぎて日常的話法と合致しないとして却下している (See Lewis 1986, pp. 197-213)。私は、しかし、原因候補はほぼ無数にあるという理論的含意をむしろ浮き彫りにするべきだと思うので、この辺りで私はルイスと袂を分かつ。

もう一点触れる。「遅い因果的先取」の場合、尊氏にしてみると、自身の狙撃が阻害されたことになる。そして、それについて、「もし頼朝の狙撃がなかったならば尊氏の狙撃が独裁者Dに命中してDは死亡しただろう、と述べることができる」、という点こそが「遅い因果的先取」の問題の本体であった。しかるに、このことは、頼朝の狙撃が「不在」であることが尊氏の狙撃の成功の原因となる、という不在因果の理解を暗に含意しているのではないかと思えるのである。そういう点で、因果的先取という問題性そのものが実は不在因果の可能性を前提しているのではないかと考えられる。つまり、不在因果の解明に「因果の反事実的条件分析」が適用されて、しかしそれに対して「因果的先取」の難問が提示されたわけだが、その難問そのものが不在因果の構造を前提していた、というわけである。まるでアリ地獄のようである。不在因果の問題性の不屈の普遍性が垣間見える、と言ってよいのではなかろうか (以上、一ノ瀬 2018, pp. 245-250 の議論を敷衍して論じた)。

## 2 「野放図因果」と「不完全特定化問題」

さらに不在因果と反事実的条件分析には困難が降りかかる。因果的先取の問題は主として反事実的条件分析に関わるものであったが、反事実的条件分析と不在因果の問題の双方にじかに向けられる批判として、最も有名かつ典型的なものはいわゆる「野放図因果」(profligate causation)の問題である。これはもともとハート&オノレの議論でも指摘されていた。彼らはこのように記していた。

不作為を原因として扱うことに対する最も由緒正しい反論は、次のように表現されるのが最適であろう。すなわち、花に水をやることを義務とする庭番がこれを怠り、、その結果として花が枯れた。ここでこの庭番の不作為を原因として扱うことは、彼以外のすべての人が水をやらなかったことも等しく花が枯れたことの原因であると述べるつもりがあるならば可能だが、そういうつもりがないならば不可能であると言えるだろう。しかし、日常生活では私たちはそのように述べるつもりなどない(Hart & Hnoré 1959, p. 38)。

この点は、実はつとに、不作為にまつわる刑事責任を論じる文脈において、ほぼ普遍的に問題とされていた。刑法学者の内藤謙は次のように述べて、「野放図因果」の問題性に刑法学の見地から言及している。

不作為犯の条件関係は想定された行為を「付加」して判断することになり、「想定された作為がなされていたならば」という仮定的判断をなさざるをえないからである。しかも、そのような想定された作為をしなかった人は、通常、作為犯の条件関係における作為をなした人に対比して、その数が多く、また不特定である。たとえば、誰も幼児に食物をやらなかったためその幼児が死んだ場合、母親Aが食物を与えたならば死ななかったであろうし、その家を訪れたBや、隣に住むCDEの誰かが食物を与えたとしても死ななかったであろうということができる（内藤 1883, p. 227）。

そして、上記のハート&オノレの事例をさらにニュートラルな形にして改訂した事例が、ビービーによって提示され、「フローラの事例」として、この問題を象徴することとなった。ビービーは、フローラという女性が親切心から毎日隣家の蘭の花に（おそらくフェンス越しに）水をあげていたが、あるとき水をあげるのを止めたところ、その花が枯れてしまった、というケースを提示したのである。その場合、フローラが水をあげたら枯れなかったと言えるが、同時に、他の誰かが水をあげても枯れなかったと言えてしまう。ハート&オノレの事例が花に水をやる義務を負った庭番を登場させていて、義務違反かどうかという点で庭番の原因性をピックアップしやすくなっているのに対して、「フローラの事例」はそうした義務を負わない人物を登場させて、よりフラットな仕方で問題の所在を浮き彫りにしている（Beebee 2004, p. 294）。ようするに、反事実的条件分析を通じて不在や不作為を原因とするならば、原因と見なせる事象が一つに限らず無際限に広がってしまう、という問題である。

この問題は、メンジーズによって「野放図因果」（profligate causation）[2]と名付けられ、因果の反事実的条件分析をめぐる核心的問題として一般的な視点から論じられるようになっている。メンジーズは、喫煙習慣によって肺がんを発症した人について、反事実的条件分析を採用するならば、喫煙習慣がなければ肺がんにならなかったという説得的な原因指定の可能性だけでなく、そもそも肺がなければ肺がんにならなかった、いや、さらにそもそも生まれなければ肺がんにならなかった、というように原因候補が際限なく野放図に広がってしまう、というような例を挙げている（Menzies 2004, p. 143）。

何度か言及したウィレムセンは、この「野放図因果」を「因果的選択のディレンマ」（the Dilemma of Causal Selection）あるいは「選択問題」（the Selection Problem）という一般的な名称で呼び、この難問は依然として真の解決に至っていないけれど、連関する非生起（relevant not-happening）と非生起と連関しない非生起（irrelevant not-happening）を区別することが鍵となるだろうと述べつつ、実は法的文脈では選択問題はまず問題として発生しない、としている（Willemsen 2019, p. 56, & p. 125）。私は、「選択問題」という呼称は一般的すぎて、他の多くの問題を連想させてしまい、この問題固有の難問性を表しにくいと感じるので、「野放図因果」と呼んでいく。また、法的文脈で野放図因果が問題となっていないという指摘だが、それは確かにハート&オノレの議論などからも推察することができる。けれども、だからといって、「因果の反事実的条件分析」についてこうした野放図因果の難問が理論的に発生することが消去されるわけではないだろう。なので、問題は、野放図因果の可能性がある中で、どのような機制によって特定の選択が正当化されていくのか、その機微を解明する点にある。なお、近年カロリーナ・サートリオが、「因果的先取」と「野放図的因果」が混合した形で関わる「不在因果」の問題を提起して、様々な直観の絡まり具合を解明するという仕方で論じようとしている（Sartorio 2022, esp. pp. 72-75）。ただ、私としては、本章の議論はサートリオの問題の解明にもつながると捉えている。

さて、ウィレムセンが、「因果の反事実的条件分析」に関して、「野放図因果」に並んでもう一つの難問として挙げるのが、「不完全特定化問題」（the Underspecification Problem）である。彼女はこのように記す。

さて、トムが事故に巻き込まれて、医療的介護を必要としていると想像してみよう。ビリーは、事故現場に通りかかったが、そのまま運転し続ける。ビリーが運転を止めずにトムの介護をしなかったことはトムの死の原因だっただろうか。この問いに答えるには、ビリーの不作為をそれに対応する作為に置き換えて考える必要がある。すなわち、トムを助けて介護をしてあげる、という作為に、である。けれども、ビリーが車を止めたことでトムの死を防げたのかどうか、どうやって判定できるのだろう。もしビリーが車を止めてトムの介護をしたならば、ビリーが何を為したことになるのか、厳密にそれを知る術はない。行為者がある行為をした場合の、その行為者の行ったことの厳密な中身について追加的な特定化が必要になるというこの事態、それを私は「不完全特定化問題」と呼びたい（Willemsen 2019, p. 56, & pp. 123-124）。

「不完全特定化問題」のポイントは明確である。「もし何々であったなら」という反事実的仮定をしたとき、その妥当な因果的帰結が何であるかは、まさしく事実ではないこと（反事実）なので、厳密に検証できず、本質的かつ定義的に単なる推定でしかない。もし私が想い出深いマグカップを落としそうになって、なんとかもう片方の手で押さえて落とさずにすんだとき、こんな風に思うことは十分ありうる。「もし私がカップを落としていたならば、割れてしまっていただろう」。しかり。因果の反事実的条件分析に引きつけて言えば、カップを落とすことがカップが割れることの原因だとされるということであり、不在因果の脈絡に寄せれば、カップを落とさ「なかった」ことが割れ「なかった」ことの原因と見なされるということである。けれども、食器は仮に落としても割れないこともある。では、このカップの場合はどうだったか。せいぜい、たぶん割れていた、と言えるにすぎないだろう。

こうした不完全性が「因果の反事実的条件分析」には必然的に伴う、よってそれを解決できない以上、不在因果を反事実的条件分析によって論じ立てることは困難なのではないか。

なかなかに手痛い批判である。しかし、よくよく考えてみれば、こうした懸念はなにも不在因果だけに関わるのではなく、因果関係に基づく予見や推定にすべて当てはまる。新型コロナウイルスに関するワクチン接種と重篤化回避との間の因果関係を思い出せばすぐ分かる。ワクチンを摂取したからといって、感染が完全に防げるわけでも、重篤化を完璧に回避できるわけでもない。だからこそ、今日では因果関係は確率概念によって統計的に推定されるのが一般的になっているのである。つまり、タイプとしての一般因果は不完全決定という性質を普遍的に有している。

さらに、未来への推定ではなく、すでに発生した現象についてのトークンとしての因果関係を判定する場合にも、こうした意味での不完全性は不可避なのではないか。すなわち、いかなる現象や作為的行為も、「何々でない」という非存在や不作為を必要条件のような形で定義的に伴っており、そして不作為についてはまさしく上述の「野放図因果」がつきまとう以上、これが原因でその結果がこれだ、と一義的かつ客観的に断定することは本質的に困難である。「私がテーブルを叩いて音がした」という因果関係についても、たとえば「机の上にマットがなかったので私が叩いたら（硬い）音がした」というような不在因果の候補の関係性が隠れていると言える。つまり、「もし机の上にマットがあったならば、私が叩いても（硬い）音はしなかっただろう」という反事実的条件文が問題となりうる。そしてもちろん、ここには「野放図因果」が襲いかかる。マットではなく座布団があったなら、厚手のセーターがあったなら、やはりそうした（硬い）音はしなかっただろう、と言えてしまうのである。[3]

けれども、「野放図因果」に対しては、大枠においては一定の解答を与えることができるように思われる。「野放図因果」が難問のように感じられてしまうのは、おそらく二つの隠れた思い込みがある。一つは、原因結果の関係は一義的に確定されるはずだ、という思い込みである。「机を叩くと音がする」の場合、音発生の原因は机を叩いたこと一択である、という捉え方である。日常的にそうした捉え方はまったく問題ないが、いま考察しようとしているのは、その深層に宿る因果関係の本質である。もう一つの思い込みは、最初の思い込みからする一つのコロラリーと言えるもので、原因結果の関係は客観的実在における事実に基づくものであるはずだ、という思い込みである。こうした思い込みに基づくと、「野放図因果」は因果関係としてはあってはならない状態なので、それを帰結する「不在因果」そして「因果の反事実的条件分析」は受け入れられない、ということになる。

けれども、こうした二つの思い込みを一旦括弧に入れてしまうならば、事態は根本的に異なった形に見えてくる。先にハート&オノレの議論から引用した「花に水をやることを義務とする庭番」(Hart & Hnoré 1959, p. 38) の例を振り返ってみよう。この庭番が義務を怠った後で花が枯れたとき、なるほどたしかに、庭番以外の誰かが水をやっていれば枯れなかったと言えるのだから、庭番の不作為だけを原因として取り出せない、と理論的になりそうだが、まさしくハート&オノレが示唆するように、私たちは決してそのような判断はしない。なぜか。ほかでもない、それは、ここでの因果関係の判断には「庭番の義務」という規範的条件が色濃く関わっていて、それに沿いながら原因結果が理解されているからである。

実は、こうした論点はヒュームの因果論の中にすでにして胚胎されていたのである。ヒュームの洞察の核心は、原因「によって」結果が生じる、というときの「によって」こそが因果関係の本体なのだが、それは知覚できない、という点にあった。つまり、因果関係はそのものとしてはどこにも「ない」のである。つまり、少なくともヒュームの洞察に沿う限り、因果関係は客観的実在に内在する関係性として捉えることはできない。しかるに、私たちは「机を叩くと音がする」での音発生の原因は「叩いた」という出来事・行為なのだと固く信じている。これは、恒常的連接の経験による習慣のなせるわざだ[4]、というのがヒュームの診断であった。ここで言われている「習慣」というのは実は含蓄が深い。個人の心理的癖のようなものが第一に念頭に置かれているのではあるが、それだけでなく、(もしかしらヒュームの趣旨を超えた形で)社会全体の慣習のようなものまで概念的には含みうる。それは限りなく規範性を帯びた様相に肉薄していくのではなかろうか[5]。

すでに別書にて挙げた比喩だが、因果関係というのは夫婦関係に似ている(一ノ瀬 2018, pp. 175-176)。つまり、因果関係というのは、ギリシア以来の対比に即せば、「ピュシス」(自然)ではなく「ノモス」(人為・法)に属する関係性なのだということである。「机を叩くと音がする」場合、私たち人間の言語的機制にのっとる限り、音の原因は叩いたことと見なす「べき」なのであり、「机の上にマットがなかったこと」を原因として指定されることは受け入れられないのである。夫婦関係でも「べき」は深く浸透している。たとえば、夫婦は相互扶養する「べき」であり、遺産相続も社会的に承認される「べき」なのである。ただし、夫婦関係は法的に規定された関係性であり、法は改正可能性や無効化の可能性を含んでいるので、夫婦関係にあると認められている人たちでも、その関係性が法的に阻却されてしまうこともありうる。二重結婚や偽装結婚が後になって判明したときなど、夫婦関係は無効とされるだろう。同様に、因果関係も一般的な原因指定が（無効にはならないまでも）背景に退いて、別な原因指定がドミナントになることは十分にありうる。

何かの演劇の場面で、何らかの演出のために机にマットを置いて音が出るのを抑制する手はずのときに、マットを置くのを忘れたり怠ったりして予定外の音が響き渡ってしまったなら、音発生の原因として「叩いたこと」よりも「マットを置かなかった」ことが指定されるであろう。このことは、因果関係なるものが実は本質的には客観的実在に内在する関係性なのではなく、人為的な文脈や環境に連動して生成するものであることを強く示唆している。なので、法がつねに改正可能性・変化可能性を包摂しているように、因果関係の理解やありようも変容可能性を抱懐させていると考えてよいのではないか。だとしたら、私たちは、ほぼつねに因果関係の理解・断定に「ためらい」を覚えるはずだし、誠実であればあるほど「ためらい」を覚えるべきなのであろう。

こうした因果関係の不確定性は、実は、すでに第1章にて概括的に示したように、なにも不在因果という形で押さえなくても、因果関係一般についていくらでも確認することができる。第1章ですでに挙げた例に再び言及すれば、「暴走族がうるさくて眠れなかった」という場合、不眠の原因は、暴走行為だけでなく、警察の怠慢、寝室の防音構造不備、改造バイクを請け負った工場の不見識、暴走族の人たちの自己顕示欲、暴走族の人たちを教えた教育者の失態など、恐ろしく多様に帰属しうる。そしてこうした不確定の様相は、厳密には、「机を叩いて音がする」のような、物理的な因果関係にも妥当していくだろう。机の材質や、私の指の骨の構造や、そしてマットの不在、などなど多様に候補は広がっていく。おそらく、先に私がややネガティブな取り上げ方で言及したラッセルは、改めて振り返って見るならば、実はこうした因果関係の不完全性に本能的に気づいていたからこそ、科学における原因概念の無効性を、そしてそれに代わる関数概念の有効性を論じるに至ったのではなかろうか（Russell 1917）。科学がピュシスに関わり、そして原因概念がピュシスならぬノモスに関わるのであるとするならば、ラッセルの議論はやはり一種の洞察を秘めたものだったのである(6)。

こうした考察を踏まえるならば、結局、因果関係というのは本質的になんらかの「選択」を内在させていると、そう論じなければならないだろう。多くの（理論的には同等の）可能性のなかから、何らかの規制のもと、どれかを抜き出すのである。すなわち、原因指定と責任帰属というのは「選ぶ」ことで立ち現れるのである。この点で、ウィレムセンが「選択問題」という呼称を提示したことは正鵠を射たことであった。ただ、ウィレムセンは「野放図因果」のことをそう読んだわけだが、選択が絡むという点は出来事因果をも含む因果関係全般に及ぶので、私は「野放図因果」という呼び方を採用したのであった。

一点、注意点を記しておく。私は「何らかの規制のもと、どれかを抜き出す」と記したが、よくよく考えれば、この抜き出す作業そのものが何らかの機制の受容によって引き起こされた因果的事象であることは疑いえない。だとすれば、因果関係を説明するのに「どれかを抜き出す」ことに訴えるというのは高階の因果を承認するということであり、自己言及か、または無限後退か、そうした好ましからざる様態へと結びついてしまうことが帰結する。私はこうした事態を（ブレンターノの「志向的内在」の逆対概念を意識して）「因果的超越」と呼んだ。これは、因果関係なるものが結局拡散して形を為さないようになり崩壊しゆくことを予兆させる。一体どうしたらよいか。

ここではあまり深く追求しないが、私は、そのときそのときの因果関係理解をひとまとめの事象として捉えて、その限りでの安定的な因果関係にまずは焦点を当てるという戦略を採りたい。因果関係理解は、野放図因果だったり自己言及や無限後退だったりの理論的な困難を宿し、理解そのものが浮動し揺れ動き、ついには崩壊することをその本質としているが、瞬間瞬間には、そういう崩壊可能性があるということも込みで、つかのまの安定性を成立させていると思うのである。言い換えれば、浮動的に揺れ動くがゆえの「ためらい」を包含しつつも、そうした「ためらい」を包摂することを引き受けていくと「決断」し、一瞬一瞬の安定性のなかを生き抜いていくという様態である。本書のタイトル「ためらいと決断の哲学」はまさしくここに由来する。私はこうした様態を、先に少し触れたが、「浮動的安定」と呼んでつとに展開している。

## 4 規範性の逸脱

ともあれ、因果関係、とりわけ不在因果そして野放図因果の問題については、夫婦関係と因果関係とのある種の比喩的類似性から示唆されるように、一定の「べき論」「はず論」が媒介されて初めてとりあえずの解決への指針が現れてくると考えられる。たとえば、何度も言及した親の育児放棄による乳児の死亡のケースは、反事実的条件分析を適用するだけだと野放図因果に巻き込まれてしまうが、「親の養育義務」という「べき」を考慮するならば、親以外の者が育児をしなかったことが原因指定され責任帰属されることはまずありえないのである。

つまり、「規範性」(normativity) が問題の鍵を担っているのである。ただ、私は、ここでいう「規範性」というのを法規範や道徳規範に強く明示的に引きつけることは避けて、少し緩やかに「通常性」(normality) に近い意味で捉えたい。私は、不在因果の問題を明確に法的あるいは道徳的な責任帰属が問題になる場面だけに留めず、もう少し普遍的な形で再検討することを目論んでいるからである。いずれにせよ、規範性に因果関係とりわけ不在因果の理解の鍵を求めるという発想はかなり波及しており、そうした着想は、基本的には、育児放棄の例からも分かるように、規範に従わ「ない」とき、その不作為や過失が原因指定の最有力候補になると論じ及ぶわけである。実際、ハート&オノレは「異常」(abnormality)が原因指定の端緒になるとしているし、ウィレムセンは「期待」(expectation)という用語で、その期待が外れたときに期待通りのありようの不在が原因として指定されるとして、ハート&オノレと同様な論点を展開していたわけである。

私は、しかし、通常想定されるようなありようが起こらず事態が別様になってしまって、そこに関心が集中したとき、通常想定されるようなありようの「不在」が原因として指定されてくるのだと、そのように捉えたい。この場合、事態が別様になってしまったことに対する見方はネガティブなだけでなくポジティブなものも含めて考えるように、全体を理解したい。たしかに、ハート&オノレやウィレムセンらが注目しているように、不在因果は過失や不作為による害などのネガティブな事態の発生時に「非難」とともに生成してくるケースが多々あり、私もそれこそが不在因果の本丸だとは理解している。しかし、同時に、通常考えられているありようを裏切って、ポジティブな事態が発生したときにも、限界や制限の不在に関心が注がれることもあると思われる。

スポーツなどでの常識を越えるようなスーパープレイを見たとき(たとえばテニスでの信じられない鋭角でのバックハンドボレーなど)、私たちは「ありえない!」と驚き、その素晴らしさを「称賛」する。こうした場合、そうした称賛に値するプレーの原因はプレーヤーの能力に帰せられると思われるが、通常想定される限界を瞬間的に超えた、「限界がない」、という意味での不在がそこに見取られていると考えることができる。かつてナポレオンが「私の辞書に不可能の文字はない」と言ったとしばしばエピソード的に語られるが、その不可能とは通常想定される限界のことであろう。それがないことがナポレオンの常勝（？）をもたらしたと主張されているのだと思われる。このことが例証するように、予想外のポジティブな出来事に面したとき、そうした限界がないこと、不在なこと、そこに関心が寄せられ、その不在性に原因が帰せられ称賛が発生すると解釈できる。あるいは、成功の見込みがほとんどないにもかかわらず、たじろぐこと「なく」果断に困難なプレーに挑む、といった意味での不在因果が絡むとも捉えられようか。

そして、こうしたことは「期待」を破ることに不在因果の軸を置くウィレムセンの議論にかすかな不足感があることを示唆している。なぜなら、常識を越えたスーパープレーなど、緊迫した劣勢の場面でのプレーならなおさら、そもそも事前に何が起こるか期待などされていないからである。にもかかわらず、不在因果の語りが生じうるからである。なので、「異常」や「期待破り」だけでなく、限界を越えることへの、たじろぎがないことへの、「称賛」をも包含できるような見方が要請される。

つまり、不在因果の理解を起動するトリガーは、「通常性」を外れていく・越えていくありように私たちが関心を向けることである。この点私はかつて国際学会での発表の場で「something interesting」が因果関係の発端になる、というように表現したことがある。(7) このようにも表現されうる様態を「規範性」に照らした「異常」とか「期待破り（規範破り）」という言葉で表現しても間違いではないが、それだと「非難」型の不在因果だけが表象されてしまいうるので、「称賛」型の不在因果も包摂できるようにするため、私は「逸脱」（deviation）という概念でこの点を表現したい。もちろん「逸脱」も非難型に傾斜しうるかもしれないが、ここでは、たとえば称賛型を意味しうる「破格」

（exceptionality）をも含意する普遍的概念として「逸脱」という用語を用いたい。そういう意味での「規範性の逸脱」、それが不在因果を起動する、それがここでの見解である。(8)

けれども、すでにこの議論自体が示唆するように、ここには色濃く循環の影が忍び寄っている。私は上に「不在因果の理解を起動するトリガー」と記したが、これはまさしく因果関係にほかならない。だとすれば、不在因果関係そのものがメタ的な高階の因果関係に支えられており、しかもそうした「トリガー」が「通常ではない」という否定的様相なのだから、その高階のアスペクトでの不在因果はどう立ち上がってくるのか、という問いが生まれるのは必定であり、かくして議論は循環または無限後退の泥沼にはまっていくほかない。ただ私は、このことが私の議論を反駁するとは考えていない。これが反駁になると捉えることの根底には、循環や無限後退は悪しき状態であり、そのような帰結に至る議論は破綻している、という前提がある。しかし、実を言うと、こうした前提そのものにもさらに根底的な前提がある。それは、循環が起こり続けたり、無限後退が発生してしまったりすることが事実として成立する、という前提である。しかし、これはむしろ論理空間における無時間性を想定した上でのみ成り立つ前提である。無限後退を事実として見届けることは私たちにはできないのは自明だが、論理的構造として循環構造に陥っているという指摘なのである。しかし、私は、こうした泥沼から抜け出す道は、まさしくその無時間性を棄却してしまうことだと考える。時間と空間をさしあたりいわば「いま・ここ」に限定してしまうのである。すなわち、無限後退が起こるという不安定性があることを知りつつ、そしてそれゆえある種のたじろぎを覚えつつも、それ込みで、いまここを決然と受け入れて安らってしまうこと。すなわち、「浮動的安定」の様態である。規範性の逸脱による不在因果の解明は、浮動的安定の様態と本質的につながりゆくのである。そしてそれは、文字通り、ためらいと決断の道筋なのである。

## 5　定量化への道

けれども、いま記したような意味での「規範性の逸脱」に着目して「野放図因果」問題をクリアしながら不在因果関係を解明しようとするとき、不可避的に浮かび上がる論点は、非難や称賛にはおのずと「程度」(degree) が考慮されるべきだということであろう。すなわち、定量化の必要性である。たとえば、すでに言及した例に即して言うならば、フローラが隣家の蘭に水をやらなかった後で蘭が枯死したことと、親が育児をしなかった後で乳児が亡くなったことでは、同じく不在因果による責任帰属が問題になりうるといっても、その責任の度合い・重さは著しく異なることは明らかである。フローラの責任はきわめて少ない (ゼロかもしれない?) のに対して、育児放棄の親の責任はきわめて重く刑事罰の対象にさえなる。では、そうした「程度」の差をどう数値的に測るのか。どうしても、これが問題となってくる。

おそらく、まずは必須構成要素となるパラメーターを確定する必要があるだろう。すぐに思いつくパラメーターは、完全義務化か不完全義務化かという義務の重さ、そして害 (harm) の大きさ、であろう。完全義務とは、借金を返済しなければならない、人を殺めてはならない、といった義務で、不完全義務とは、災害被災地への募金に応じなければならない、といった文脈での義務である。さらには、不在性が害発生の原因となることの確度も当然ながら問題となるであろう。育児放棄の場合でも、一時間のそれと一二時間のそれとでは害発生の確度はおのずと異なる。そしてここでの確度は、おのずと「確率」（probability）や「尤度」（likelihood）が鍵となると思われる。

先にコウリーの「白内障患者の失明裁判」の例を引用したが（第3章一二〇頁）、彼女はそうした問題になりうると思われる不作為に沿いながら、「機会喪失」（loss of chance）という問題を詳しく検討している。ここで言う機会喪失とは、患者が治療される機会が過失や不作為によって喪失されてしまった、というような意味である。コウリーは、この機会喪失の概念を適用してペナルティーを科すべきだ、という考え方について確率概念を十全に考慮しながらネガティブな方向で議論を進めている。詳細は省くが、コウリーの理解では、たとえば、臨床の場での見落としなどの後で重篤症状が生じたとしても患者の健康状態に事前に潜在する「背景リスク」（background risk）を考慮すると、医師による機会喪失だけが有害な結果の原因だと確定できないとか（Khoury 2006, p. 52）、過失による機会喪失を根拠にペナルティを科すという考えが成り立つには、機会喪失が被害（damage）の一種として捉えられることになるはずだが、機会喪失そのものを被害とするのはいささか無理筋ではないか、といった議論が展開されている（Khoury 2006, p. 118ff）。そうした検討を踏まえてコウリーは、「機会喪失を通じて実体法に間接的な改定を加えて対処していくことの代わりに、因果関係の高い確率に基づく、事実的前提に関する既存の証拠提出法を通じて、因果的不確実性を正当に解決していくこと」（Khoury 2006, p. 139）を主張する。コウリーの議論は、不作為や過失を問題にする場合は「一かゼロか」という悉無律的な思考法は有効ではなく、どうしても確率的思考が求められる、という見解の例証となるだろう。(9)

こうした確率的あるいは程度説的な思考が要請されるという論点は、実際上次の重大な含意につながる。すなわち、不作為とか過失というのは、私が示した「同時性テーゼ」に従う限り、ほぼ無限にその適用範囲がを広がる可能性があり、それをそのまま承認してしまうと、恐るべき程の規模で有罪性の範囲が広がってしまうが、それはあまりに不合理であり、それをどこかで限界づける理論的ツールが求められる、そして、そこに確率的あるいは程度説的な思考が有効に機能すると期待される、ということである。過失犯として訴えられ原告がほとんど無理筋の不作為嫌疑によって刑事罰を科せられるようになることは、社会全体にとって決して望ましいことではないのは明らかである。だれもが、仕事上のことで何らかの不作為をなしていて、それがいちいち処罰対象になりうるのだとしたら、たまったものではない。この点、たとえば、永石尚也がつとに指摘している。永石は、リスク概念が広く受容されている現代社会においては、「不作為の過失による処罰の拡大傾向を無視することはできない……「危険」除去のための起点となる不作為への処罰が常態化・広範化する結果を招くことになりかねない」（永石 2017, p. 1）と警鐘を鳴らしている。さらに永石は、不作為についての最高裁判決で展開された「十中八九決定」をとくに取り上げ、そうした量的・定量的判断それ自体は反事実的条件文の本性として問題ないとしても、そうした量的判断の基準が不在であることは重大な問題であるし、「疑わしきは被告人の利益に」という原則との整合性についても詰める必要があることを強調している（永石 2017, pp. 4-5)。いずれにせよ、因果関係について論じるにはきちんとした定量化のシステムがどうしても求められているとことが重い課題として浮かび上がる。

では、具体的に、不在因果を反事実的条件分析によって解明しようとする路線の中で、程度概念をどのように組み込めるだろうか。これは、「反事実的条件文のセマンティックス（意味論）」という、筋金入りの難問に関わる。ここではセマンティックスには踏み込まない。しかし、プラグマティックス（語用論）の観点から経験的に見ていくならば、多少なりとも解明の余地が見いだせる。もともとルイスが「因果の反事実的条件分析」を提起したときには、そうした文は真か偽かという二値で評価するものとして理解されていた（Lewis 1986, p. 164ff の定式化にそれは現れている）。もちろんルイスも、因果関係についての最初の論文においても、「喫煙が肺がんの原因となる」のように（絶対そうなるとは言えない）、日常的に因果関係が「真か偽か」ではなく偶然性や確率込みで語られていることは考慮していた。ルイスは「偶然的因果関係」（chancy causation）と称してこの点検討している。そして次のように述べて、この問題をいわば棚上げしていたように読める。「私の議論の動機となった考えは、原因は結果の生起の確率を上げる（make their effects more probable）というものである。しかし、この考えは因果的依存の分析に書き込まれたもので、因果関係そのものに関わるのではない」（Lewis 1986, p. 179）。もっとも、ルイスは後年、確率上昇（probability-raising）を原因性の徴表と見なすという古典的な「確率的因果」（probabilistic causation）の考えを一層真剣に受けとめつつ、原因と見なされる事象に変更を加えた場合に結果と見なされる事象に「影響」するか、という識別基準を導入するのだが、その「影響」についてこう述べる。「影響は大まかで多次元的な仕方で低度を許容する」（Lewis 2004, p. 92）。真か偽かという二値性で因果関係を表現する文を評価することは無理筋であり、程度概念が導入されねばならないことが、おのずと気づかれてくる様子が跡づけられる。

しかるに、セマンティックスの視点にどうしても傾斜しがちなルイスに対して、ウィレムセンは二一世紀初頭に興隆した実験哲学的な手法に拠って、いわばプラグマティックスの視点の適用を試みる。すなわち、一般の方々の反事実的条件文に対する反応を基にして、「主観確率」（subjective probability）を介した程度説的見方を提起したのである（Willemsen 2019, p. 126ff）。ウィレムセンは、こうした実験哲学的手法を責任帰属や量刑の問題にも適用していった。ようするに、蘭の枯死をめぐるフローラの不作為と育児放棄をめぐる親の不作為について私たちが日常的に感じる相違を、そうした不

因果関係の三次元説

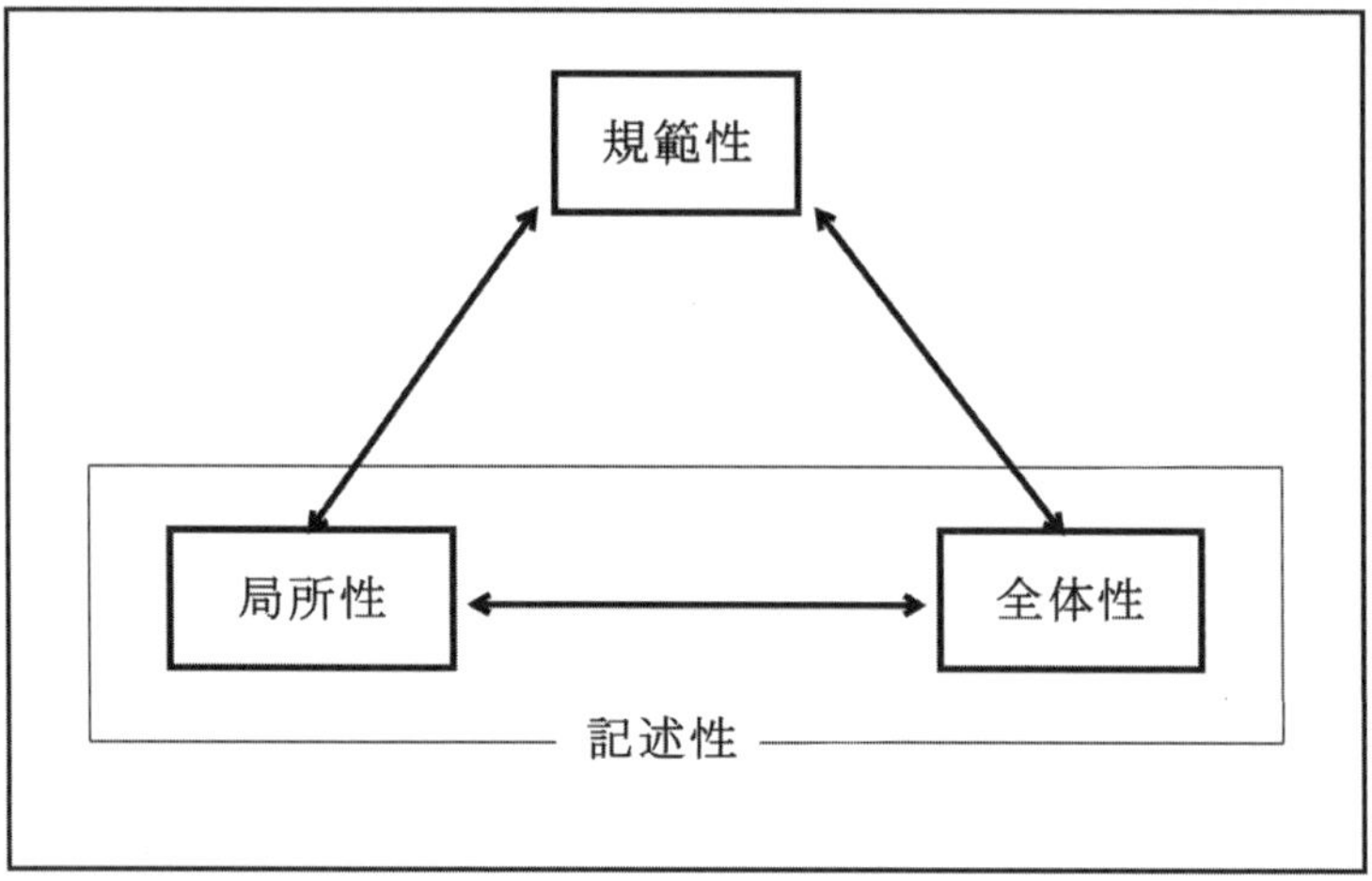


作為が枯死や乳児の死亡の原因である、とする文が真であることに対して抱く「主観確率」、すなわち「信念の度合い」(degree of belief) に注目して、解明していこうというのである。こうした論立ては、先に触れた「不完全特定化問題」に対するある種の解答にもなっていくだろう。今日の実験哲学に対しては、果たしてそれが哲学的あるいは形而上学的問題の解明に寄与しうるのか、という根本的な疑問がつねに向けられるのではあるが、哲学者とて何らかの直観に頼っているのであり、その直観の妥当性はどうなのか、という問いが逆に差し向けられうる。そういう意味で、ウィレムセンの議論は少なくとも一聴に値すると言って間違いない。

## 6 三次元説の提起

以上のような先行する議論を踏まえて、私としては、ここに先行研究の様相とちょっと違った可能性を提示してみたい。まず、第3章の最初に記した

「同時性テーゼ」を改めて振り返って、因果関係理解にとって不在因果の問題が本質的普遍性を有しているという私の捉え方に基づいて、因果関係の「三次元説」(three-dimensional view)として提起する。すなわち、因果関係はつねに構造的に「規範性」(normativity)、「局所性」(locality)、「全体性」(totality)という三次元によって成立していると指摘したい。そして「局所性」と、「全体性」とを合わせたものを「記述性」(descriptivity)と呼ぶ。

ここでいう「記述性」というのは、字義通り、現に発生している状態の記述のことである。その中の「局所性」は基本的に作為的事象や出来事を指し、「全体性」は不作為的事象や不在をおもに示している。そして、局所性と全体性をひとまとめに「記述性」としてくるのは「同時性テーゼ」に対応した表示である。また、因果関係そのものは「ピュシス」に内在する何かなのではなく、「ノモス」に属する関係性だとする論点は、個々の因果関係は一種の虚構であるとする見方に他ならないことを考え合わせれば、その論点は「虚構性テーゼ」に包摂され、そしてそれは「規範性」におおよそ対応している。そして、記述性として解される局所性と全体性に対して規範性が網の目のように掛かって、そこから優勢な、すなわち定量的・程度説的な意味で説得性の高い、因果関係理解が現れるという構図である。この三つの次元は、因果関係のどれかはどこかの次元に即しているけれども別の次元には関わっていない、といった分類的なものではなく、いかなる因果関係にもつねに三つすべてが内在している必須のエレメントであるという、そういう意である。

これまでの議論とこの三次元説との対応を確認するため、多少繰り返しになってしまう側面があるが、念のためもう少し触れておく。まず、記述性を構成する局所性と全体性だが、それは、いかなる作為・出来事も別の意味では不作為・非出来事であり、その逆に、いかなる不作為・非出来事も別の意味では作為・出来事であるという、考えてみれば当然の帰結を表示しており、上に述べたように、「同時性テーゼ」の内容に当たる。「私はいま座禅をしている」は「私はいま泳いでいない」であり、「私はいま子どもを世話していない」は「私はいま一人で遊戯施設で遊んでいる」などなどである。この点は、先に引用した楊が一貫して作為と不作為の同価値性を主張していたことと間接的に呼応する。楊はこのように述べる。

私見では、前述したように、一定の不作為が作為とともに同じ条文で処罰される以上、この不作為は、作為の場合と同一の帰属原理で当該構成要件に帰属されなければならない。こうして、不作為と作為の同価値性は、まさに不作為と作為との帰属原理の共通性を指すものにほかならない（楊 2022, p. 51）。

もちろんこの楊の主張は、作為犯と不作為犯が原理的に同価値であるという主張であり、不在因果一般に関しての議論ではない。しかし、私はこうした見解は、不作為とか不在というのを当該の作為や出来事の範囲外の宇宙のすべてに妥当するものとして普遍的に解した上で、不在因果一般に原理的に当てはまっていると捉えたいのである。それが、局所性と全体性を一括して記述性とまとめることの意味である。

記述性に対応する「同時性テーゼ」については、「座禅をしている」と「泳いでいる」のように、まったく別の文脈での同時性の記述だけでなく、同じ文脈の中でも跡づけることができる。町野朔の挙げている例を引くと、注射器を消毒しないまま患者に注射して害が発生した場合、注射行為という作為に注目して反事実的条件分析を施すと「注射行為がなければ害は発生しなかった」となり、因果関係の成立が相当な説得性を持つことになるが、「消毒をしなかった」という不作為に目を向けて反事実的条件分析を行うと「消毒をしていれば害は発生しなかった」となり、消毒程度では死滅しない菌が注射針に付着していた場合などが考えられ、消毒しないことによる不在因果は直ちに成立するとは言い難いことになる（町野 1995, pp. 139-140）。つまり、刑法的事例では、実のところ作為や出来事による出来事因果もまた実のところ不在因果と同等に「反事実的条件分析」を介して検討されるものなのであり、そこを無理して作為と不作為を区別してしまうと、いま記したような、作為の側面と不作為の側面とで、どちらに注目するかで評価が異なってしまうという理論的問題が発生するということである（永石 2017, p. 3 も参照）。作為と不作為を「いずれかの範疇に押し込むことは理論的に不可能なこと」（町野 1995, p. 139）なのであり、両側面が同時に成立していることを考慮した上で因果関係を総合的に判断するのが誠実なのではないか、という示唆ではなかろうか。私の言う「同時性テーゼ」を傍証する議論であろう。

もう一つ、ジョナサン・シェイファーが、（第3章中の名称で言う）「根源的ペシミズム」を強力に主張したマイケル・ムーアの議論（Moore 2009）をおもに念頭に置いて、私の言う「同時性テーゼ」に近似した視点へと導くペシミズムへの反論を挙げておこう。それは、「斬首」（beheading）による死、にまつわる議論である。ごく普通に考えて、斬首された人が亡くなった場合、斬首が死亡の原因である、とされるだろう。けれども、シェイファーは次のように論じた。

殺人者が被害者を斬首したとき、このことが被害者の死の原因となる道筋について考察せよ。

ここで発生しているのは、被害者の生命を維持している、酸素を含んだ血流が切断(disconnection)された、という事態である。換言すれば、斬首が血流の不在の原因となる、という妨害(prevention)の段階がまずあり、それに続いて被害者の脳への血流の不在が被害者の死の原因となる、という不作為の段階があるということである(Schaffer 2012, pp. 405-406)。

こうした「切断」あるいは「妨害」を媒介した論点は、およそすべての死亡事例にも妥当していくことを見取るのはたやすい。いや、見方によってはすべての出来事因果にも妥当するかもしれない。因果的に理解される事態というのは必ずや(変化するはずなのに現状が維持されるケースも含めて)何かの変化を含むわけで、ということは現状のあり方が「妨害」されたり「切断」されたりするという形で捉えうるからである。いずれにせよ、こうしたシェイファーの議論も、町野の言う「注射器を消毒しなかった」という例と同様に、作為と不作為、あるいは出来事と不在というのは、截然と区別できるようなものではなく、つねに同時に相絡まったものであり、いつも同時に成立していることを示す議論だと理解できるだろう[10]。やはり、「同時性テーゼ」の傍証となるかもしれない。

さらに言えば、先に引用した次のルイスによる「因果の反事実的条件分析」の定式化、

> O ($c$) □→ O ($e$) and ~O ($c$) □→ ~O ($e$)
>
> (Lewis 1986, p. 167)

においても、何かが発生した(局所的作為・出来事)場合には、それが発生しなかった(全体的不作為・非

出来事）場合を反事実的に想定し、逆に、何かが発生しなかった（全体的不作為・非出来事）場合には、それが発生した場合（局所的作為・出来事）を反事実的に想定するという（原理的には反事実的想定を必要条件としてだけでなく十分条件をも考慮する形にしようとしたのだと考えられるが）、作為と不作為の同時性を表現した定式化になっている点も、私の整理を傍証している。換言すれば、

**因果関係には、普遍的に不在因果の構造が包含されている**

ということである。もちろんこれは「同時性テーゼ」にダイレクトに対応している。そして、先に述べたように、こうした記述性のありように対して規範性が網掛けされて、さしあたり説得性の高い因果関係が抜き出されてくるわけである。

## 7　記述性度と規範性度

最後に、私がかつて『英米哲学入門』にて提起した「記述性」と「規範性」の程度説的絡み合いについての考えを、その後の私の多少の思考の更新も含めて、改めて整理して述べて、本章を閉じよう（一ノ瀬 2018, pp. 335-342 参照）。むろん、以下に述べる私の考えですべての因果関係のありようが完璧に解明されるなどということはまったくない。あくまで、「親が育児を放棄したことが乳児が死亡したことの原因である」というような不在因果について、原因候補と目されている不在や不作為を表す文に焦点を当てて当該の因果関係文の説得性をどのように判定するのか、それについての分析手法の暫

定的な提示であるにすぎない。そういう意味で、私の以下の考えは、「テーブルを叩いたことが（硬い）音がしたことの原因である」のような出来事因果の形式となっている因果関係文については直接関わることはなく、この出来事因果に即して言えば、「テーブルの上にマットがなかったことが（硬い）音がしたことの原因である」といったような不在因果の文を分析対象として取り上げていることになる。いずれにせよ、もともとの不在因果の因果関係文をどう提起するのかはここでは論ぜず、あくまでそうした因果関係文が何かしら提示された場合に、それをどう判定するのかだけをさしあたり論じている。その点、注記しておきたい。

さて、まず、「記述性」の度合いを次のように考えたい。すなわち、記述性の程度は「変化不可能性」(unchangeability) と深く関わっていると捉える。私はこれを、文が事実と相違しているという内容の文が主張されたという条件のもとでの、事実が変化不可能であるとする文の「条件つき確率」(conditional probability) で表現したい。それを「記述性度」(degree of descriptivity, DD) と呼び、次のように定式化する。Sは問題となっている文で、全体の値は主観確率 (subjective probability) である。よって、0≦DD≦1である。

DD (S) ＝ P（「Sが関わる事実」が変化不可能である｜Sが事実と相違する）

この場合、右辺の条件説の実質的な形は、「文Sの内容は実際には生じなかったはずだね？」という問いかけの形になり、それに対しての応答がDD(S)ということになる。また、右辺の被条件節「「Sが関わる事実」が変化不可能である」だが、厳密に言うと、「「Sが関わる事実」が変化不可能であることを受け入れる」という意であり、もっと内実を詳しく言えば、「「Sが関わる事実」が変化不可能であることを受け入れ、それとは別の仕方で発生しえたと捉える必要がない」ということであって、あくまで条件つき確率を評価する人々の「信念の度合い」である点、注意されたい。このことは、すでに論じたように、不在因果を核として包摂する因果関係が「ノモス」に属する人為的な（ある意味での）虚構であるという論点に基づいている。むろん、DD はまずは特定の個人についての主観確率だが、Σの記号を付けて、多くの人々の主観確率を合算して相加平均を出すことで、社会通念としての記述性度が理論的には定義できる。

たとえば、私はテーブルにマットを置かなかった、という場合、「あなたは（つまり私）はテーブルにマットを置いたはずだよね？」という文が提起されても、「私はテーブルにマットを置かなかった」という事実が端的に変えられない、それとは別の仕方で発生しえた（つまり「私はテーブルにマットを置いたはずだ」）と捉える必要がない、と思われれば「私はテーブルにマットを置かなかった」という文の記述性度は高い。つまり、「テーブルを叩いたら（硬い）音がした」という出来事因果関係文に対して、「私はテーブルにマットを置かなかったので（硬い）音がした」という不在因果関係文が提起されたとき、通常の、単にテーブルを何気なく叩いた場合、「私はテーブルにマットを置かなかった」という事実は完全に変化不可能なものとしてそのまま受け入れられて、マットを置くことも可能だった、そうする必要があった、などとは考えられないだろう。そうした場合、繰り返すが、「私はテーブルにマットを置かなかった」という文の記述性度はきわめて高い。すなわち、その場合、「私はテーブルにマットを置かなかった」という文は、それ自体としてシンプルに単独で成り立つ文として捉えられ、他の事象との関係性がほぼ問題にされないのである。よって、「私はテーブルにマットを置かなかったので（硬い）音がした」という不在因果の主張は説得性が低い。けれども、すでに述べたように、演劇の構成上テーブルにマットを置くことが期待されていたときには、話は違ってくる。そういうときには、マットを置かなかったという事実は、そうでないありようであるべきだった、という含意が加わってくるので、記述性度はその分低くなる。ここで次に規範性度が問題となってくる。

では、「規範性」の度合いについてどう考えるか。私はそれをある文を提示されたときの、それに従わなければいけないと感じる「強制力」として捉えたい。イギリスの法哲学者ベイルベルドは、様々な刑罰の犯罪抑止効果を測定するという課題に関して、大福主義的（功利主義的）システムをかつて提起した。それはつまり、犯罪発生率というのは、特定の違法行為に対して（逮捕されて）刑罰が加えられるであろう主観確率と、刑罰の過酷度の、二つの要因に応じて変化するものであると考えた (See Beyleveld 1979)。確率と便益や損害とを掛け合わせる「期待効用」(expected utility) の考え方と近い、「刑罰の期待過酷度」と捉えることができる。この考えを利用して、規範性度 (degree of normativity, DN) を規定したい。つまり規範性度（より厳密に言うと「規範性の逸脱の程度」のことである）は、ある文に反する行為をなした（その行為をAとおく。Aの内実は行為を表す文である）場合の、非難・批判されるであろう確率 (probability of sanction, PS) と、非難・批判の過酷度 (severity of sanction, SS) との、二つを乗じたものとして次のように規定する。このとき、原理的に$0 \leqq PS \leqq 1$であり、また$0 \leqq SS \leqq 1$と規定する。つまり、$0 \leqq DN \leqq 1$である。

$$DN(A) = SS(A) \times PS(A)$$

この「規範性度」(DN) が全体として意味するのは、「行為Aを遂行してしまったとしても、DN (A) の値が大きくなればなるほど、行為Aを遂行しなかったというようにせよという遡及的・虚構的な事実訂正が求められる」ということである。つまり、記述性度が「変化できない」という意味を含意しているのに対して、規範性度は(多少トリッキーながら)「変化できる・変化させよ」という意味を含意しているということであり、二つの程度概念が互いに裏返しの関係、すなわち一種の双対関係にあることが分かる。[11] 規範性度において既遂の行為を訂正するというのは、実際上の事態としてあえて解するならば、刑罰やペナルティによる補償や修復、ということになるだろう。マットを置くことが要請されているときに、私がマットを置かなかったならば、マットを置くべきだったという非難が発生する。そうした非難は、マットを置かずに音が出てしまったという理解を通じて発生してくる。かくして、マットを置かなかったという不在性が原因としてハイライトされてくるのである。

以上の二つの程度概念についての議論は、かつてアンスコムやサールが展開した「適合方向」(direction of fit) の議論に即した事態であるとも言える。表現と事実が齟齬を来すとき、記述性度は「言葉を世界に」合わせて表現が否定される側面であり、規範性度の場合は「世界を言葉に」合わせて事実や行為を訂正する側面である (See Anscomb 1963, p. 56 and Searle 1985, p. 5)。もちろん、DD の場合とまったく同様に、DN はまずは特定の個人についての主観確率に基づく値となるが、Σの記号を付けて、多くの人々の規範性度の値を合算して相加平均を出すことで、社会通念としての規範性度が理論的には定義できる。

では、この記述性度と規範性度とはどのように相関していると捉えるべきだろうか。そして、それによって因果関係とりわけ不在因果の説得性をどのように評価すべきなのだろうか。基本的な発想は、因果関係、とくにここでは不在因果に焦点を当てているが、それを、「同時性テーゼ」に具現化されているように、作為と不作為の相絡まり合いの中で規範性度がどれだけ高いかという視点から程度を考慮して、言い方を換えれば、記述性度がどれだけ小さいかという程度を考慮して、その適切性や説得性が判定されていく、というものである。最も核心をなす鍵となる考え方は、(非難と称賛の両方を含む広い意味での)「規範性の逸脱」が因果関係理解のスプリングボードとなる、というものである。

むろん、この述べ方に対しては、直ちに、「スプリングボード」という言い方が明示するように、この考え方自体が因果関係にのっとっていて、何かしら循環の匂いがする、という疑念が提起されるだろう。この疑念については、先に何度も触れたように、私としてはさしあたり「浮動的安定」の視点から受けとめたい。

また、もう一点述べれば、私の議論全体が、因果性を「ノモス」の領域の課題として捉えるという基本方針の帰結として、因果関係を文に対する私たちの主観確率として扱っていることになるが、その路線はもしかしたら因果関係理解をある種の「言語行為」(speech act)として回収してしまうという、かなりラディカルな主張を促すことにならないか、という疑問を抱く人がいるかもしれない。実は、まさしくその通り、私は全体の戦略としては、因果関係とは言語行為の一つである、というスキームで思考を展開しているのである。その線で、私は、ジョージ・バークリの「存在とは知覚されることである」(esse is percipi「ペルキピ原理」と呼べる)になぞらえて、次の「クアエリ原理」をつとに提起してきた。

**クアエリ原理**

**「因果的であるとは問われることである」(To be causal is to be questioned.)**

「クアエリ」(quaeri)とは、ラテン語で「問われること」という意味である(一ノ瀬 2018, pp. 267-268)。そして、こうした理解の設定から、私は因果関係ひいては認識一般について、問うことと答えること、「コール・アンド・レスポンス」、といった会話の形から再構成することを、さらに突っ込んで言えば、会話の音楽的側面に着目して認識一般を音楽として捉え返す「音楽化された認識論」というプログラムを展開している(たとえば一ノ瀬 2022 参照)。しかし、この点については、本書では言及するに留めておく。

ともあれ、記述性度(DD)と規範性度(DN)の相関についてまとめよう。私の持論のアイディアは、不在因果の原因候補の説得性・適切性の度合いは、記述性度と規範性度とを掛け合わせたものが1と0の中に入るという仕方で、二つの双曲線の間の領域として表現できる、とする考えである。次のように定式化できる。

$$0 < DN \times DD < 1$$
$$(0 < DN < 1,\ 0 < DD < 1)$$

これを例解するために、すでに挙げたビービーの「フローラの事例」と、育児放棄による乳児死亡の事例とを、わかりやすい例として取り上げたい。

また、その二つの事例のほぼ中間に位置するであろうと想定される例として、かつて私が挙げた例もここで取り上げたい。すなわち、ある鉄道の駅で、電車ドアの開閉時に片腕がドアに挟まれた乗客がいるのに、当該ホームの駅員Pが安全確認をせずに発車の合図を出したところ、その乗客が引きずられて死亡してしまった、という事例である。これに「因果の反事実的条件分析」を適用すると、当該ホームの駅員Pの過失が有力な原因候補として浮かび上がる。では、同じ駅に勤務する他の同僚駅員Qの不作為や過失についてはどうだろうか。同じ駅に勤める同僚なのだから、とりわけ異常に気づいていたならば、注意喚起できたし、するべきだったと規範的に言えるように思われる。では、「駅員Qが注意喚起しなかったことが乗客死亡の原因である」という不在因果文はどの程度の説得性を持ちうるだろうか（一ノ瀬 2018, pp. 314-315）。「フローラが水やりをしなかった」、「同僚駅員Qが注意喚起しなかった」、「親が育児をしなかった」の三つの不在性の例について、次のように図示した上で、それぞれに関しておよそ想定される位置づけを示してみよう。この図をさしあたり便宜上「因果関係判定表」と称しておこう。

この図が示唆するのは、「フローラが水をやらない」は記述性度が高く規範性度が低いので、「フローラが水をやらないことが蘭の花が枯れたことの原因である」という不在因果文は説得性が弱いということであり、それに対して「親が育児をしない」は記述性度は低く規範性度が高いので、「親が育児をしないことが乳児死亡の原因である」という不在因果文は高い説得性を持つ、ということであ

因果関係判定表

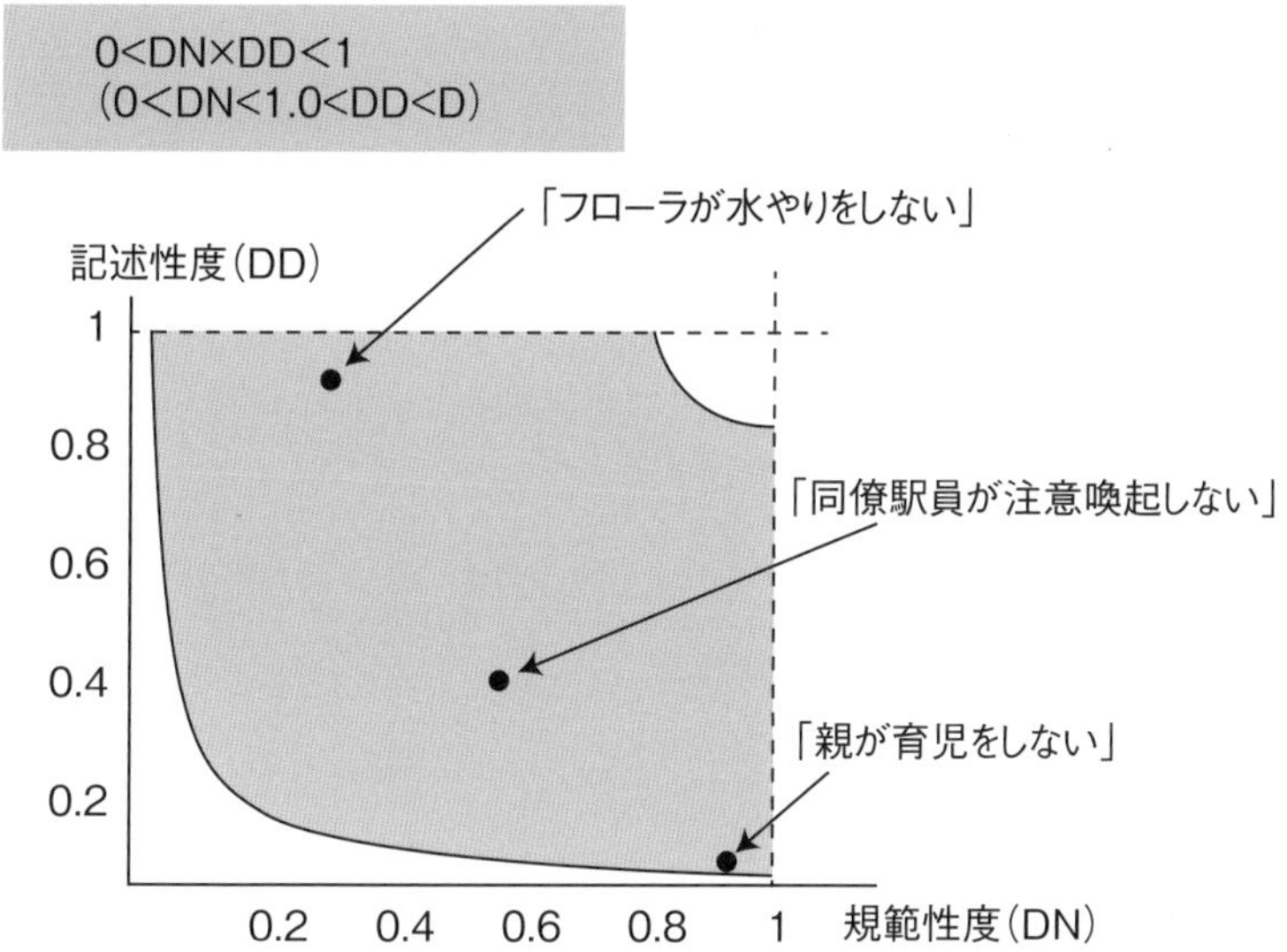


る。また、「同僚駅員が注意喚起をしない」は記述性度も規範性度もほぼほぼ中間的な値なので、「同僚駅員Qが注意喚起をしなかったことが乗客死亡の原因である」という不在因果文の説得性は、この図だけでは判定しがたい。こうした図式の中で、どの位置の値からが非難（称賛）すべき事態になるのかについては、そしてどのような程度の責任帰属がなされるのかについては、理論的というよりも政策的な問題なので、立法や行政に委ねるしかない。なお、以上の議論は、責任帰属を問題にしていることから明らかなように、過去への遡及的な因果関係に焦点を当てたものだが、未来に向けての因果的推論にも一定程度適用可能だと思う。ただし、未来への因果推論には固有の問題性もある。別に論じる機会を待ちたい。

　二点注記しておく。第一に、不作為ではなく作為的な事態の場合の因果関係の説得性や責任帰属はどう考えるのか、という点も、もしかしたら何とか上の図を使って整理することができるかもしれないという点である。私があえて「因果関係判定表」と、不在因果だけをハイライトせずに一般的な名称で呼ぼうとした所以である。すなわち、作為については、それをしなかった場合の規範性度が低ければ低いほど（言い方を換えれば、それをしなかった場合の記述性度が高ければ高いほど）それについての因果関係文の説得性が高い、ということになる。「人をナイフで刺して殺害した」という場合、「人をナイフで刺す」が基準となる文ということになり、DNの式の行為Aに当てはめられるのは「人をナイフで刺さない」という文になるが、この文に対応する事態についての非難可能性はまったく低いし、そうした非難が生じる確率もきわめて低く、規範性度は極小であろう。逆に、「人をナイフで刺さなかったか？」という問いかけに対して、「人をナイフで刺した」という文に対応する事態は変化不可能と捉える主観確率は（嘘を付くことは別にして、加害者や目撃者などの観点からして、ひいては証拠に基づいて捜査する人々の観点からして）きわめて高いだろう。というか、そうした加害行為を変化可能・変化させるべきと考えてしまうのは、たぶん私たちの責任概念をめぐる言語使用に根本から反してしまうと思われる。なお、ここでの変化不可能性はポジティブな（つまり局所的な）出来事に対する変化不可能性であり、不在に対する（つまり全体性に通じる）変化不可能性ではないことに注意されたい。すでに述べたように、不在に対する変化不可能性は、ここでのナイフの例とは逆に、その不在を原因とする因果関係文の説得性を減じるものである。

第二に注記したい点は、因果関係の判定に記述性度を導入することは、因果関係は夫婦関係に類比的なノモスに属する関係である、とした私の既述の考えに反するのではないか、という疑問が起こるかもしれない点である。これに対してあらかじめ二つの仕方で答えておく。一つは、上の図に示した私の因果関係理解では、どんな因果関係文においても規範性度はゼロにはならない。おそらく、記述する際のボキャブラリーのレベルでの規範性は必ずやつきまとうからである。たとえば、叩いたものを「岩」と記述したときには、「それは訂正して「テーブル」と記すべきだ」といった次元の規範性が暗黙的に潜在しているはずなのである。なので、記述性度を導入しても因果関係文のノモス的性格は、量的に少ないとしても、残り続ける。判定図が示すように、規範性度はゼロにならない。もう一つの、ラディカルな答え方はこうである。そもそも根源的に、あるいはメタ的に言って、因果関係文の記述は言語的規範つまりは文法的規範に潜在的に浸潤されている、すなわち、記述となるには文法に沿うべきなのである。こうした（法的・道徳的ではないにせよ）メタ的な言語的規範性に浸潤されているという意味において、記述性は根源的にはやはりノモス的なあり方と通底しているのである（ちなみに、こうした根源的な意味においては、逆に、規範性もまたピュシス的な記述性と通底していると言える。規範性度の高い因果関係文を（内語も含めて）発話しているということ自体は、記述的な事実だと捉えられるからである。やはり判定図が示すように、記述性度もゼロにはならない）。

ともあれ、以上、二つの章をまたいで、やや長い旅となったが、ここで不在因果についての考察を一旦終えたい。以上の考察から象徴的に導けること、それは、因果関係はきっかりとした仕方で明確に確定できるものではない、必ずや不確定な側面や異なる理解の可能性が包含されている、それゆえ、誠実であろうとするならば、因果関係を判断する際に私たちは「ためらい」を感じざるをえない、いやむしろ、「ためらい」を感じるべきなのだ、ということである。この点は、「無知の自覚」を志向する哲学の本質と照応するだろう。けれども、ためらうだけでは生活は進められない。では、どうするか。「ためらい」を内的に意識しつつも、どこかで跳躍して「決断」しなければならない、意思決定しなければならない。けれども、こうした「決断」は絶対正しいと思い切るべきだ、という決断であってはならない。「ためらい」を感じなければならないという私たちの実相をそのまま受け入れようという決断、そして訂正可能性・阻却可能性を込みで、まずこれでいこう、と責任を自覚しながら前に出る、それを捉す「決断」でなければならない。間違うことはある。というよりも、いつも間違いを含み混んで私たちは生存している。しかし、いまは安定していると、そう感じたい、信じたい。まさしく「浮動的安定」の位相である。こうして、因果関係についての考察は、「ためらいと決断」という本書のテーマと真っ直ぐに結びつくのである。

最後に、二つの総括文を示しておく。

**総括文1**　「不在因果は因果関係の構造に普遍的に包含されている」

**総括文2**　「不作為の因果関係による責任帰属は、不作為の規範性度の高い理解に対応的になされる。逆に、作為についての責任帰属は、それをしなかった場合の規範性度が低い理解に対応的になされる」

以上の議論が整合的かつ説得的に理解可能ならば、第3章冒頭で示した「同時性テーゼ」と「虚構性テーゼ」という二つの論点の信憑性を確証することができたと言えるだろう。

では、後半での倫理的な考察へと進もう。病災害、動物、死刑、そうしたテーマに沿って、「ためらいと決断」の実相について踏み込んでいきたい。

# 第二部　倫理の深層へ

# 第5章　トリアージと人権

## 1　議論のすれ違い

以上の第一部の因果のゆらぎについての議論を承けて、この第二部では倫理のゆらぎについて焦点を当てていく。問題の性質上、私の言う「人生視線」に立脚点を置く議論になるが、当然ながら第一部でのおもには「宇宙視線」から論じた議論を背景に押さえつつ論を進めていく。二つの視線は、互いに排反なわけではなく、相互に入り交じることを本性としているからである。まずは、議論のすれ違いの指摘から始めて、コロナ騒動において倫理的な論争を惹起することになった「トリアージ」の問題へと目線を向けてみよう。この論争はさしあたりはコロナ騒動に関るものではあるが、そこでの問題性を突き詰めることによって、普遍的な意味において、まさしく倫理の深層に触れることが期待されるのである。

同じ概念について論じているのに、完全に議論がすれ違ってしまうことが、ときおり発生する。おそらくその典型は、「自由」の概念だろう。いかなる制約もないという「無差別の自由」、言い換えれば（たぶん厳密には神にしか当てはまらないような）形而上学的自由の表象可能性について論じているとき、政治的な意味での「拘束からの自由」、たとえば出国の自由などを雛形として念頭に置いて応じてしまうと、まず話しはかみ合わない。かつてデイヴィッド・ヒュームは、「自由」（Liberty）について論じるに際して、自由を論じるときの混乱が著しく長く続いてきたという事象に言及し、次のように記した。「論争がこれほど長いあいだ闘わされ、そしてなお未解決であるという状況を見るだけでも、表現に何か多義性があり、論者たちは論争で使われている語句にそれぞれ異なった観念を付与しているのではないかと、そう推定できよう」(Hume 1999, p. 148)[1]。

同様なことは「幸福」の概念についても指摘できるように思われる。「幸福」は、happinessと表されたり、「まえがき」で触れたように「ウェルビーイング」(well-being)と表されたり、英語表記においても揺れがあるし、日本語の「幸福」の概念にも大きな揺れがある。一見すると、個人の主観的な満足感や自足感、たとえば笑顔の絶えない家族に恵まれ、快適な住環境でゆったりした生活を送っているような人々が感じる感覚、それが「幸福」の意味だと受け取られるように思われる。けれども、たとえ個人の主観的感覚においては満足感や自足感がなかったとしても、安定した収入と健康に恵まれている人々は、他者の目から見たら「幸福」な人だと思われ、本人が幸福でないと述べても、何を言う、そんなに恵まれていてしあわせではないか、と反応されることもあるだろう。つまり、幸福概念は、主観的ならぬ客観的な物差しで測られる側面も持っているのである。たとえば、投資の詐欺に引っかかって、大金が入るぞと主観的に喜びを感じている人がいた場合、客観的に見れば、その人が幸福であるとは言い難いだろう。

実のところ水道や電気や道路などのインフラが整っていること、あるいは健康や収入といった客観的に確認できる基盤が、おそらく幸福にとって必要であると思われる。実際、今日盛んに言及されるSDGsには、貧困や飢餓の克服、健康と福祉の充実、安定したエネルギーの供給、経済成長、イノベーションの推進、持続的な海洋資源や陸上生態系など、私たちの幸福にとって必要な、客観的に検証可能な目標が謳われている。「健康と福祉」と一般に訳される目標の「福祉」はまさしくwellbeing である。SDGs が幸福概念と深く結びついていることが分かる。けれども、よくよく考えてみれば、主観的な自足の感覚という、直観的に理解されるところの幸福概念の意義に照らすならば、たとえば、エネルギーの供給といったインフラ的な要素は、さしあたり幸福の意義を構成するものではないと感じられもするだろう。(2) 東日本大震災と原発事故後に「いのちと電気、どっちが大事か」などという文言が飛び交った時期を想起するならば、インフラ的な要素は私たちの生活の核心を成していないように受け取られがちなように感じられる。むろん、それは、日本人がインフラに恵まれた国に生きているがゆえの、片寄った認識である。インフラが整っていない国では、電気が点いた、というのは大きな喜びとなり、幸福をもたらす要因となりうる。そして、電気によって救われるいのちも多々あるのである。いずれにせよ、このような背景のもと、幸福を論じるとき、奇妙なすれ違いが発生する素地が生まれる。

## 2　トリアージという緊迫

さて、ここでの主題は「トリアージ」である。議論のすれ違いについて最初に述べたのは、私の見るところ、トリアージについても、自由や幸福の概念の場合とまったく同じではないにせよ、似たような議論のすれ違いが発生しているという、驚くべき事実に面しているからである。

しかしまずは、「トリアージ」とは何か、について多少の概括をしておこう。そもそもここで問題にしている「トリアージ」とは、緊急的な災害や事故の現場で傷病者が多数発生してしまった場合に、設備やマンパワーの点で限られた医療スタッフがかけつけても、全員に平等に医療サービスを提供できないので、医療サービスを提供する順序を付ける作業のことを意味している。大抵は、四つの色分けしたタグによって傷病の状態を類別し、傷病の程度が中程度の患者で、医療サービスを提供すれば救命できるが、提供しなければいのちを失ってしまうであろう患者に優先的に医療サービスを提供する。そして、それより軽症の患者は後回しとし(医療サービスを直ちに提供しなくともいのちを失うことはないので)、また、傷病の程度が重度で救命が難しいと判断される患者、またはすでに死亡していると思われる患者にも医療サービス提供は後回し、あるいは医療サービスは提供しない。「事故や災害などにより多数傷病者の発生する現場では、一刻でも早く治療の優先順位を決め、必要な応急処置を行い、医療施設に搬送することが、傷病者の救命につながる。特に、円滑な医療を行うには「3Ts」が不可欠と言われている。「3Ts」とは、Triage＝トリアージ、Treatment＝治療、Transport＝搬送、の頭文字を取ったもので、「災害時の3Ts」と呼ばれる」(山崎 2009, p. 2)。

緊急的災害現場でのトリアージは、かなり緊迫感漂う営みとならざるをえない。しかし、それでも、極力公平かつ倫理的に正当化できるよう、いろいろな原則が打ち立てられている。たとえば、トリアージ実施者は治療に加わらない、すべての傷病者をトリアージする、トリアージ実施者が一人で判断する、トリアージ実施者の決定に異議を申し立てない、トリアージは繰り返し行う、といった原則が立てられている(山崎 2009, p. 13)。一人でも多くの人を助ける、一人の人を救うために多数の人を犠牲にしてはならない、といった緊張感にあふれたぎりぎりの原則が貫かれている(ibid.)。具体的には、四つの優先順位が設けられる。

第1順位が赤タグで「生命・四肢の危機的状態で、直ちに処置が必要」、

第2順位が黄色タグで「2～3時間処置を遅らせても悪化しない程度バイタルサインが安定している」、
第3順位が緑タグで「軽度外傷、通院加療が可能程度」、
第4順位が黒タグで「生命兆候がない」

（山崎 2009, p. 15）

トリアージは人間が判断して行うことなので、黒タグを付けられて亡くなった傷病者が発生したとき、そのご遺族が「本当に黒タグだったのか、どうしようもなかったのか」と疑問を抱くことはたしかにある。二〇〇五年の福知山線脱線事故の四時間後に現場に入った秋冨医師によれば、

4時間後に到着した私は、現場から次々と搬送されてくる「黒タッグ」の傷病者に多く対応した。見るも無惨な状態のご遺体を目の前にして、これは現実なのかと目を疑った。ご遺体は、いかにも亡くなっていると一瞬で判断できるものもあれば、まだ息をしているのでは、と見間違うものもあった……発災直後の阿鼻叫喚の状況で、落ち着いてトリアージを行うことができるものか、当時いっしょに現場へ同行した長谷先生と話していた……災害現場のど真ん中でトリアージを行う困難さと、「黒タッグ」をつけるという責任は、計り知れないものだと思う。混乱した発災直後の災害現場では、モニターもない状態で「黒タッグ」を的確につけること自体が不可能なのではないだろうか。後になって、トリアージの内容を非難することは間違っていると思う。それはあくまでも後出しじゃんけんのようなものであり、混乱した現場のことをらない人が言うことなのではないだろうか？　トリアージをする側は、混乱した状況のなかで、一人でも多くの命を救

うために最善を策しているのである。間違えようと思ってしている人などなく、極限の状況でベストを尽くした結果なのである（山崎 2009, pp. 37-38）。

もちろん、だからといって、黒タグを付けられた傷病者のご遺族が抱く疑問に何の対応もしなくてよい、ということにはならない。監察医の長崎靖は、黒タグを付けられて亡くなった傷病者の被災状況、受傷状況、トリアージ実施時間および実施者などを記載した、正確な死体検案書を作成すること、そしてさらには損傷を記載した人体図を示して説明することが、割り切れない気持ちでいる被害者のご遺族にとって重要であると指摘し、次のように述べる。「死亡した家族の損傷を詳細に知りたいと願うご遺族が存在すること、そして知りたいと思うようになるまでの期間がまちまちであることから、損傷を正確に記録し、長期間保管する必要性を認めた」（山崎 2009, p. 42）。

## 3　救急外来でのトリアージ

こうした緊急的な災害現場でのトリアージの考え方は、必ずしも災害現場だけに該当するものではなく、一般の病院への外来患者への救急看護などの場合にも適用される。日本救急看護学会が監修して刊行している『トリアージナース ガイドブック２０２０』によれば、「症候を有する患者の緊急度を判断し、診療や看護ケアの優先順位を判断する看護師のこと」が「トリアージナース」と呼ばれ、求められる前提条件として、「看護経験が3年以上あり、救急看護師のクリニカルラダーレベルⅢの能力を有する」、「批判的思考や臨床推論、問題解決能力を有する」、「予測性や柔軟性をもち、臨機応変な対応ができる」、「高いコミュニケーション能力を有する」、「自律性を持ち、ロールモデルとなる」、「ストレスに順応する」という六つの条件が挙げられている（日本救急看護協会 2019, pp. 10-12）。そして、緊急度の過小評価（アンダートリアージ）や過大評価（オーバートリアージ）の問題にも触れつつ、トリアージに関わる法的問題や倫理的問題についても整理されている。たとえば、患者・家族との信頼関係の構築、知る権利の尊重、プライバシーの保護、といった倫理的配慮が言挙げされている（日本救急看護協会 2019, pp. 20-22）。こうした枠組みの中で、トリアージの実際について、頭痛、めまい、痙攣、胸痛、吐血、熱傷、耳痛、眼痛などの具体的な症状別に、詳細にトリアージのポイントが記されている。医療者の方々の真摯な検討具合が伝わり、襟を正したく思う。

加えて、私が見た限りでかなり重要だと思ったのは、「トリアージにおける医療者の擁護」という、患者・家族ではない医療者に関する倫理的配慮が挙げられている点である。少しでもリアルに想像しようとすれば了解できると思うが、時間の制約がある緊急的状況の中で、迅速かつ正確な緊急度の判断が求められる医療者は、過酷な要請のもとにあり、重大な責任を課せられ、緊張感の中に巻き込まれている。そして、「突然の発症であることや患者の病態の変化などで現状に対応できない家族などへの対応や家族からの要求などに難渋することも多い……医療従事者、とくに看護師は患者の擁護者として位置づけられているが、適正なトリアージを実施するためには医療従事者も擁護されることが必要である」（日本救急看護協会 2019, p. 22）。私たちは、どうしても、自分が患者になってトリアージされる側になったときのことを表象しがちで、そういう観点からトリアージを論評しがちだが、それは明らかに不十分である。医療者がいてこそ成立するのがトリアージであり、医療者も考慮対象に入れて考えていかなければならない。そして、医療者も生の人間であり、心を持っている。そのことへの想像なしでは、トリアージに関する議論は独りよがりの空振りに終わってしまうだろう。

## 4　COVID-19に関する人工呼吸器の配分

さて、二〇一九年末から二〇二四年初頭ぐらいまで世界中を席巻してきた新型コロナウイルス感染症問題、すなわちCOVID-19問題だが、そこでも「トリアージ」の問題が取り沙汰されるに至った。感染症が著しく広がり、人工呼吸器やＥＣＭＯを必要とする患者が多数発生した場合、医療器具というインフラの面でもマンパワーの面でも、そして時間的切迫性という面でも、迅速に器具の装着する順番を決める必要性が生じることが予想されるからである。日本の文脈で、この問題については、コロナ感染症が問題となり始めてすぐに、「生命・医療倫理研究会」が「COVID-19の感染爆発時における人工呼吸器の配分を判断するプロセスについての提言」と題するステートメント（以下『提言』と略）を発出した。要するに、コロナ感染症患者に対して、万が一実際に人工呼吸器などに関してトリアージを実施しなければならなくなった場合に、医療者各人がその場での個別の判断をしなければならないという過重な責任感に押しつぶされないようにするため、一定のガイドラインを設定しておこう、という提言である。前段で触れた「医療者の擁護」という観点とつながり、かつまた、そうすることで患者やその家族に対して公平な処置を与えるのを可能にすることが目論まれている。

『提言』は、第1節「判断の基本原則」において、人工呼吸器などの医療資源が払底している場においてい医療措置を控えざるをえない場合について、かなり明確に記している。一見、非常に冷たく響く文言だが、それは、トリアージが実施されなければならない緊迫性を反映していると捉えられる。

以下の三点である（『提言』、p. 2）。

①救命の可能性がきわめて低い状態の患者に対して、心停止時に心肺蘇生を行うこと。
②救命の可能性がきわめて低い状態の患者に、人工呼吸器を装着すること。
③人工呼吸器を装着後、救命の可能性がきわめて低い状態になった場合に、人工呼吸器の装着を継続すること。

平時であるならば、そして医療資源に余裕があるならば、この三つの条件に当てはまる患者に対しても、この三つの医療行為が施されるし、施されるべきであろう。しかし、ここでの主題は医療資源が払底しているという緊急的事態での対応方法である。もたもたしてはいられない、という状況である。厳しい判断が求められるのは当然であろう。むろんのこと、医療的措置を受けられない患者に対して、何の対応もしないということではない。「患者の生命の短縮につながりうる判断は、医療・ケアチームとして行い、検討内容を診療録に適切に記録するとともに、可能な限り患者やその家族等と共有する」（『提言』、p. 3）。

『提言』において、トリアージを行う基準が「救命可能性」に置かれていることは明白である。事実、こう明記されている。「人工呼吸器が不足しており、人工呼吸器を装着する患者の選択を行わなければならない場合には、災害時におけるトリアージの理念と同様に、救命の可能性の高い患者を優先する」（『提言』、pp. 5-6）。そうであるなら、一般に懸念されがちな、高齢者、人種、障害者などに関する差別的な判断は厳に戒められていると考えられる。高齢患者と若年の患者が搬送されてきて、高齢患者の方が救命可能性が高ければ、人工呼吸器は高齢患者に装着される。『提言』はこう記す。「救命可能性の判断は、医療・ケアチームが、個別の患者の容体に応じて、救急医療・集中医療の分野で広く共有された重症度の指標等を用いて恣意的にならないように慎重に行うとともに、判断のプロセスを適切に記録しなければならない。性別、人種、社会的地位、公的医療保険の有無、病院の利益の多寡（例：自由診療で多額の費用を支払う患者を優先する）等による順位づけは差別であり、絶対に行ってはならない」（『提言』、p. 6）。市民としては、自分事と考えるとき、実際にCOVID-19の患者についてのトリアージが実施されねばならなくなった際には、ぜひともこの『提言』に沿った公平かつ平等な判断をしてほしいと願う。

『提言』におけるトリアージには、先に記した三つの「医療措置を控えざるをえない場合」の②に示されているように、そもそも人工呼吸器を装着するかどうかを判断するときのトリアージ（「事前トリアージ」などと呼ばれる）と、③に示唆されているような、人工呼吸器を装着後にそれを継続するか取り外すかを判断するトリアージ（「事後トリアージ」などと呼ばれる）の、二種があると考えられる。とりわけ、事後トリアージは究極的な識別のように響く。『提言』の第3節「人工呼吸器装着についての本人の意向の確認」の部分において、人工呼吸器を装着するに際して、患者当人に次の点などを説明する、と記されている（『提言』、p. 4）。

① 人工呼吸器による治療を継続しても救命の可能性がきわめて低い状態になった場合には人工呼吸器を取り外すこと。
② より救命の可能性が高い患者に使用するため、人工呼吸器を取り外すことがありえること。

③いかなる場合でも、苦痛の緩和のためのケアは最大限行われること。

人工呼吸器を装着している患者から、それを取り外すことがありうる、ということを患者本人に説明した上で人工呼吸器を装着する、というわけである。こうした人工呼吸器の取り外しは、むろんのこと、救命可能性のより大きい別の患者に再配分するためである。しかも、『提言』では、「人工呼吸器を取り外す場合には、本人の同意（本人の事前の意思表示や家族等による意思の推定を含む）があることが望ましい」（『提言』、p.6）として、患者本人の「同意」という要件が導入されている点、特徴的である。

このような『提言』の立場は、緊急的な事態に際して、医療者がどのようにすれば多くの患者のいのちを救えるかという目的に照準を合わせて、医療者の意思決定をアシストする手引きである。しかし、事前トリアージのみならず、事後トリアージまでをも明記した点で、一部の方々にある種の恐怖心を抱かせることもあったようようで、いささか負の反響を呼びもしたのであった。

## 5 「救命可能性」と「生存年数最大化」

さて、では、トリアージをめぐる問題とは何なのだろうか。その問いに対する私の当初の理解は、トリアージを実施する際の基準や方法に関するものこそがトリアージの問題であり、それは医療現場の問題であると同時に、実施方法についての倫理的な問題にも結びつく主題圏である、というものであった。たとえば、すでに触れたように、トリアージは、年齢や人種などの差異を基準に持ち込むべきではなく、ひとえに「救命可能性」を基準にすべきだという、おそらくは大方の同意を得られやすいと思われる見解に対して、「生存年数最大化」という、年齢による識別を含意する基準を一部持ち込んでよいのではないかとする議論もありうる（広瀬 2021, pp. 40-56）。実際、幼い子ども三人を育児中の三〇代の新型コロナウイルス肺炎の患者と、子育てがとうに終わっている七〇代の同様の患者が同時に運ばれてきて、ともに人工呼吸器を装着しないといのちの危険があり、しかも残念ながら使用可能な人工呼吸器は一台しかなく、しかし様態からする救命可能性はほぼ同じという見立てが立てられた場合を想定するならば、医療者としてどのような選択をするか。このように想像した場合、人情としてあるいは直観からして、年齢を考慮して若い患者を優先する、という選択肢のリアリティが高まるのではないかと思われる。先に触れた「一人の人を救うために多数の人を犠牲にしてはならない」（山崎 2009, p. 13）という、いわゆる「最大多数の最大幸福」を謳う功利主義（大福主義）の原則を重視するとするならば、いまの例だと、三〇代の患者の背後には幼い子どもの生活がのしかかっていることを考えるとき、七〇代の患者に比して、より多くの人の幸福が三〇代の患者の方に包摂されていると言える以上、若い患者を優先することが正当化されそうにも思われる。

もっとも、私としては、いま記したような場合を根拠として「生存年数最大化」の原理の導入を許容するのは、ややためらいを感じる。人のありようはさまざまである。いまの例においても、七〇代の患者の背後にも、三〇代の患者の場合とは違った意味で、多くの方々の幸福がのしかかっていることもありうる。その患者が会社のカリスマ的社長で、多くの従業員の生活を支える秀でた能力を有していて、その方が亡くなると多くの方々の幸福が減じられてしまう場合など、果たしてどうしたらよいのか。さらに、すでに別稿にて触れたことだが、そもそも三〇代の患者と七〇代の患者で、救命可能性がほぼ同じとは考えにくい（一ノ瀬 2021c, p. 121）。救命可能性が厳密に同じというのはありえないように思われるのである。

おそらく、いまの例のような場合、確率としては、三〇代の患者の方が救命可能性がやや高い、という判断が下される見込みが高いのではなかろうか。そうなると結局、「生存年数最大化」という基準による判断と同じになるわけだが、その判断に至るロジックは異なる。それに、二つの基準を導入すると、使い分けの問題が発生し、別の意味での混乱を招きやすい。やはり、基本は、「救命可能性」という単一の基準に依拠するべきではなかろうか。

もっとも、医療者であれ、救命可能性の微細な差異を識別できるとは想像しにくい。そうした点を少しでも補うべく、先に触れた『トリアージナース ガイドブック２０２０』にあるような詳細な判断のガイドが考案されていると理解できる。こうしたガイドラインをさらに改善していくことで、トリアージの現場での問題性は少しずつクリアされていくのだろう。

さらに二点、追記しておきたい。私は別稿で（一ノ瀬 2021c）、感染症の罹患と隔離・治療というプロセスが、善し悪しは別にして事実上、犯罪と刑罰というプロセスと類比的に理解される場面があることを指摘した。そのことは、とりわけ、感染対策をまったく無視して、自由な生活をして、その結果実際に感染してしまった患者に対する、感染症対策を厳密にして制限された生活を余儀なくされている人々からの非難的な眼差しに現れる。そのようなケースは、そのような患者と、きちんと感染症対策をしていたけれども心ならずも感染してしまった医療従事者やエッセンシャルワーカーが、同時に病院に搬送されてきて、トリアージをしなければならなくなった場合に顕在化する。そうした場合に、まったく平等に「救命可能性」だけに注視して優先順位を決める、というやり方が一般的同意を得られるだろうか。正直、私は、この点が少し気に掛かる。もちろん、医療者としては、そこに差異を設けるなどということはありえないだろうし、そもそも緊急的に搬送されてきた患者の罹患の来歴について、現場の医療者がすぐに判別できるはずもないだろう。けれども、一般の人々の観点から、事後的に捉えるならば、本当に純粋に「救命可能性」だけに依拠してよいのだろうかという、なにかやるせなさは残るかもしれない。難しい問題だが、言及することをタブー視することなく、誠実に論じていくべきだろう。(3)

もう一つは、先に言及した『提言』において、事後トリアージの実行に際して、すでに人工呼吸器を装着している患者本人の同意を求めることを提言している点に疑問を提起したい。もう一度引用してみよう。「人工呼吸器を取り外す場合には、本人の同意（本人の事前の意思表示や家族等による意思の推定を含む）があることが望ましい」（『提言』、p. 6）。しかし、これは患者にとってかなり酷なプロセスである。外してもらいたくないと思っても、ほかの患者の手前、意に反して同意してしまう場合が発生するのではないか。こうした議論は、安楽死を合法化したとき、家族や病院の負担を長引かせることに対する負い目から、本当は安楽死を望まないけれども、意に反して安楽死に同意するよう暗に強制されることにならないか、という問題と類似している。(4) この点については、さらに議論を深めていく必要があるだろう。

## 6　トリアージをめぐる予防文脈と危機文脈

以上のように、トリアージをめぐる問題というのは、トリアージを実施する際の基準や方法論をどのようなものとすべきか、というものである。そのように私は理解していた。しかしながら、『提言』

に対して、まったく別口の反論・異論が出た。それは、そもそもトリアージは人権や人間の尊厳に反するもので、実施するべきでない、実施する必要がないように備えるべきである、という趣旨の反論である。正直、私にとってこうした議論は青天の霹靂であった。どういう意味の議論なのか、最初に聞いたときには理解ができなかったのである。

すでに確認したように、トリアージは、医療器具や医療スタッフなどの点で、すべての患者に平等に医療サービスが提供できないような緊急時において、少しでも人命救助を行うために行う措置である。もしこれが倫理的にまずいというのならば、合理的に考えて、トリアージをしなければならない「緊急時」を現出させないようにする、という方策が講じられなければならない。すなわち、医療設備や医療スタッフのマンパワーを充実させて、それが不足することのないよう整えておく、という方策である。おそらく、そうした方策を実施しようと努力することに反対する人はいないだろう。自分が感染症などに罹患し患者となったとき、十分な治療を受けられるのは、トリアージの場に巻き込まれることよりも安心であるのは自明の理である。問題は、そもそもそうしたことを本当に完全に実現できるのか、担保できるのか、という点である。

たとえば、ある病院に人工呼吸器が五台あったとしよう。これだと、パンデミックの緊急時には不足する恐れがあるので、倍の一〇台を備えておこう。むろん、そうする予算があって、一〇台にできるなら、準備としてはより堅固になる。けれども、パンデミックが発生し、患者が押し寄せてきて、一〇台でも足りなくなる、という可能性は絶対ないと言い切れるだろうか。福島第一原子力発電所の事故の際、「想定外」という言葉が関係者から発せられて、顰蹙をかったことがあるが、同じことが言えないだろうか。想定外の緊急的事態が発生して、いくら万全の準備をしたと思っていても、その範囲を凌駕する惨事が起こってしまうという可能性である。トリアージの議論というのは、そうした場合がありうる、ということを前提にして、そうした緊急的事態の危機管理を論じようとしている。それに対して、トリアージは人権や人間の尊厳に反するので行うべきでない、と論じる人が本当にいるのだとしたら、そういう方々の発想というのは、壊滅的な危機的状態を発生させてはならぬ、絶対に予防しなければならぬ、という議論をしているのだと解するしかない。私はこの二つの議論の文脈について、別稿にて、それぞれ「予防文脈」と「危機文脈」と呼んで、次のようにその対照性を記した（一ノ瀬 2021c, p. 124）。傍線を引いた部分が、それぞれの文脈が主題化している場面である。

**予防文脈の発想**
パンデミック→トリアージをしないよう予防策追求→？

**危機文脈の発想**
パンデミック→トリアージをしないよう予防策追求→予防不成功時のトリアージ

このように、「予防文脈」と「危機文脈」は論じている主題が異なっている。冒頭に触れた、自由や幸福に関する議論のすれ違いと似たすれ違いの現象がここで発生しているのではなかろうか。そして、当たり前と言えば当たり前だが、合理的・理性的に考えて、トリアージをしないよう予防策を追求することが「不成功」に終わる、という事態が絶対にないということを、神ならぬ人間が担保することはできない。しかし、「予防文脈」の議論は、どうも私の見るところ、たぶん暗黙的に、そういう不成功が絶対ないということが成立しうると前提しているように聞こえてしまう。なので、予防策の不成功時については、論じていないように思われるのである。それゆえ、「予防文脈の発想」では「?」で、表示したのである。あるいは、「予防文脈」に沿う限り、万が一予防策が不成功の場合は、特定の基準やガイドラインなしに、医療者のその場での（直観的？ 行き当たりばったりの？）判断で医療サービス提供の優先順位を決めていく、あるいは、目の前の患者から医療措置をしていく、ということになるのだろうか。そうした提案は、まことに奇妙なことに聞こえてしまうし、患者たちにとって、そして医療者たちにとっても、かなり酷なことのように思われる。

## 7 予防文脈の不整合性

二点加えておこう。もともとトリアージについての議論は、思考実験として有名な「トロリー問題」に構造上似ている。いくつかの選択肢から特定のものを選ばねばならない状況で、なんらかの選択基準を導入して選択を決定していく、という問題だからである。そして「トロリー問題」の場合は、どういう選択をしようとも無傷ではありえないという設定だったが、トリアージの場合もその点同様である。そして、確認すべきは、「トロリー問題」と同様な構造を持つ事態は、決して思考実験のような虚構空間だけでなく、現実の状況としても現出しているということである(5)。

いくつか事例を挙げることができる。一つは、自動車使用の法的許可である。普段当たり前のように利用したり使用したりしている自動車だが、日本の場合、毎年三〇〇〇人ほどが交通事故死している。その意味で、自動車は恐るべき凶器であると言えるだろう。けれども、私たちの社会は、いわばそうした交通事故死が発生してしまうことを黙認して、自動車を法的に許可している。なぜだろうか。それは、もし自動車使用を法的に禁止してしまったならば、交通事故死はたしかに発生しなくなるが、別の形でのリスクが高まってしまうからである。救急的な場合や緊急的な場合に、自動車なしでは大きな被害が発生しうるし、自動車があれば助かるいのちが失われてしまうことがあるだろう。それに、直ちに死に結びつかないとしても、生活の利便性という点で、自動車はもはや不可欠である。

しかし、自動車によって交通事故死してしまう人だけに注目すれば、それはもちろん悲劇であり、予防すべきであろう。なにしろ、三〇〇〇人もの人々のいのちが失われてしまうのだからである。どうすべきか。自動車使用を禁ずるというのは、別の弊害を生むし、極端すぎて現実的でない。よって、交通安全教育を徹底するということになるだろう。このことに異論をはさむ人はまずいない。誰も、好き好んで交通事故の加害者や被害者になりたくない。けれども、私たちは神ならぬ人間である。場合によっては、交通事故を起こしてしまう。なので、そうした場合のレッカー車の準備や、刑罰のシステムや、保険などの制度を導入して備えている。「危機文脈」の発想そのものである。しかるに、先の「予防文脈」の考え方をここに当てはめるならば、交通事故死は発生してはならないので、ともかくも交通安全教育や徹底した交通安全システムの構築に傾注すべきだ、ということになる。それは誰も反対しない。しかし、では、そうした交通安全策が不成功に終わった場合はどうするのか。「予防文脈」はどう考えるのか。どうも、ここが分からない。逆に言えば、交通事故死が想定されうる自動車使用に対して、私たちの社会が暗黙的に容認しているのならば、なにゆえ、緊急的な医療現場でのトリアージにだけ倫理的非難を加えようとするのだろうか。整合性を保とうするならば、トリアージに反対し、そして自動車社会に対しても厳しく異論を唱えるべきであろう。しかし、どうもそのような議論の趨勢にはなっていない。

もう一つの例は、犯罪の例である。令和二年（二〇二〇年）の警察庁のデータを見てみると、殺人による死者は三〇〇人程度であることが分かる。[6] 交通事故の死者数よりは少ないが、これもまた重大な悲劇であることは論を俟たない。倫理的に、あってはならないことである。しかし、やはり私たちは神ならぬ人間なので、殺人の加害者や被害者になってしまうことがある。それどころか、犯罪心理学者の小田晋によると、「人間性の中に犯罪を犯す傾向性そのものが存在している」とされる（小田 1988, p. 266）。つまり、人間というのは犯罪可能性を内在させている存在者だということである。それゆえ、私たちの社会は、犯罪、とりわけ殺人のような重大犯罪が発生しうるということを想定して、警察制度を構築し、迅速な犯人逮捕のシステムを作り、そして、日本の場合は死刑をも含む、刑罰制度を設けている。これもまた、典型的な「危機文脈」に沿った設計である。

では、「予防文脈」の考え方をこれに当てはめてみたらどうだろうか。いうまでもない、「防犯」の徹底こそが強調されることになる。道徳教育や、防犯環境設定を旨とした、人目に付かない空間を少なくするといった空間デザインの設計などを推進することである（小宮 2005 参照）。このことは、交通安全教育の場合同様、誰も異論はない。犯罪のない社会は、まことに望ましい。しかし、「予防文脈」の考えに従ったとき、ひとたび、私たち生身の人間の間で犯罪が発生したらどうすればよいのだろうか。犯罪は予防すべきだ。もちろんそうである。しかし、実際に犯罪が起こってしまったときの備えも必要なのではないだろうか。トリアージに対して「予防文脈」を重視する方々は、少なくない殺人事件が毎年発生している社会の環境や教育のあり方に対しても、どういう立場を取ろうとするのだろうか。犯罪を予防すべきだ、犯罪はあってはならない。では、犯人検挙を一つの使命とする警察制度をどのように捉えたらよいのだろうか。どうも、そのあたりの整合性がよく理解できない[7]。

同様なことは、おそらく、国家としての安全保障にも当てはまるだろう。国家間の対立が発生したとき、武力衝突など発生しないよう、外交努力による衝突予防に努めるべきである。当然のことであろう。そうした「予防文脈」の議論に異を唱える人はまずいない。しかし、二〇二〇年二月に発生したロシア・ウクライナ戦争を省みても、神ならぬ人間は、戦争という愚かなことを依然として起こしてしまう存在である。なので、万が一、武力衝突が発生した場合というワーストケースを想定して、何らかの備えをしておこうという議論にもなる。まさしくこれが「危機文脈」である。こういう議論に対して、「予防文脈」の議論は、そのような武力衝突は起こってはならないし、衝突予防の努力が不成功に終わることはない、と主張するのだろうか。もし「予防文脈」の議論がそのように展開されるのだとしたら、世界の現実とは不整合を来してしまうようにも思われる。政治が絡むデリケートな問題だが、私たちの平和で安全な生活にも関わることなので、少なくとも議論を煮詰めていく必要があるだろう。

もう一点、「予防文脈」の不整合性を指摘したい。トリアージは人権や人間の尊厳に反するので、行うべきではない、とするならば、たとえばすでに人工呼吸器を装着している方がいた場合、後から、人工呼吸器を装着すればその患者よりも救命可能性の高い患者が搬送されてきた場合でも、すでに人工呼吸器を装着している患者から人工呼吸器を外すことはない、ということになるのではないか。「事後トリアージ」は行わない、という方針である。私の一般市民としての素朴な感覚からすると、そのような方針も一定の説得力があるように思えてくる。しかし、ここで確認すべきは、このような

「予防文脈」的方針を採用するということは、すでに人工呼吸器を装着している患者と、後から搬送されてきた患者との間で、結局は前者を優先するという、トリアージの一種を遂行していることになっているということ、これである。トリアージに反対して「事後トリアージ」を行わないとしたとき、実は、そのこと自体が別な意味でのトリアージを行っていることになってしまうのである。ということは、トリアージに対して「予防文脈」に沿って倫理的に非難するという議論は、自身に跳ね返って、自己矛盾という論理的不整合を犯してしまっているということである。これは、重大な理論的瑕疵であると言わなければならない。

## 8　トリアージと人権

しかし、以上の私の検討は、単なる「藁人形」への論難であるかもしれない。トリアージに対して、人権や人間の尊厳に言及して懸念を表明するという議論は、トリアージをしてはならない、と主張しているのではなく、トリアージを行うに際して人権や人道に配慮すべきだ、と主張しているとも考えられる。いや、そう主張しているのだと信じる。そして、そうであるならば、それはまことにもっともな議論であり、私もまったく異論はない。実際、トリアージと人権や尊厳性との連関を論じている文献を少しでも調べてみると、トリアージを行うに際しての配慮すべき点を人権や尊厳に照らして検討していることが分かってくる。

そして、実は、振り返るならば、トリアージの実施方法や基準について論じている、すでに触れた医療者向けのガイドブックや、やはりすでに触れた『提言』においても、トリアージを実行するに当たって患者さんの人権や尊厳に配慮するべきであることが明確に謳われていた。たとえば、例の「ガイドブック」では、平等に看護を提供する、患者・家族との信頼関係の構築、知る権利の尊重、プライバシーの保護、といった倫理的配慮が言挙げされている（日本救急看護協会 2019, pp. 20-22）。また、『提言』においても、「性別、人種、社会的地位、公的医療保険の有無、病院の利益の多寡（例：自由診療で多額の費用を支払う患者を優先する）等による順位づけは差別であり、絶対に行ってはならない」（『提言』、p. 6）と明言されている。あるいは、たとえばバットらによる「人権とCOVID-19トリアージ」と題された論文を見ると、「より多くのいのち、より多くの存命年数を救え」という倫理的命法には不明確さがあり、その欠点を補うためには、人権の考え方を適用して、年齢や様々な差別や平等性をめぐるトリアージのディレンマを解明していく枠組みを提供するべきだと論じている。つまり、できるだけ多くのいのちを救うという大福主義的（功利主義的）な「救命可能性」原理に対しては、人権概念に基づく慎重さが必要であり、差別を禁止し、すべての人命は等しい価値と尊厳を有するということへの強いコミットメントが求められるというのである（Bhatt et al. 2021）。年齢差別、所得差別、障害者差別、性差別、人種差別、そうした差別的基準をトリアージの際に決して持ち込んではいけないというポリシーであり、おそらくこの考えそれ自体に対して誰も異論をはさむことはないだろう。

ここまで話しが終わり、あとは粛々と、どうしても必要な場合は適切な仕方でトリアージを行う、ということで社会が営まれるのならば、それはそれでよい。けれども、やはり、どうも私には引っかかりが残る。トリアージの現場では、差別的対応がなされてはならないし、医療スタッフの方々もそのように動くのだとしても、事実として結局は、誰かが後回しにされたり、放置されたりしてしまうことが起こるのである。人権概念を純粋に適用したときに、そうした事態はどのように位置づけられ、どのように咀嚼されるのだろうか。私は哲学専攻なので、発想としてはどうしても「そもそも論」を展開したいという志向性を持つ。そもそも、人権概念を前提したとき、たとえば『日本国憲法』第二五条「すべて国民は、健康で文化的な最低限度の生活を営む権利を有する」という条文に照らした場合、トリアージで後回しにされたり放置されたりする方々は人権を侵害されているとする、すでに私が仮想的に触れた見方がやはり頭をもたげてきてしまうのではないか。やはり、トリアージと人権尊重というのは、非常に折り合いが悪いのではないか。[8] この世の不条理なのか。予防文脈の不整合を指摘し、トリアージの実施次第を検討する、というだけで論を終えることには、どうしても「ためらい」が生じる。この「ためらい」はどこから生まれるのか。

こうした疑問を解明するには、人権あるいは基本的人権の概念の徹底的かつ根本的な検討が求められる。それはここでの主題から大きく逸脱してしまうし、私自身の力量や理解も決して十分ではないので、第一歩として、二つの論点だけを言挙げし、将来的な展開に資するようにしたい。

## 9 「公共の福祉」と人権の制約

一つの論点は、人権概念と、社会全体のあるいは人類全体の保存、という二つのアスペクトの関係性である。一般に、ローマ法から近代前期までに確立してきた倫理体系によると、倫理には「自己保存」と「人類保存」という二側面があると考えられる（一ノ瀬 2022a 参照）。人権思想が「自己保存」と相性がいいのは直ちに明らかだが、「人類保存」とはどうなのだろうか。人権思想は、人類保存と対立するのか、それとも両立するのか、あるいは融合するのだろうか。特にこのトリアージを論じる文脈で問うべきは、人類全体を保存することと、自分自身の権利を守ることとが、万が一コンフリクトを起こしているように解される場合、人権思想はどのように考えるのだろうか、という疑問である。たぶん、最初の手がかりは、やはり『日本国憲法』の条文に求められるだろう。第一三条はこう謳っている。「すべて国民は、個人として尊重される。生命、自由及び幸福追求に対する国民の権利については、公共の福祉に反しない限り、立法その他の国政の上で、最大の尊重を必要とする」。すなわち、「公共の福祉に反しない限り」という制限が人権には課せられているのである。

では、「公共の福祉」とは、どのような事態のことだろうか。私が知る限り（私が間違っているかもしれないが）、実は憲法学の領域においても、「公共の福祉」をどう捉えるかについて真に確定的な解釈はまだ確立されていないように見受けられる。平成一五年（二〇〇三年）と平成一六年（二〇〇四年）に作成された「衆議院憲法調査会事務局」による「基本的人権の保障に関する調査小委員会」の参考資料を見ると、「公共の福祉」を人権を制約する外的な一般的原理として捉えるような解釈は斥けられ、「公共の福祉」は経済的自由権に関してのみ人権を制約するものであり、精神的自由に関しては適用されないといった解釈が優勢であるように読める。とりわけ平成一六年（二〇〇四年）版の参考資料によると、「公共の福祉」をめぐる現在の通説は「一元的内在制約説」だとして、それによれば「日本国憲法の下において人権の制約原理として是認されるのは、それに対抗する他の人権のみであり、この人権相互間に生じる矛盾・衝突の調整を図るための実質的公平の原理が公共の福祉に他ならない」（H16資料、p. 71）とされる。しかし、同時に、保護されるべきは個々人の権利に還元されるわけではなく、選挙活動に対する規制などの社会全体の利益として観念されるものもあるとして、「個人の利益ないし福祉の充足・実現ということと、個人の立場を超えた社会全体の利益ないし福祉の充足・実現ということとの調和を模索する営為が問題となるという認識をもつことが必要となってくる」（H16資料、p. 72）。ただし、平成一五年（二〇〇三年）版においてすでに、「公共の福祉」を「公益」などとして捉えてしまうと、法律による人権制限が容易に肯定される恐れがある、という警告も記されていた（H15資料、p. 9）。

かなり錯綜していると感じられる。個々人の人権なのか社会全体の利益なのかは大きな係争点だと思われるが、いずれにせよ人権相互のコンフリクトが発生する際に、一定の人権の制約が必要とされるという認識が自覚的に導入された結果が「公共の福祉」の考え方であると捉えられる。これについての私の最初の素朴な疑問は、あえて直截的に言えば、これは要するに基本的人権の思想の破綻、あるいは少なくとも深刻な困難を表明していることにほかならないのではないか、というものである。

言い方を換えてみよう。一般的な倫理学の概括において述べられる、義務論と大福主義（功利主義）の対比に沿って述べるならば、人権思想は明白に義務論的な考え方に親和している。個々人の人権はそれ自体として尊重されるべきもので、尊重した結果がどうなるのかという考慮は本質的ではないとされているはずだからである。実際、冤罪で有罪になりそうになった人が、実際に無罪だと分かったとき、それを無罪にしてしまうと積み上げてきた検察の苦労が水の泡になってしまうという、検察にとっての不利益が生じるとしても、きちんと無罪にすべきである。さらに、たとえその人物が性格的な問題で周囲に面倒を掛けるような人物であったとしても、周囲が迷惑という不利益を被るからといって、無罪なのに有罪で押し通すことは許されない。それが人権尊重の思想であり、私たち一般市民にとって強い説得性がある。であるならば、行為や方策の結果をもって善悪を判断する大福主義とは根本的に違って、人権思想というのは、行為や方策の結果によらず、それに先立つ義務や規範に従うことが善悪の判断の基準だとする義務論の文脈に適合的であることは間違いない（むろん、大福主義においても、別な意味において、無罪の人を有罪で押し通すやり方は是認されないだろう。そんなやり方を認める社会はある種のディストピアになってしまい、最大多数の最大幸福など得られるはずもないからである）。

けれども、それでは「公共の福祉」の考え方はどのような意義を持つかと考えれば、人権相互のコンフリクトを調整して、悪しき事態となるのを回避するという意味に解する限り、これは明らかに大福主義的な仕方で、帰結や結果を考慮した考え方である。だとすれば、「公共の福祉」を伴う人権思想というのは、実は、義務論的な文脈に定義的に位置しつつも、その領域を侵犯して、大福主義的な変質を宿命的に受け入れざるをえないという、いってみれば、自己背馳的な様相を本来的に宿していると言えるのではなかろうか。破綻すれすれの思想のように聞こえるのである。

もっとも、人権思想の側からすれば、義務論と大福主義といった区分は何の関わりもなく、事態的に大福主義と合致する点が現れようと、人権思想としての難点にはならない、と応答できるかもしれない。それに、ここでは検討は省くが、そもそも義務論と大福主義という規範倫理におけるスタンダードとされる区分それ自体、どこまで正当性を持つかは、必ずしも自明ではない。ただ、そうは言っても、人権思想と大福主義とが一定の対立のもとで議論が展開されてきたという、論争の歴史的事実はやはり認められる。ここは、やはりさらなる検討が必要であろう。

## 10　絶対的権利としての人権？

ともあれしかし、以上のような私の疑問に対して、人権思想の側では、決して破綻していないと論じるだろうと思われる。人権思想の文脈では、人権を「絶対的権利」（absolute rights）として位置づける議論があり、それによれば、いかなる状況においても例外なしに侵害されない権利として人権が捉えられ、個々人の人権を尊重することが鋭いコンフリクトを起こしてしまう場合（まさしくトリアージがその一例であろう）でさえ、絶対的権利は侵害されていないとされる。そうした論立ての典型的な議論は、アラン・ゲワースの古典的書物『人権』に見ることができる。ゲワースは、テロリスト集団がある政治活動家に対して母親を公開の場で拷問死させよ、命令に従わなければ、大都市の無辜の住民に核兵器を用いると脅迫する、という思考実験を想定する。息子に拷問死させられないのは母親の絶対的権利である。では、息子がテロリストの命に従わないならば、息子は数千人の市民の生命への権利を侵害しているのだろうか（Gewirth 1982, pp. 225-227）。これはまさしく各人権間のコンフリクトの発生した場合である。これで、どちらかの人権のみを優先し、他方の人権を侵犯できる、とするならば、人権は絶対的とは言えないだろう。

しかるに、ゲワースはこう述べる。「介在的行為の原理に従うならば、息子が自身の母を拷問死させることを拒絶したことに続いて発生する、あるいは発生するであろう多くの人々の死に対して因果的責任のみならず道徳的責任を負うのは、息子ではなくテロリストであることが帰結する……息子の拒絶が多くの人々の死という結果となるのは、ひとえにテロリストたちの致死的行為を介在しているがゆえである……ここでの道徳的責任は息子に帰されるのではないのだから、息子が母親を拷問死させないという道徳的義務にはなんの関わりもない、よって母親の相関的権利は依然として絶対的である」（Gewirth 1982, p. 230）。

この議論を始めて知ったとき、私は摩訶不思議な違和感を覚えた。つまりゲワースは、一見権利間のコンフリクトが発生しているように見える緊急的で異常な場合で、事実として人々の人権が侵害される場合でも、人権の絶対的位相は保持されているというのである。(9) 学問的に言って、きわめて刺激的な提言である。ゲワースの権利論全体を踏まえての慎重で突っ込んだ検討が要請されるが、それは別の機会に譲り、ここでは引照した部分のゲワースの議論にのみ焦点を絞り、二点覚え書きとして記しておきたい。第一に、もしゲワースの言うような「絶対的権利」のあり方を受け入れるならば、人権思想に則った上でトリアージはほぼ全面的に許容されることになるのではないか、という疑念を覚え書きとして記したい。なぜなら、先のテロリストの例の場合の、息子の拒絶行為が介在したもととの原因としてのテロリストの行為は、トリアージの文脈では、まさしく新型コロナウイルスによるような感染症であると解されるからである。多くの患者が搬送されてきて、トリアージを行い、その結果として何人かの患者のいのちがかりに犠牲になったとしても、医療措置を受けた患者の人権の絶対性は揺るがないし、それ以外の患者の犠牲の責任は感染症にあるのであり、医療者やトリアージ制度にあるのではないということになる。トリアージに対して人権尊重に則って批判的議論を提起する議論は、これにどう答えるだろうか。

第二に、ゲワースの議論に従うと、まさしく「公共の福祉」の導入において危惧されていた「法律による人権制限が容易に肯定される恐れ」に似た事態が現実化してしまうことになりはしないか、という疑問を覚え書きとして記したい。特定の人権の絶対性を守ることが、他の人々の人権侵害を事実として帰結してしまう場合でも、そうした人権侵害の要因が外部に別の本来的原因として認定できるならば、人権の絶対性は揺るがず、そして人権侵害という事実も許容できるということになるのではないか。たとえば、自国のであれ他国のであれ、独裁者の非人道的な要請や政策（領土を放棄せよ、さもなければ云々など）によって人権尊重についてのコンフリクトが起こり、一方を擁護すれば他方の犠牲が出る場合でも、他方の犠牲を容易に、そして野放図に承認するロジックに転換されてしまうのではないだろうか。たしかにトリアージにおいても、実際に実行される場合はある種の犠牲が出てしまう恐れがあるのだが、それでも、極力人権尊重への配慮をするようガイドラインが定められている。しかるに、ゲワースのような絶対的権利と介在的行為の考え方を取り入れると、人権のコンフリクトが起こった場合に発生する犠牲に対して、特段の配慮なく、端的にそれを許容するという、いささか乱暴な事態を、おそらくは人権尊重の本来の趣旨に逆に反するような形で、招来させてしまいうるのではなかろうか。この点に絡めて、人権を絶対的権利と見なすというゲワース型の見解については、少なくとも検討の余地があると私には思われる。

## 11　人権概念の基盤と「人民の福祉」

私の素朴な理解では、人権思想に関して発生する問題性は、どうも人権の主体を「個人」(individual) に置くという、暗黙の了解に発しているように思われる。そして、そのような暗黙の了解で考えていくと、ローマ法から近代に至るまでに成立してきた、「自己保存」と「人類保存」という倫理の二枚看板性と、すなわち二つの命法を同時に併せ持っているという本来の倫理の特性と、微妙な齟齬を来すことになってしまうのではなかろうか。なので、私たちの社会の実態としては、「人類保存」と親和性の高い「公共の福祉」的な視点、すなわちトリアージの根底を成すような視点、は実際上不可欠であるにもかかわらず、それは「自己保存」と競合する可能性を胚胎しているがゆえに、

「個人」を軸とする人権思想は、「公共の福祉」的な考えを、異質的かつ制約的な視点として、なんとかして理論の外部に位置づけようというベクトルを持ってしまうのではなかろうか。

しかし、それは私の素朴な、それゆえ可謬的な理解にすぎないかもしれない。ここでも、そもそも論が必要であろう。そもそも、人権思想の出自はキリスト教的倫理観にあることは疑うべくもない。しかし同時に、私がいま述べた「自己保存」と「人類保存」という倫理の二枚看板性もまた、そもそも西洋のキリスト教文化圏の中で育まれてきた枠組みである。一体どうなっているのかと疑問を向けてみたとき、一六世紀初頭のイギリスのピューリタンの運動に一つのヒントがあることに気づく。この点は、森島豊の労作『抵抗権と人権の思想史』に詳細に跡づけられているので、そこを少し参照してみよう。

森島は、聖書において人間は「罪を犯すにもかかわらず、その存在と共に生きることを喜ぶ神が「あなたを作られた主(創造主)」であると語られている。この聖書的創造主が王政を制定し、君主よりも上位に位置するので、人権主張の根拠となった」(森島 2020, p. 59) と喝破し、人権思想のキリスト教聖書との本質的結びつきを確認する。そして、ピューリタンの運動の中で一六四七年に開催された「パトニー会議」で、信教の自由や言論・出版の自由などを保障する生得の権利が明記された世界初の憲法草案「人民協約」(agreement of the people) が提案され、「その中で人間が生まれながらに持つ平等の権利を主張する支柱になっていたのは、天地を創造された聖書の神への信仰であった」(森島 2020, pp. 121-122)。彼らピューリタンは、「神の前では皆平等であることを、理屈ではなく、目で見て心で感じ取っていた」(森島 2020, p. 107)。それゆえ、現世の王や支配者は絶対の権威ではなく、彼らが人々の生活を害しようとするならば、人々は神に訴え、抵抗することが許される。いわゆる、「抵抗権」である。人間の生き様の真の評価や罪の裁きなどは、この現世で完結するものではなく、「イギリスのピューリタンたちは、審判を伴う終末論的な神の臨在の感覚を有しており、国王の命令に抗して神に従う信仰を貫こうとしていた」(森島 2020, p. 304)。「最後の審判」の概念である。

しかるに、こうした文脈の中で現れてくるのが「人民の福祉」という理念であった。森島によれば、それを強く前面に出したのは一七世紀のリルバーンであり、彼は『獣の所業』の中で「私は神に尋ね求め、神の栄光と人民の福祉(good of his people)のためになることをできるように導き力づけてください、と願い求めた」(森島 2020, p. 117)と述べる。そして、こうした考えを意識的に主題化した代表はヘンリー・パーカーである。パーカーは、「すべての法を法たらしめる市場の法、すなわち人民の福祉(Salus Populi)へと導く。王の大権法自体この法に従属する」と述べた(森島 2020, p. 118)。ピューリタンたちは、「神の前での平等と「自己保存」「人民の福祉」が破られる危険にあるとき、人民には抵抗する権利があることを主張した。これらが宗教的要素を持っていることは明らかである」(森島 2020, p. 128)。「歴史的過程において、自由と人権の基礎付けは宗教的要素であった」(森島 2020, p. 131)。

こうした人権思想の本義を改めて省みるとき、私としては、人権の帰属先を「個人」に求める素朴な人権概念理解は、実はかなり歪曲されたものなのではないか、という疑念を抱かざるをえない。そして森島は、「「人民の福祉」は「公共の福祉」という言葉でアメリカ諸州の憲法の中に成文化されていく」(森島 2020, p. 121)と指摘している。すなわち、本来の人権思想の中に、まさしく内在的に、「人民の福祉」という形で、日本国憲法が表明している「公共の福祉」に対応する理念が包摂されていたのであり、そういう意味で、人権は決して「個人」にだけ帰属されるような理念ではなかったのではなかろうか。つまり、「公共の福祉」は人権に対する外在的制限をもたらす但し書きなのではなく、人権概念を内在的に構成する一要素なのではないか、ということである。だとすれば、トリアージ問題において個人にのみ関する人権概念に則って批判的な見解を述べることは、すでに述べたようにそれ自体として不整合・自家撞着を抱懐しているだけでなく、かえって人権概念の本義からも外れている、とする議論展開が可能になるのではなかろうか。この辺り、十分に検討の必要があることを、ここに記しておきたい。

## 12　人権概念の普遍性の問題

しかし、もちろん、以上に跡づけたような人権概念の本義は、あくまで歴史的な成り立ちであって、その後人権概念は変容と発展を遂げ、普遍的な道徳的価値として日本を含む世界に定着しているのではないか、という疑問も当然提起されうるだろう。けれども、こうした疑問の趣旨を即座に受け入れることには、私はまさしく「ためらい」を感じる。これが、私が人権に関する二番目の論点として記したい点である。そうした私のためらいの理由として、互いに連関する二つがある。最後にそれらを簡単に記して、人権概念理解をめぐる「ためらい」と「決断」を跡づけて本章を閉じよう。

一つには、倫理学の世界ではよく知られているように、人権思想とは異なる倫理学の有力な立場として、アラスデア・マッキンタイアを代表とする哲学者たちが展開しているとされる「共同体主義」(communitarianism) の考え方があり、その考え方は必ずしも全面的に不合理なようには思えないという点がある。マッキンタイアは、要するに、私たち人間存在はそれぞれの地域の歴史や伝統の中で成長し生きているのに対して、人権思想ではそうした各共同体に属しているという具体的様相を排除した、抽象的な「個人」概念に基づいて倫理的合理性を説いていると論じている。私は先に、人権思想には、「個人」を越えた「人民の福祉」の概念が伴われていると述べたが、とはいえしかし、「個人」概念が全面的に無効になっているわけではない。実際、現代では、人権はひとえに個人に帰属されるという理解が優勢のようにも感じられる。そしてたしかに、「人は神の前で平等」という人権思想の根幹は、抽象的な「個人」概念を帰結しそうである(ロールズの「原初状態」に似ている)。

マッキンタイアは、代表作『美徳なき時代』第15章において、端的に次のように述べている。「私の人生の物語は、私の同一性がそこから引き出されているところの共同体の物語の中につねに埋め込まれている。私は過去とともに生まれた。したがって、個人主義の様態に沿って、私をそうした過去から引き離そうとすることは、私の現在の諸関係性のあり方を損なう(deform)ことである……自己はその道徳的同一性を、家族、近隣、都市……、部族などの諸共同体の成員であることを通じて、そこに見出すべきなのである……私が何者であるかは、その鍵となる部分において、私が相続しているものであり、現在の私にある程度まで現前している特定の過去である。私は歴史の一部として自分自身を見出している……それは、私を伝統の担い手の一人と述べることである」(MacIntyre 2007, p. 221)。人権思想に対する、決して侮れない代替的な倫理思想がここに確認できる。[10]

さて、もう一つの点は、そもそも自覚的なキリスト教信者がわずかしかいないこの日本で、濃密な意味においてキリスト教に由来する人権思想を字義通りにそのまま適用することが、果たしてどれほどの正当性を持ちうるのか、という疑問を一旦は検討すべきではないかと感じるという点である。この点は、上に述べた「共同体主義」の考え方の一つの応用でもあり、そしてすでに触れた森島の労作の主要な論旨にも関わる。詳細は森島『抵抗権と人権の思想史』を参照してほしいが、ようするに、日本では、たしかに日本国憲法において「基本的人権の尊重」が謳われているが、それは必ずしも、西洋キリスト教の影響下で育まれてきた本来の人権思想と同じではなく、微妙に異なっていて、「人は神の前で平等」といった人権思想の基盤に対応しているものではない、というのが森島の、日本における人権思想理解についての解釈である。すでに触れたように、森島は、人権思想は、王や支配者の背後に、それらをはるかに凌駕する権威として神を置き、それがゆえに「人民の福祉」をプライオリティとした抵抗権が導入されてきたと、そう指摘したのであった。けれども、日本の伝統の中では、明治憲法が明示的にそうであったように、天皇の存在が日本固有の仕方で、そして暗黙的な仕方で、依然として世界観や倫理観に息づいていて、それはキリスト教的な「人は神の前で平等」という、現世的権威の背後に神の権威を置く思想とは異質である、と論じるのである。[11]

こうした森島の解釈がどこまで正鵠を得たものであるかは、私の立場からは即断はできない。ただ、日本が「基本的人権の尊重」を謳いながら、多くの国民の支持の下、死刑制度を存置し続けている点に鑑みると、一定の説得力があるとは言える。第7章でも触れるように、二〇二四年四月現在で、欧米のようなキリスト教文化圏では、ベラルーシを除き、(死刑制度は存在するとしても執行停止している国も含めて) 軒並み死刑が廃止されている。この状況の中、日本はいく度となく国連人権理事会から死刑廃止・死刑停止の勧告を受けている。けれども、日本政府は世論の支持を主な理由として、国連勧告を拒否している。

私の理解では、なぜキリスト教文化圏では徐々に死刑廃止になっていくのかは、そもそも私たちの「いのち」は神の賜物であり (そういう意味で神の持ち物であり)、それを与えたり奪ったりというのは、人間の権限を越えており、よって、「いのち」にかかわる罪責の判断は「最後の審判」において神によって行われるべきだ、といったキリスト教の、ひいては本来の人権思想の、背景のゆえであると捉えている。つまり、死刑というのは、人間社会の刑罰制度をはみ出たものであり、人間社会の刑罰としてはありえないもの、不可能なもの、という理解が根底に流れているのではないか、というのが私の従来の持論である(12)。

実際、中世のキリスト教神学を代表するトマス・アクィナスは「自殺」を厳しく糾弾した。「自殺は、トマスにおいて、全面的に「絶対的凶悪犯罪」という烙印を押されるに至った」（松永 2002, p. 15）。トマスは『神学大全』において次のように明言する。

生命は神によって人間に授けられた何らかの賜物であり、「殺し、かつ生かす」ところの御方の権能の下にある。したがって、自らの生命を取り去るものは神に対して罪を犯すのであって、それはちょうど他人のしもべを殺す者はそのしもべの所有者たる主人にたいして罪を犯し、自らに委託されていないことがらについての裁判（権）を自分の手に簒奪するものが罪を犯すのと同様である。けだし、死と生の裁きを下すことは神にのみ属する（トマス・アクィナス 1985, p. 172）。

ただし、注意すべきだが、トマスは罪人を殺すことに関しては、社会全体の共通善の保全のために、それを是としているように思われる（同書、p. 162）。これを死刑を肯定していると捉えるかどうかは解釈を要する。第7章でもう一度触れる。いずれにせよ、トマスの自殺観に基づく限り、キリスト教思想において、もともとは自殺が禁じられ、ひいては生き死にに関する裁きは人間の権能を越えたもので、それを行ってしまう死刑制度は人間の越権であり、「刑罰」という人間社会の制度のなかに位置づけることはできない、という論の流れを理論的には読み取ることができるだろう。このことは、刑罰という、まさしく人生視線的な主題のなかに、「神の賜物」といった宇宙視線的な思考がおのずと入り込んできてしまうという実例であると言える。

むろん、キリスト教文化圏のすべての人々が人権思想の出自やその本来的意義について熟知し自覚しているとは考えにくいし、自殺の位置づけについてもキリスト教文化圏においてつねにトマス的な見方で一貫していたとも言えないが、人間の生き死には神の領分であるとする見解が、文化の根底に流れている基本的発想として潜在し、人々はなんとなしにそれに導かれ、冤罪による死刑執行事例の発覚などを機縁として、死刑廃止へと抵抗なく促されていったのではなかろうか。それに対して日本人には、人権ということで、「人は神の前で平等」とか「最後の審判」などと結びつけて理解する土壌がない。よって、人権尊重を謳っていても、そして国連の勧告を受けても、死刑存置を続けている。これは「人権」概念をめぐる不幸なすれ違いであると言うべきである。私は、よって、日本国憲法の「人権」は、英訳の際、Human Rights とは訳さずに、Jinken と表記して、日本的な理解であることの説明を加えた方がよいのではないかと考えている。国際的な誤解を避けるためである。

いずれにせよ、人権思想そのものにも、依然として検討し詰めていくべき点が少なからず潜在することは明らかである。それゆえ、トリアージの問題に対しても、人権概念に訴えることによって批判的な議論を行うのは、人権概念の背後に隠れている困難な問題性への顧慮と検討なしには、意義の不明確な空振りの主張になってしまう恐れがあり、真の説得性を持ちえないのではなかろうか。

以上の議論が示唆すること、それは、人権概念を根拠に何ごとかを主張するときには「ためらい」を持つべきだ、ということであろう。絶対正しいという性急な思い込みに対しては警戒的でなければならない。もちろん、だからと言って人権概念をキーワードとした主張や訴えが無効になることも無力になることもない。たとえば、子どもの虐待や、人種差別などについて、私たちの現在の人生視線においては、人権概念に訴えて解決を図ることに迷うところはまったくないだろう。そして同時に、宇宙視線に立ち、もっと悠久の時間を考慮したり、倫理的な正しさの根拠について沈潜して思考したりするとき、果たして私たちに互いを評価したり裁いたりする真の権限があるのだろうか、という問いが立ち上がることにも思いを致さなければならない。こうした問いに面し、誠実であろうとする限り「ためらい」を抱かざるをえないという私たちのありよう、そうしたゆらぎゆくありようを安んじて受け入れると「決断」すること。それはまさしく私の言う「浮動的安定」の様態である。そうした浮動的安定へと結びつく決断の下で、人生視線的な知見や判断に基づき勇気を持って実践していくこと。私には、こうした「ためらい」と「決断」の積み重なるゆらぎの連続にこそ、謙虚さを伴った倫理的な崇高さ、あるいは高潔さが生い育つように思われるのである。

本章では人権概念に焦点を合わせて論じたので、次章では動物に目を向き変えて論を立てたい。すなわち「動物の権利」という名でしばしば展開される問題圏に視線を向けてみたい。

# 第6章　動物倫理と鳥獣害の問題

前章では、コロナ・パンデミック問題と人権概念について論じ、人権概念に関する「ためらい」と「決断」のありようについて検討した。この第6章では、一転して人間ではなく（人間以外の）動物に目を向けることにしたい。動物についての倫理的検討、すなわち動物倫理というのは、現代の哲学・倫理学のなかでのきわめてホットな話題である。実際、むやみに動物を虐待することなどを表象しても、そこに何かしら倫理的な問題性が宿らざるをえないと直観することはたやすいだろう。そして、動物倫理は、生命倫理と環境倫理という、現代の応用倫理の二つのメジャーなジャンルを橋渡しする扇の要のような役割を担っていると言える。現代的位相から倫理的問題を論じようとするとき、そして倫理の深層に分け入ろうとするとき、動物の問題を抜きにするとしたら、そのような議論は空っぽの玉手箱のようなものである。論じないわけにはいかない。そして、これほど顕著にかつ切迫的に「ためらい」と「決断」の相互的様態を確認できる問題系もないだろうと思われる。まずは、いわゆる「ペスト・コントロール」の問題を切り口として動物倫理のアリーナに歩を進めよう。

## 1　ペスト・コントロール

数学や物理では、シンプルな式によって多くのことを統括的に処理できることが好まれる。「オッカムの剃刀」、エルンスト・マッハの「思惟経済」などは、そうした考え方の象徴だろう。けれども、ひとたび人間の生死や倫理が絡む問題系になると、事態は真逆になると私は感じている。そうした問題系においては、事態が複雑であって、単一のシンプルな考え方で統括することはできないし、そのように統括しようとすることは有害になりうる、よって事態の複雑性をそのまま受け取ることから議論を始めなければならない。こうした方針こそが、「ためらい」と「決断」という二つの様態によって議論を展開する本書の基本的立場の核心であり、倫理を論じる場合の王道なのだと考える。

さて、本章での主題は動物倫理である。これは、まさしく複雑さの塊であると言ってよい領域である。私個人のことから話そう。数年前、自宅のトイレの換気扇にコウモリが入り込んでしまっていることが判明し、それを追い出してもらうよう業者にお願いした。そのままにしておくと、糞がたまって不衛生だし、どんどん個体数が増えると、そこで死ぬ個体も出てきて、不衛生この上ない。しかも、新型コロナウイルスではないが、コウモリはしばしば感染症をもたらすウイルスを運んでくる。死体や糞が粉状になって、たとえわずかでも屋内に入ってくるようになると、私たち人間の健康にも害をもたらしかねない。ということで、追い出してもらうことにした。その作業を見ていたら、本物のコウモリが換気口からボトッと落ちて、砂利の上でもぞもぞと動いていた。アブラコウモリだ。本当に驚愕である。こんな動物が自宅の見えないところに潜んでいたなんて。ただ、昼間の、コウモリにとって活動しない時間帯に、追い出されて、砂利の上でもそもそと動くコウモリを見て、いささか複雑な気持ちになった。コウモリは鳥獣保護法によって保護が謳われていて、殺したり、駆除したりはしてはならない。なので、追い出されたコウモリを、そっと別の場所に放してあげなければならない。そして実際、正直、私は少しコウモリが気の毒に思った。彼らには何の罪もない。自然そのままに生きていただけだ。けれど、私たちは、そのままコウモリを自宅に住まわせておくことは非常に躊躇してしまうのである。

コウモリを追い払うといった営みは、一般に「ペスト・コントロール」と呼ばれる。コウモリだけでない。ハチ、ゴキブリ、ハト、カラスなど、人間に有害な影響を及ぼす生物に対して、単に薬剤などで駆除するのではなく、自然の生態系を考慮しながら有害生物による被害を水準以下に抑えて維持すること、それがペスト・コントロールである。ただし、単なる駆除ではないとはいえ、蜂の巣を除去したりするわけだから、当該生物にとっては多大な妨害を受けることになるのは不可避である。概念としては、鳥インフルエンザや牛の口蹄疫の際の処分もペスト・コントロールの一つだと捉えることができるだろう。動物倫理を考えるとき、私はこのペスト・コントロールを想起せざるをえない。駆除ということの個人的原体験があるからだ。かなり以前のことだが、部屋に入ってきた昆虫を大きな蚊か何かだと思って駆除してしまったことがある。しかし、それは「カゲロウ」だった。なんということか。何も悪さをしない昆虫で、単に逃がしてやればよいだけのことである。いや、「蚊」だとしても、単に逃がしてやればよいのだろう。私は、このことがスローモーションで再現される映像のように記憶に残り続けた。じとーっとした罪の意識のような感覚が沈殿していった。いま想起しても、胸が苦しい。

## 2　欠損感

はっきり言おう、私は現今の動物倫理にはいささか不満である。いや、私は根本的には動物倫理の構築はぜひにも必要だと考えているので、もっと正確に言い直そう。私は、現今の動物倫理はほんの揺籃期にすぎず、あまりに不完全で、大規模な改善を要すると、そう感じている。扱われる「動物」

の範囲があまりに狭く、私たちが「動物」として理解する存在者のほんの一部だけをハイライトして、何ごとかを導き出そうとしているように、どうしても私には思えるからである。さらには、現今の動物倫理は、私の情報不足かもしれないが、人間と動物との関係について、特定の状況だけに限定して議論を進めていて、全方位的な視野を持ちえていないようにも思えるのである。

動物倫理の中でも最も強い議論を展開する「動物権利論」(animal rights theory)は、一般にトム・リーガン(レーガンとも表記される)によって理論的基盤が築かれたとされている。そして、リーガンは、動物倫理を展開するに当たって、人間以外の動物のいくつかは感覚的、認知的、意欲的能力という点で、通常の人間と道徳的な仕方で類似しており、心的生活(mental life)を営んでいる、とした(Regan 1983, p. xvi)。リーガンはそうした動物を「生活主体」(subject-of-a-life)と呼び、それが倫理的考慮の対象になると論を進めた。では、しかし、すべての動物が「生活主体」なわけではないと考えるならば、どこかで線を引かなければならない。かくしてリーガンは、さしあたり「一歳以上の心的に正常な哺乳類」という線を引き、それを動物倫理の議論対象とすると宣言したのである(ibid.)。

ここで私は大いに躓いてしまったと告白せざるをえない。「動物」(animal)という概念は、たしかに哺乳類を核として指示する言葉としても使われるが、植物に対置される言葉として、鳥類や魚類や昆虫類などを含む語として使われたり、さらにはそれに人間も含めて使われたりする(Hornby 2000, p. 41)。これは、日本語でも英語でも同様であろう。少なくとも、哺乳類に限定する限りでの動物倫理は、私の「カゲロウ」に対する罪の意識を論じる術をもたない。

よい機会なので、もう一つ付け加える。私の自宅の近所に材木屋さんがある。犬の散歩の折などにそこを通ると、プーンと新木の香りがする。良い香りだ。けれども、これは死体の匂いではないか、とあるときから思い始めた。樹木の訴えなのではないか、と。思い当たることがある。愛犬たちの散歩の後、彼らのブラッシングをしてやる。私は、ブラシについた汚れを落とすため、庭にある樫の木の幼木にブラシをカンカンと打ち付けていた。しかし、それを何度も続けてしていると、ブラシを打ち付けていた場所から樹液が出てきたのである。ハッとした。涙のようだ。自分が叩いてきたせいだ。やはり罪の意識を感じてしまい、そこにブラシを打ち付けるのは止めた。感傷かもしれない。けれども、動物倫理の根本のところに、非常に素朴な形での、動物たちの痛みへの共感があるのではないか。「感覚体」(sentient)という概念がしばしば動物倫理に登場するが、よくよく考えてみれば、動物たちの痛みは私たちには知覚できず、結局「感覚体」が感じるであろう「痛み」は私たちの共感なしには概念として成立しえないはずである(実はこの点は人間同士も同じで、他者の痛みは共感と想像によるしかなく、そこに古典的な「他人の心」問題が生まれる)。樹木に対しても同様な共感が発生するならば、そこにも倫理が立ち上がってきてもおかしくはない。

私が所属していた東京大学本郷キャンパスの総合図書館の前にかつて大きな楠がそびえ立っていた。しかし、図書館改築ということで、植え替えられることになった。このことをめぐって、文学部教授会で議論になった。あのようなシンボル的な樹木を、うまくいくかどうか分からないのに、抜いて植え替えるなどしてよいのか、という問題意識が根底にあった。寺社などで、境内の大きな樹は「御神木」などと呼ばれ、信仰の対象になるときさえある。それと同様な感覚からする、楠抜根に対するなんとなしに感じるためらいである。むろん、これらは単なる個人的感覚にすぎず、倫理には関わりないと述べることは可能だろう。メインストリームの動物倫理では、この私の気にかかりは主題外のようにされてしまうように思われるのである。けれども、どうにも気になるのである。なにか、欠損感を抱いてしまうのである。「生きとし生けるもの」といった仏教的な世界観、あるいは空海や親鸞によって唱えられた「草木国土悉皆成仏」といった思想、おそらくそれが私の気にかかりに類したものであり、そうした世界の捉え方への眼差しが現今の動物倫理では十分ではないように思うのである。これは、あえて西洋的な倫理思想に引きつけて言えば、おそらく、環境倫理、あるいは古い言い方で言うところの土地倫理に接続するような問題意識であると捉えられるのかもしれない。

## 3 返礼モデル

しかし、まさしく事態は複雑である。私が動物に対して抱く思いは、ペスト・コントロールに関するものに尽きるわけではない。その対極に、人間とともに暮らす犬や馬への思いがある。犬、あるいはペット一般についての私の見方は、すでに発表してある（一ノ瀬 2015 参照）。ペットへの見方として、私は三つを区分した。「退廃モデル」、「補償モデル」、「返礼モデル」、この三つである。「退廃モデル」とは、ようするに「ディープ・エコロジー」の思想に沿いながら、本来畏怖すべきものである「自然」を人間が管理下に置こうとして、ペットを改良したりして飼い慣らしてきたが、それは倫理的に正当化しえない退廃である、とする見方である。ペット文化への、そして動物園などへの（たぶんに水族館などへも含めて）道徳的糾弾の意が込められた、動物に対する理解モデルである。この「退廃モデル」に従えば、私たちはできれば即座にペット飼育を止めるべきであり、自然に対する畏敬の念を回復すべきである。たしかに、ペットを着せ替え人形のように扱う状況を目にするとき、退廃モデルには説得性があると感じられる。

第二に私が挙げた「補償モデル」とは、最初の「退廃モデル」の、ある意味で延長線上に出てくる捉え方で、動物たちを自然から抜き出して飼い慣らしてしまった以上、私たちは、その補償として、彼らの本性にできるだけ見合った環境を提供してあげなければならない、とする立場のことである。動物たちに不要な抑圧や痛みや苦しみを与えるべきではない、とする規範的判断が根底にある。先に触れた「感覚体」の概念に基づく判断にほかならない。大まかに言うならば、ペット飼育に強硬に反対する見解を「退廃モデル」に繰り入れる限り、ほとんどの動物倫理の見解において、ペット飼育を一定程度容認した上でペット問題について提起される議論は、この「補償モデル」に近い見方になるのではなかろうか。犬だったら、きちんと毎日散歩に連れて行き、ときには自然の中で走り回らせよ、といった立場である。そうでなければ、彼らは抑圧され、苦しむことになるからである。動物福祉論、動物解放論、動物権利論、いずれの立場でも、ペット飼育をともあれ容認するとするならば、「補償モデル」に即した扱いになるだろう。ただし、避妊や去勢などの繁殖制限については、いろいろと立場は多様になりそうではある[1]。

　そして、こうした「補償モデル」と連続する形で、動物倫理の肉食に対する議論も提起されてきているのだと理解することができる。動物たちに不要な痛みや苦しみを与えるべきでないとするなら、そして人間は肉食せずとも健康に過ごせるならば、屠殺は厳に控えるべきだ、そしてベジタリアン、ビーガンになるべきだ、というストレートな判断があるわけである。

　けれども、ここで私は第三のありうべきモデルを提起した。このような議論の文脈において気づくべきは、「退廃モデル」にせよ「補償モデル」にせよ、私たち人間が動物たちを支配してしまっているということを前提している、という点である。つまり、人間が動物の上位に立っている、という前提に立っているのである。いわば「上から目線」である。しかし、この前提は絶対に正しいと言えるのだろうか。まったく反対に、いまはたしかに人間が動物を支配しているかのように見えるけれども、後になって、実は動物の方が、とりわけ犬が、人間を支配していたのだったことが判明するという構造になっている可能性は排除できるのだろうか。そう、宮沢賢治の『注文の多い料理店』のように、である。二人の男が犬を連れて猟に出かけて、猟の途中で連れて行った犬が亡くなってしまった、その後猟を止めた二人が帰りに不思議なレストランに入り、最後に実は自分たちが猫に食われることになっていたと知り、猫が飛びかかろうとしたそのとき、亡くなったと思っていた犬たちが来て助けてくれる、というあの有名な童話である。

この童話には多くの暗示が隠されていると読むことができる。一つには、犬が先に亡くなるという設定に、犬個体は物理的な意味での寿命が人間より短い、ということの暗示を見取ることができる。おそらく、このことが人間の犬に対する「上から目線」を促しているのだろう。第二に、個体としては死んだはずの犬が再び現れて人間を救う、という筋書きに、犬は、個体ではなく種という単位で人間を守護している、といった解釈の暗示を掬い取ることができる。別の箇所で何度か引用したことだが、アメリカの心理学者スタンリー・コレンが伝えているアメリカ・インディアンの伝承に、神が世界を作り終えて人間と動物を分けようとして地面を二つに割って、溝ができて広がっていこうとするそのとき、犬だけが溝を跳び越えて人間の方に来た、という逸話がある（コレン 1998, p. 132）。こうした逸話のなかに、私は、犬は個体ではなく種全体として――私はそれを「種体」（しゅたい、たねたい）と読んでいるが――恩恵を与えてくれてきた、という解釈可能性を読み込んでいる。個体レベルで考えている限り、人間の方が強く支配的な力を持って犬を飼い慣らしているように見えるが、歴史が閉じようとするそのときに振り返ってみたとき、ああ実は犬が人間を導き守護してくれていた歴史だったのだなと判明する、という世界のあり方に対する一つの物語り方の可能性である。

ただの物語かもしれない。しかし、「歴史の物語論」が一定の合理性があると理解される限り、絶対にありえないとは断定できないと、言っておきたい。そして実際、犬に範を求める生き方を推奨したと（かなりの誤解含みかもしれないが、一般的に）理解される、シノペのディオゲネスに代表される「犬儒派」という哲学の思潮があり、そういう意味で私は犬儒派の末裔の末端に位置すると自称したいと思っている。いずれにせよ、もし犬が人間に恩恵を与えてくれたという物語可能性がなにがしかの説得性を持つならば（私は賢治やアメリカ・インディアンにこれに対応した物語がある限り、そして犬儒派のエピソードから類推しても、説得性がまったくないとは思わない）、私たちは、犬たちから、犬という種体から、底なしの恩恵を受け続けていると言えるのではなかろうか。

実際、犬と暮らして受ける心の安定や癒やしという卑近な面からも、そうした恩恵の片鱗を実感することができる。彼らが彼方に向ける目線の純粋性に心打たれる経験は何物にも代えがたい。つまり、「退廃モデル」や「補償モデル」に潜在していた「上から目線」とは真逆に、むしろ人間よりも犬の方が上位にいる、という捉え方を指摘したいのである。実のところ、戦争もせず、環境も破壊せず、潔く静かに死を迎えていく犬たちの方が、人間よりはるかに道徳的に秀でている、というのは相当に的を射た記述なのではなかろうか。「高潔」という言葉が当てはまる。だとしたら、私たちは、そうした存在者に接することができているという希有な機会に感謝をして、そこから学び、そしてその恩恵に対して丁寧に返礼しなければならないのではないか。純粋な世界への眼差しを投げ返さなければならないのではないか。これが、私の言う第三のモデル、すなわち「返礼モデル」である。

## 4　動物倫理と鳥獣害の緊張

個人的に、犬だけでなく馬とも接する機会が増えてきて、以上に述べた「返礼モデル」にのっとった動物観は犬に限定されないと感じている。馬と人が共有する時間もまた、同様に、人間にとって代えがたい恩恵であると感じるのである。とはいえ、こうした見方は私の犬や馬に対する偏愛からする主観的なものにすぎないのであり、犬バカ・馬バカの戯れ言と一笑に付されるかもしれない。いや、されるだろう。しかし、実際のところ、私の考えほどおめでたいものではないとしても、多少とも似たような動物愛を抱く方々は多いのではないだろうか。そして、それが動物一般に拡張されるとき、動物のいのちを大切にしよう、残酷な扱いは止めよう、という感覚に至ることは一つの可能性として自然である。犬や猫など、ペットを慈しむ人々が、犬や猫の延長線上において捉えることのできる動物を虐待したり、殺したりするのを忌避したいと思うのは当然の成り行きなのではないか。そしてそれが理論的な形態を持って一般化してくるとき、一つの可能な道筋として、野性動物保護とか肉食忌避という思想領域が誕生してくる。あるいは、そうした思想領域が改めて主題化されてくると言うべきか。「動物のいのちを大切にする」という考え方の理論化である。このような文脈で、動物実験とか肉食のための動物屠殺とか、そのような事態の倫理的評価が論じられるのである。こうした文脈にこそ動物倫理という主題の源泉があるというのは、あながち間違いとは言えないだろう。

けれども、冷静に考えよう。「動物のいのちを大切にする」ということを字義通りに守ることは果たして可能なのだろうか。動物虐待を忌避して、肉食を忌避して、ビーガンとしての生活を送ることはもちろん可能であるし、世界中で多くの方々がそれを実践している。けれども、問題は食事以外の生活場面である。衣類や靴や家具や医薬品や化粧品には、動物が直接利用されていたり、あるいは動物実験が介在されていたりすることがままある。そうした過程を減少させようという努力は、まさしく「動物のいのちを大切にしよう」という大きな意識の高まりの中、実践されてはいるが、まだ全般的にはそうはなっていない。

花粉症で苦しいときに服用する医薬品が動物実験を媒介している可能性はある。また、ホテルのロビーで人と待ち合わせるとき、座るソファに動物の皮が使われている場合もあるだろう。さらに言えば、そもそも「動物」とはどこまでのことを言うのか、という定義上の問題もある。いま盛んに警告されている「食糧危機」。話題に上がっているのはコオロギなどの「昆虫食」である。これをどう捉えるか。厳格に捉える立場ももちろんある。一八世紀イギリスの文学者ローレンス・スターンの『トリストラム・シャンディ』の登場人物であるトウビが、ハエを殺すのを意識的に避けようとする場面などは、文学史上それなりに知られている（坂本 2000, pp. 96-97 参照）。また、繰り返しになるが、空海や親鸞の名とともに言及される「草木国土悉皆成仏」の思想によれば、植物のいのちさえ配慮が必要とされている。

さらにいえば、かわいい動物、という一般的表象は事実問題として打ち崩されてしまう。なぜなら、鳥獣害の問題は事実としてかなり深刻であり、動物愛護とか動物の権利といった言説がほとんど空虚に感じられてしまう現状があるからである。たとえば、後で再び触れるが、日本でのシカ害は深刻であり、シカ柵などいろいろと工夫はされているけれども、完全な解決にはなかなかならない（高槻 2015 や祖田 2016 参照）。また、世界に目を向ければ、たとえばインドではトラの保護活動が実りトラの個体数が増えてきたが、逆に、トラによる人間の被害も頻出している。やや古い記録だが、「インド中央部の町パンダルカワダ。周辺の丘陵地帯では、もう2年以上も住民が次々とトラに襲われ、死んでいる。2018年の8月半ばには、幹線道路の近くでひどい傷を負ったバグジ・カナダリ・ラウトの遺体が見つかった。この地域で12人目の犠牲者だった」(https://globe.asahi.com/article/11860026 二〇二四年三月一〇日閲覧)。

こうした事態をどう見るかは、いろいろな視点がありうるだろう。けれども、動物はかわいい、高潔である、といった(私自身が犬や馬に抱くような)おめでたい動物観だけで動物と人間の関係を捉えることが徹底的に不十分であることの証しをここに見出さざるをえない。動物は人間とは異なる何かとして、畏怖し、距離を保っていくべきなのかもしれない。先に触れた「退廃モデル」が説得力を持って復活してくるかのように思われる。かくのごとく、私たちの動物への見方には、恐ろしく振幅の大きい「ゆらぎ」があるのであり、動物について語る際には、このゆらぎゆくありようを見逃すわけにはいかないのである。

少なくともこのように確実に言える。すなわち、先に言及したような「返礼モデル」を提起することで、動物倫理が直面しなければならない問題の解決につながるかというと、残念ながらまったくそういうことはない、ということである。「返礼モデル」を言挙げする文脈は、動物と人間の関係性のごくごく一部、一面をえぐり出すものであっても、全体に何か光りをもたらすものではない。複雑性、それが私たちの前に壁のように立ちはだかる。

私の理解では、「鳥獣害」の問題こそ動物倫理が直面する最大の困難であり、これを説得的な仕方で扱うことができなければ、動物倫理は、単におもに私たちの愛するペット動物に焦点を合わせて、それを性急に動物全体の理解に拡張してしまった危うい議論領域であるにすぎず、十全な言論領域として実はいまだ立ち上がれていない、というべきではないか。[2] こうして、議論は振り子のように、反対の方向へと振れ幅大きくゆらぎゆく。

## 5　三毛別の惨劇

鳥獣害の問題とは、すでに述べたペスト・コントロールの問題の延長線上にある問題であると捉えることができるが、コウモリなどについてのペスト・コントロールに比して、動物と人間の利害が鋭く大規模に対立し、もっと直接的に私たち人間のいのちや生活の基盤を脅かす、生々しい問題系である。人間の利害と動物の利害の対立という問題としては、人間が自然環境に対して開発を行うことによって、森林などの自然界に成育する野生動物の生態系が脅かされるという、大きな問題がある。これも動物倫理にとっては大きな問題であり、たとえばグルーエンの動物倫理の教科書などでも取り上げられている。そこでは、たとえば、ありのままの自然を探索するツアーを企画するエコツーリズムが、自然環境の開発によって得られる利益の代替となるやり方として、完璧ではないとしても一つの改善をもたらす解決法として言及されている（グルーエン 2015, pp. 188-193）。しかし、鳥獣害として論じられる、動物と人間の利害の対立は、それとは異なる。もっとダイレクトに、人間のいのちや生活に関わる問題系である。おそらく、一番衝撃的で典型的な鳥獣害は、クマによる人間殺傷や人間の捕食であろう。

クマが人間を襲って人間を食べてしまうという事件としては、日本の場合、今日的な認識に照らすならば、一九一五年（大正四年）一二月に発生した「三毛別羆事件」がなんと言っても衝撃的かつ凄惨な出来事として歴史に刻まれていると言えよう。大正初期の、北海道北西部天塩国苫前郡苫前村の中心部から三〇キロメートルほど内陸に入った三毛別御料農地の六線沢で起きた事件である。当時のリアルタイムの記録はあまり残っていないのだが、吉村昭の『羆嵐』という小説化されたものや、木村盛武の『慟哭の谷』という生き残った人々を丹念に取材し検証したリポートなどによって、その驚愕すべき恐怖の出来事を跡づけることができる。要するに、体長が三メートル近くもあり体重が三〇〇キログラムを超える巨大なヒグマが、冬に冬眠する穴を見つけられず食物を求めてさまよい、小さな集落の人家を襲い、数日の間に六人の人間を惨殺し、食べてしまった、という凄惨な事件である。殺された人間のなかに妊婦がいて、妊婦のお腹の中から胎児も引き出されて殺されたし、腰の辺りを食われた少年が、さしあたり生き延びたけれども後日息を引き取った。その胎児と少年も加えると、計八人の人間が殺されたということになる。

あまりここでは詳細には立ち入らないが、この事件について知らない読者もいるかと思われるので、上の二つの書籍から少しだけ引用しておく。一九一五年一二月九日に、一人の少年と一人の女性（太田マユ）が被害に遭い、いのちを失った。「山本仁作ら数人が、先刻熊が飛び出てきたトドマツの辺りへ行くと、熊の姿はすでになく、血痕が白雪を染め、トドマツの小枝が重なったところがあった。その重なった小枝の間からマユの片足と黒髪がわずかに覗いている。くわえられてきたマユの体はこの場所で完膚無きまでに食い尽くされていた。残されていたのは、わずかに黒足袋と葡萄色の脚絆をまとった膝下の両足と、頭髪を剥がされた頭蓋骨だけであった。衣類は付近の灌木にまつわりつき、何とも言えぬ死臭が漂っていた」（木村 2015, pp. 26-27）。そして、翌一二月一〇日、九日に亡くなった二人の通夜の場に再びヒグマが襲いかかってきた。自分の獲物を奪い返しにきたと推測される。子どもを身ごもっていた斎藤タケもそこで犠牲になった。

巌は瀕死の傷を負い、春義はその場でたたき殺された。この時、片隅の野菜置き場に逃れていた母親斎藤タケは、わが子の断末魔のうめき声に、たまらずムシロの陰から顔を出してしまった。執拗な熊はタケを見つけ、爪をかけて居間のなかほどに引きずり出した。タケは明日にも生まれそうな臨月の身であった。

「腹破らんでくれ！　腹破らんでくれ！」
「喉食って殺して！　喉食って殺して！」

タケは力の限り叫び続けたが、やがて蚊の鳴くようなうなり声になって意識を失った。熊はタケの腹を引き裂き、うごめく胎児を土間に掻き出して、やにわに彼女を上半身から食いだした（木村 2015, pp. 36-37）。

この惨劇の間、救援に来た男たちがその家の周りに待機していた。「男の一人が、区長に青ざめた顔を向けると、「みんな逃げたのだろうか」と、言った。区長は、こわばった顔を明景の家に向けたまま、「今、中でクマが食ってる」と、抑揚のない声で答えた」（吉村 1982, p. 69）、「突然、区長たちの肩がはずむように動いた。音がした。それは、なにか固い物を強い力でへし折るようなひどく乾いた音であった。それにつづいて、物をこまかく砕く音がきこえてきた。区長たちの顔が、ゆがんだ。音は、つづいている。それは、あきらかに熊が骨をかみくだいている音であった。呻き声はきこえなかった。家の内部が静まりかえっているのは、人がすでに死亡し、熊が遺体を意のままに食いつづけていることをしめしていた」（吉村 1982, p. 70）。

しかし結局、鉄砲打ちの名人とされる山本兵吉の銃撃によってヒグマは射殺された。「羆は、心臓部に一弾を受けた時、歯をくいしばって舌を咬んだらしく、垂れた舌に歯形が深く刻まれ一部がちぎれかけていた」（吉村 1982, p. 230）。クマの死体に対して「隊員たちは仇討ちとばかりに、棒や刃物で殴りつける者、蹴りつける者、立ち乗りして踏んづける者、口を開けてなかを覗き込む者、果ては肛門に棒きれを突っ込む者まで出た。憎しみを込めた仕置きは熊が仕留められた現場から引き出されるまで間断なく続けられた」（木村 2015, pp. 65-66）。

なんと形容してよいか。私がさらに驚いたことは、最初の二人の犠牲者に対する通夜の晩に起こった二回目の惨劇の後、亡くなった方々の遺体をしばらくそのままにしておいた、という部分であった。熊をおびき寄せるための「囮」だというのである（吉村 1982, p. 146）。すさまじいまでの人間と熊の闘争である。人間もまた野生の動物にとっては食料なのだという、当然のことを改めて思い知らされる。

## 6　近年の鳥獣害

こうしたクマ害は、その後も今日に至るまで度々発生している。一つの例証として、近年のツキノワグマの捕獲数のデータを環境省ウェブサイトより引用してみよう。

捕獲数が増えているということは、個体数が増えているか、あるいは少なくとも人に触れる個体数

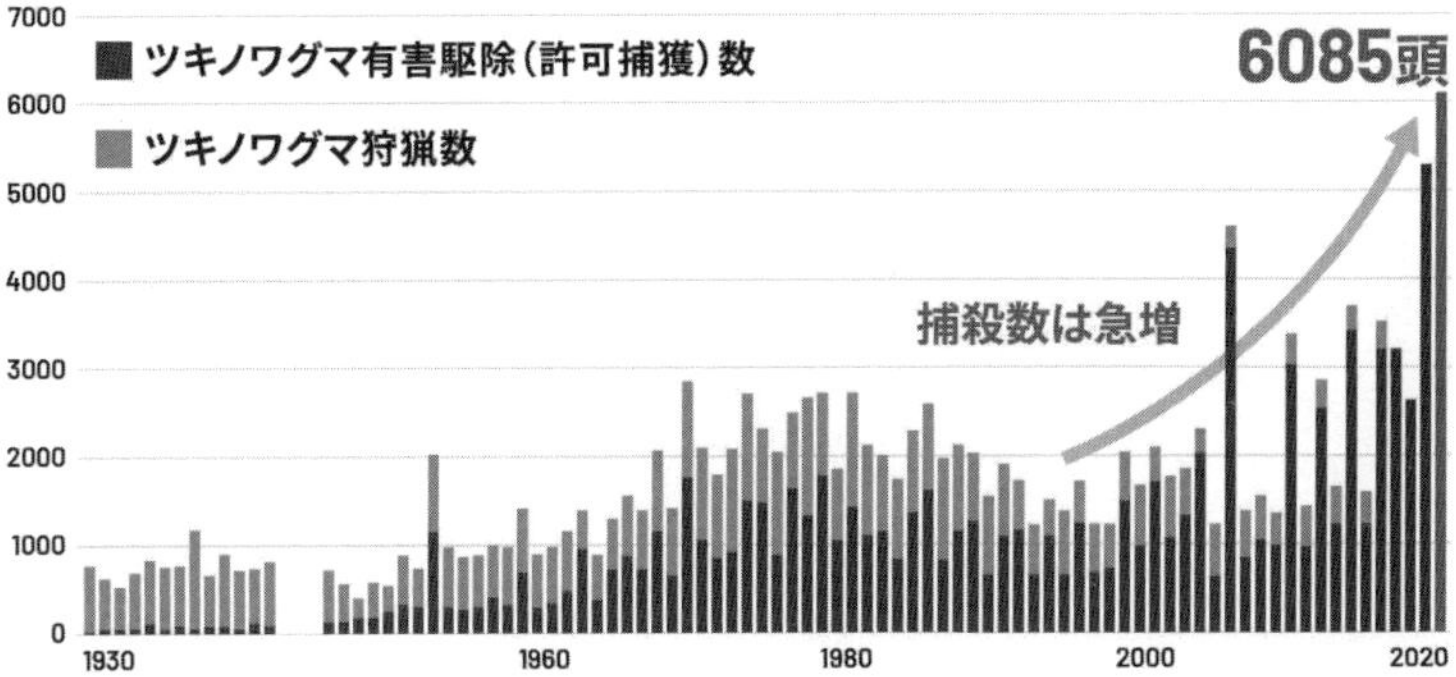


環境省ウェブサイトより
(https://www.env.go.jp/nature/choju/effort/effort12/capture-qe.pdf)

が増えていることを示している。クマは、近年頻繁に出没し、人と遭遇しているのである。

そして、二〇二三年にクマ害は過去最多を記録するに至った。「環境省自然環境局野生生物課鳥獣保護管理室」に公開されている二〇二三年一一月末までのデータでは、[3] クマ類による人身被害の発生件数(人数)は一九三件(二一二人、うち死亡六人)となっており、月別の統計のある二〇一六年度以降最多ペースだという。クマに捕食されてしまった方も含まれていると思われる。場所によっては、小学校に児童が通うための通学路にもクマが出没する可能性さえあるという。クマの駆除に際して、動物愛護という点から駆除に反対し自治体に抗議する方々がいるとしばしば報道で流れるが、クマが出没する現地の方々にとってはもはや死活問題であると言っていい状況であろう。

では、一体なぜ近年クマが頻繁に出没し、人間に害を与えるようになったのか。クマのエサとなるブナやコナラの不足など、いくつかの捉え方があるが、おおむね、実はシカの個体数が爆増したことが大きな要因として注目されているようである。まず、林野庁による二〇二一年の「主要な野生鳥獣による森林被害面積」のグラフから、シカ害の深刻さを確認しておこう。全

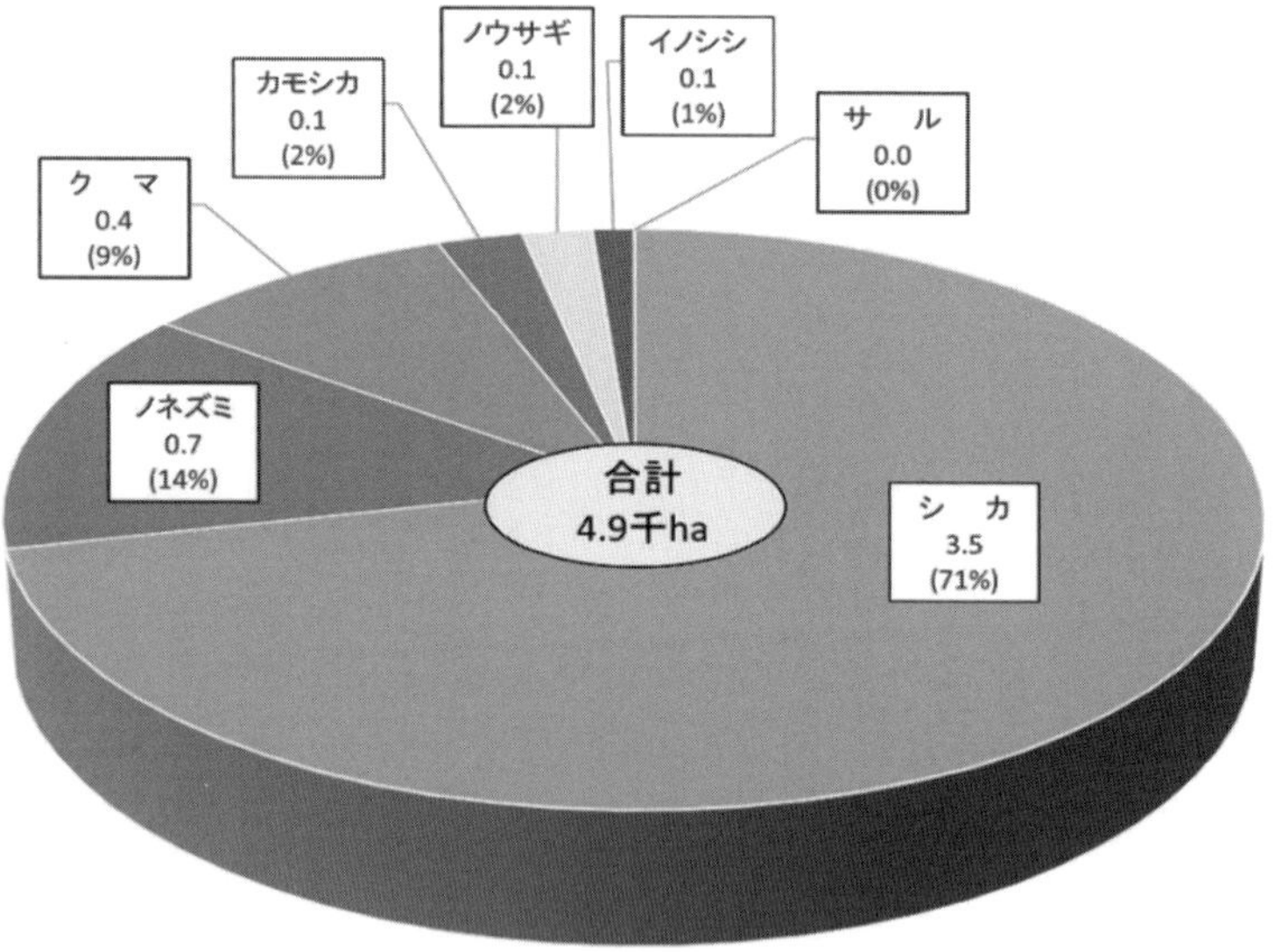


林野庁ウェブサイトより
（https://www.rinya.maff.go.jp/j/hogo/higai/tyouju.html）

四万九〇〇〇ヘクタールのうち七一%がシカによるものである。シカ害については後でもう一度触れる。現在、シカが林業や農業に著しい被害を与えていることが理解できるだろう。

　では、シカ害とクマ害は、どのように関わっているのだろうか。一つの見方は、シカが増えて、本来ならばクマのエサとなっていた春先の芽吹いた草などがシカやイノシシに食べられて、その結果クマがエサを求めて人里近くまで現れるようになった、そして人と遭遇する確率が増えた、という捉え方である。岩手県ではこのように捉えられている。[4] しかし、もう一つ有力な見方も提起されている。それは、森の中のエサが不足しているわけではなくて、シカが増えてシカの駆除を人間が行う機会が増え、そして駆除されたシカの遺骸がそのまま放置されることもたびたびとなり、クマがそのようなシカの肉を食べることを覚えて、シカが駆除される場所、すなわちどちらかというと人里に近い場所に出没するようになった、という捉え方である。

たとえば田中淳夫は、クマはエサを求めて里に下りてくるという述べ方に対して、「私は「人工林に餌がない」という主張に疑問を持っている」（田中 2020, p. 112）とした上で、「イノシシやシカの駆除が進められているが、仕留めた個体を持ち帰るケースは一割に満たず、たいてい現地に埋めるか捨てられる。その死骸がクマの餌になる事例が報告されている……皮肉なことに人が駆除したおかげでクマの餌になっているわけだ」（田中 2020, p. 118）と記している。これ以外に、シカ個体数の増大とは別な理由として、農家で、高齢化や人手不足などのゆえに、農作物をそのまま畑に捨て置いたままにすることで、クマを呼び寄せることになっている、という捉え方も提起されている（田中 2020, p. 115. また横山 2009, pp. 150-151 も参照）。

## 7 鳥獣害の広がり

このようなクマ害やシカ害やトラ害を顧みるとき、正直、動物権利論やベジタリアニズムや「補償モデル」などは白々しく聞こえてしまう。ましてや、私の言う犬や馬に関する「返礼モデル」など、意味不明な言説になってしまうように思われる。そうした立場から、このような人間と動物の生死を賭けた凄絶なる闘争について語りかける言葉が果たしてあるのだろうか。このように見てくると、先に三つのモデルについて述べたときの「退廃モデル」がなぜか説得性を持って改めて浮かび上がってくる。自然は、人間の忖度を越えた畏怖すべき存在であり、そこに無理に入り込んだりするとしっぺ返しを食らう、ということなのではないかと。さらに言えば、三毛別の惨劇については、当のヒグマは害獣や悪者扱いをされて受け取られがちだが、それもちょっと違うようにも感じられる。このヒグマは、単に冬を乗り越えるため自身の本性に従って行動しただけなのであり、そこには人間の観点からするような道徳的善悪は関わらないのではないかと思えてくるのである。実際私は、舌をかみ切った姿で射殺されたヒグマに、ある種の憐れみを感じてしまう面もあったと告白しなければならない。

動物倫理にとっての鬼門と思われる鳥獣害の問題は、三毛別の惨劇ほどすさまじいものではないにしても、人間の生活を深刻に脅かすようなものとして、別な形でより広範囲に発生している。先にすでに触れたが、シカ害、イノシシ害、サル害などである。こうした問題について簡潔に報告し検討した祖田修や高槻成紀の論述に沿って、少し問題を洗い出してみよう（以下、この問題についての叙述は、一ノ瀬 2019, pp. 182-185 に依拠している）。

イノシシ害については、たしかにクマ害と連続するような人身への害もあるが、ゴミ箱をあさったり、糞尿をまき散らしたり、ゴミ箱をあさって交通事故の原因となったりする点で、問題を惹起している。しばらく前に制定された神戸市での「いのしし条例」などは、こうした点を解決するため餌づけ行為の禁止を謳っている（祖田 2016, pp. 22-27）。また、イノシシは農業に対する被害ももたらしている。「赤星は、イノシシの害に悩む村で、人々の動物に対する本音を聞いている。イノシシも食べていかねばならないから、とか、「ウリ［イノシシの子］はかわいい……世間話をしていたらイノシシがおって、こいこいといったらお尻を振りながらちょろちょろと寄ってきた」などと言いつつも、やはり生活のため被害には耐えがたい「百姓としては一匹でも殺してもらいたい」……「保護団体は保護しろというが、田に近づかないようにしてくれたらいいが、何もしない」そして、鉄砲を持たせてくれたら打つのに、とも言っている」(祖田 2016, p. 70)。あるいは、「瀬戸内海の大三島では、平気で海を渡ることのできるイノシシたちが、群れをなしてみかん園を荒らしている。それを防御するとともに、肉を活用した食品を考え、販売しているという。動物たちは、いま、さまざまな形で、人間生活にとって、愛しさを越えた、憎い害獣として立ち現れている」(祖田 2016, p. 40)。

では、シカ害やサル害はどうかというと、こちらも農業にもたらす被害が基本的な問題となっている。サルは、「収穫前の田畑を荒らし、栽培中のシイタケを食い散らした」(祖田 2016, p. 67)。イノシシがかわいいと思われるのと似て、サルも「おサルさん」などと呼ばれ、「害獣としてだけでなく、さまざまな存在であることを指摘しつつ、それが害獣と化したときの住民の迷いやためらい、〝揺らぎ〟ともいえる複雑な受けとめ」(祖田 2016, p. 70) がなされている。祖田が紹介する農業改良普及員だった有井晴之は、「獣害による経営破綻の無念を抑えきれず、ついに猟師となり、いかなる批判があろうともイノシシとサルを撃とうと心に決めた。動物保護の観点から、周辺では、これを問題視する声もあった。しかし、この困難な農業をおこなっている地域において、自分と後継者の生活を支えることができ、また元農業改良普及員として、地域のモデルとなるよう思い描いた経営を、ようやく実現した……観察していると、サルたちは決まったコースを、後戻りすることなく定期的に回遊していることがわかった。それを待ち伏せして撃った。サルが木の上で、胸のあたりに手をやり、こちらを見ている姿は、あたかも「南無阿弥陀仏、どうぞお助けを……」と唱えているように見えたが、迷いを払いのけ、有井は撃ったという」(祖田 2016, pp. 70-71)。

しかし、今日の状況からして、すでに何度か示唆したように、最も特筆すべきはシカ害であろう。まずは、環境省の資料を引用しよう。「シカは、植物を食べる日本の在来種で、全国で分布を拡大し個体数が増加しています。シカが増えるのは良いことと思うかもしれませんが、全国で生態系や農林業に及ぼす被害が深刻な状況となっています。樹皮を食べられた木々が枯れ、森林が衰退することで、そこをすみかとする多くの動植物に影響を与える例も見られます。森林をはじめとする植生への影響が深刻な地域は、尾瀬や南アルプスなど日本の生物多様性の屋台骨である国立公園にもおよんでいます」(https://www.env.go.jp/nature/choju/effort/effort8/about/pdf/meaning02.pdf 二〇二二年四月二七日閲覧)。

シカ害問題を論じた高槻は、「過去20年ほどでシカが急速に増えて、日本の森林に大きな影響を及ぼし、植物を変化させることを通じて……動物にも大きな影響を与え、場所によっては土砂崩れが起きると行った深刻な影響が出ている状況は大きな問題と言える」(高槻 2015, p. 24)。「農村ではシカ除けの柵を作らないと農業ができないという場所が拡大している。日本列島でシカが増えたことは疑う余地がない」(高槻 2015, p. 25)。高槻は岩手県の五葉山にてシカの調査をしていたが、「一九八〇年に訪問したときは、シカが多くなって農業に被害が出ており、有害獣駆除が行われていた。にもかかわらず、岩手県は「五葉山のシカは本州北限の集団である」ことを掲げ、保護をしていた。地元の農家の人の声を聞くと、「被害が出るほどシカがいるのに何が保護だ」と不満げであった。行政は、一方でシカの保護を掲げながら、他方で農業被害が出ている現実に、駆除許可するという矛盾した姿勢をとっていたわけである」(高槻 2015, pp. 37-38)。「全国的な統計で農業被害面積を見ると、シカは二位のイノシシを大きく引き離して、もっとも大きな被害を与えており、四万ヘクタール程度、最近は六万ヘクタールレベルに達している」(高槻 2015, p. 38)。金額で言うと、シカ害は六五億円、イノシシ害が五五億円、サル害が一三億円、カラスを含むトリ害が三八億円に上るという(祖田 2016, pp. 45-46)。そして「こうした被害のため、次第に農地を放棄し、栽培を止めていった農家は数知れない。栽培しなければ、賠償額として現れてはこない」（祖田 2016, p. 48）。

想像以上に深刻であることを、私たちは認識すべきだろう。さらにここで確認しておかなければならないことは、サルやイノシシやシカなどの害獣を駆除するとき、駆除する人々は決して喜んで駆除をしているわけではない、という点である。さきほどのサルを撃った有井晴之の言にあるように、駆除する人々も逡巡しながら、迷いながら、駆除している。こうした点は、肉食のための屠殺を行う方々にも当てはまるのではないかと思う。多くのためらい、そして胸に押し込める思い、それらが渦巻いているはずである。(5) そのことを想像せずに、残酷なことは止めろ、動物にも権利がある、動物を保護すべきだ、と述べるならば、かえって、そのように述べる方こそ残酷だと言うべきではないか。

## 8 動物の権利

しかし、強い傾向として、現代の哲学倫理学の世界では、「動物倫理」という主題設定の下で「動物権利」（animal rights）という、トム・リーガンの議論をさしあたりの嚆矢とする考え方が軸となって、そうした動物権利を擁護するという方向性のもと、議論が展開されてきた。むろん、そうした「動物権利」の概念の雛形は、「人権」（human rights）である。けれども、第5章でも論じたように、人権とは何であるかは、実は今日に至っても論争の主題であり、完全に確立された見解があるわけではない。とはいえ、一七世紀英国の哲学者ジョン・ロックの労働所有権論が一つの有力な基盤をなしているとは言えるだろう。それによれば、所有権（property）とは、神が創造したこの自然に対して、私たちが自身の「パーソン」（person）に発する「労働」つまりは努力や探究を加えることによって確立されてくるもの（農業・狩猟・漁業・採掘などの収穫物が基本的に表象されている）で、他人にも十分なものが残されているとか、浪費しないとか、そうしたいわゆる「ロック的但し書き」を侵犯しない限りにおいて、パーソン主に帰属される一種の力・権限である、とする考え方である。「所有権」の概念は、自由などの権利の「所有」というように一般化して拡張的に理解しうるので、そういう意味で、所有権論はそのまま人権論へと変成可能であると言える。

そして、こうした労働所有権論は、現代の所有現象すべてに等しく当てはまることはないが、自分で勝ち取ったもの、自分で作り出したもの、自分で稼いだもの、それは自分のものだ、という労働所有権論の基本着想は所有権概念の、ひいては人権概念の、岩盤をなしている、というのは直観的に受け入れられていると言える。「忘れられる権利」といった人権概念は根気よく社会に訴える（労働）ことで承認されるようになってきたこと、箱根駅伝の「シード権」は選手の努力やがんばり（労働）によって獲得されること、そうした身近な例からもロックに淵源する所有権論のたくましさが窺えるだろう。

こうした労働を核とする所有権論・人権論に対してすぐに思い浮かぶ疑問は、労働することがフィジカルな条件としてできない方々、典型的には新生児とか重度の病に冒されている方など、そうした方々には人権は帰属されないのか、というものであろう。これに対しては、二つの応答がありうる。一つは、労働といってもフィジカルなものには限定されず、微笑みや気遣いなども労働となりうる、というものである。けれども、それさえも期待できない人々に関してはどう考えるか。今日「利益説」（interest theory）という呼び方で知られている考え方が一つの解答となる。今日の標準的な権利概念の解釈としては、権利主体が意志的に選択をするときにその権利主体に権利が発生するとする「意志説」(will theory) あるいは「選択説」(choice theory) もあるが、「利益説」は一般にそうした「意志説」に対照される解釈として論じられている (See Harel 2005, pp. 193-197)。

こうした「利益説」に従えば、労働可能な人々が、労働によって自身の所有権を確立できない人々も利害の主体なのだから、そうした人々に対しても人権を帰属させるべきだと訴えることで、人権を帰していくという考え方である。つまり、「訴える」「主張する」という労働によって、労働主以外の他者に帰属される人権もいわば派生的に確立されてくる、とする考え方であり、基本構造としては労働所有権論の枠組みを継承した形で普遍的な概念として「人権」が現れてくるのである。

そして、この「利益説」が動物の「権利」に当てはめられる。動物たちは、人間のように社会的な文脈のもとで何かを所有するという意識的な意図や選択は認められない (ロック的但し書きなどを考慮しているとは思えない) けれども、少なくとも痛みを感じるという限りにおいて利害の主体と捉えられるので、動物にも「権利」が帰属される。こうなるのだろう。こうした痛みを感じる存在者は、先に触れたように、一般に「感覚体」(sentient) と呼ばれる。そして、「感覚体」を倫理的配慮の対象と捉えるという原発想のもと、肉食忌避、厳密にはビーガニズム、がおのずと提言されるに至る。権利主体を殺して食べてしまうというのは、権利帰属とは到底整合しないからであるし、搾乳や卵の生産も動物権利の概念に照らしてかなりのグレイゾーンと言わざるをえないからである。ただ、よく知られてきているように、今日では、大豆などを用いた人工肉がかなり良質美味になってきているし、動物の可食部細胞を組織培養することによって作られる培養肉も徐々に浸透しつつあり、生のリアルな動物を屠殺することなしに、肉食をすることが可能になってきている。そういう意味で、動物権利の主張と肉食忌避とは、必ずしもダイレクトな結びつきを有するとは言えない。

さらに付言すれば、もし地球温暖化が真に問題で、人間の生存にとって深刻であるとするならば、肉食を主に前提する畜産は、少なくとも現在の形での畜産は、徐々に廃止に向かうよう社会として決断していかなければならない。温暖化の原因として二酸化炭素（$CO_2$）が有名だが、実は畜産によって発生するメタン（$CH_4$）の方が $CO_2$ と同量で比べた場合は温室効果は高いのではないかということがつとに指摘されているからである[(6)]。現在の形での畜産を続けて、生のリアルな動物を屠殺することは、いろいろな意味において、人類として断念する道筋を探る時期にすでに来ているように思われる（https://wired.jp/2021/08/14/the-ipcc-reports-silver-lining-we-can-tackle-methane-now/ 二〇二四年五月二〇日閲覧）。

## 9　権利と義務の相関性

けれども、温暖化の問題は別として、こうした動物権利の議論にはどうしても疑問が湧く。そもそも以上のような意味での「権利」という概念は、簡単に言って、人間がユダヤ・キリスト教的世界観を踏まえた上で構成したフィクションである[(7)]。しかも、無制限に認められるものでもなく、「ロック的但し書き」に象徴されるように、一定の条件の下でのみ受容可能なものとなる。そうした条件の中でも、ウェスリー・ホーフェルドが明確化したような、「権利と義務の相関性」などと呼ばれる条件は基本的なものの一つであると言えるだろう（亀本 2019 などを参照）。権利主張が成立するためには、他者が相関的にそれを承認する義務を負わなければならない、という見方のことである。

すなわち「ある人が権利を有するということは他人がこれと対応する義務に服していることと同じであるのだから、権利とは当該社会の内で重要だとされている一定の事柄についての義務の存在を通じてそれに対応するものとして認められるものなのである」（長谷川 1991, p. 32）、とする考え方である。すなわち、たとえば、私に投票の権利があるということは、私以外の他者が、私が投票しようとするときに私の投票行為を邪魔せず容認する義務を負うといった構図、それが「権利と義務の相関性」である。むろん、こうした相関性がすべての権利現象に完璧に妥当するとは言えないが、これが権利概念の核心にある一つの考え方であることは認められよう。

そして、こうした人間に関する人権概念を雛形とする「動物の権利」というのは、各動物が自身のいのちを尊重される権利を有するということだと思われる。だとするならば、その権利が有意味に語られるためには、他者がその権利を承認し遂行させてあげる義務があると思われる。しかるに、動物権利を語る文脈での「他者」は、字義通りに解する限り、人間だけでなく当該動物個体以外の他の動物も含むであろう。では、果たしてこういう意味での権利が動物に当てはまるだろうか。

問題は、動物たち同士の間で常時発生している「捕食」にある。捕食行動において、捕食獣は果たして被捕食獣の権利を尊重するという義務を果たしていると言えるだろうか。とても言えない、と私は感じる。そのものを食べておいて、そのものの権利を尊重していると強弁するというのは、悪い冗談にしか聞こえない。この点、「利益説」で説明される新生児や重病者の人権とは著しく異なる。そうした人々は、捕食のような、バイオレントな行動はそもそも取れないからである（ここでは料理としての肉食は考慮外としている。動物の権利を承認する立場では肉食はまず容認されないからである）。あるいは、こうした議論に対して、刑法三九条にあるような、心神耗弱・心身喪失に類する扱いを捕食獣に当てはめるという議論はどうだろうか。それは無理筋のように思う。刑法三九条で処理されるケースでは、触法行為を為した人は、保安処分とまでは行かなくとも、拘束して措置入院させたりする。しかし、捕食獣を捉えて措置入院させる、というのはやっぱりだだの冗談にしかならない。こうした点からして、権利概念を動物に適用するというのは、かなり困難なのではないかというのが私の感触である。権利概念は、徹頭徹尾、人間由来、しかも現代的人権概念ということで言えば厳密にはユダヤ・キリスト教由来である。[8] 実際、生態学者の河合雅雄は、権利概念を動物に当てはめる思想について「この思想はキリスト教とキリスト教文化に基づくものであって、われわれ日本人には理解しにくい」（河合 2009, p. 287）とまで述べている。いずれにせよ、このように権利概念を動物に適用するというのは、概念の構成すらして、かなりの無理をそもそもからして胚胎していると考えられる。

## 10　動物観の根底へ

この辺りから、動物についての考察は、歴史的にも理論的にも、錯綜と混迷の大きなゆらぎの中へ紛れ込んでいく。一般に、人権思想に対して、本書の第5章や第7章で触れているように、人々の過去や伝統に倫理の基盤を求めようとする「共同体主義」（communitarianism）が対置されるが、その作法にさしあたり倣って、歴史的な目線を少しく掘り下げてみよう。先に人権概念はユダヤ・キリスト教由来であるということを指摘したが、実際、そもそも『旧約聖書』「創世記」第9章2－3節において「野の獣、空の鳥――地の上を動くすべてのもの――それに海の魚、これらすべてはあなたがたを恐れておののこう。わたしはこれらをあなたがたにゆだねている。生きて動いているものはみな、あなたがたの食物である」（日本聖書刊行会 1970, p. 11）と述べられていることからして、西洋的な伝統においては肉食に対する忌避感はない、と理解されがちである。事実として、西洋的には動物を殺すこと自体は残酷ではない、という見方は依然一般的であろう（鯖田 1966, p. 55）。

けれども、キース・トマスが指摘しているように、同じ『旧約聖書』「箴言」第12章題10節には「正しいものは、自分の家畜のいのちに気を配る」（日本聖書刊行会 1970, p. 984）とあるし、「ホセア書」第2章題18節には「その日、わたしは彼らのために、野の獣、空の鳥、地をはうものと契約を結び、弓と剣と戦いを地から絶やし、彼らを安らかに休ませる」（日本聖書刊行会 1970, p. 1354）とあり、「動物も神との盟約を結んだ一員だと書かれている」（トマス 1989, p. 24）。こうした西洋的宗教に内在する動物のいのち尊重という伏線が、近代に入って比較解剖学の発展や自然科学の勃興を機縁として、そして動物の感じる苦痛への眼差しの成熟などにより、一七世紀頃から表面に現れ、紆余曲折を経ながら今日の動物権利論までつながってきたと捉えることができる。しかしもちろん、肉食の正当化論は依然として根強く[9]、そしてすでに述べたように動物「権利」という概念の持つ理論的問題性も相まって、事態は混迷をきわめている。

これに対して、日本では、混迷している点は同様だとしても、順序がむしろ逆であるように思われる。『日本書紀』天武天皇四年の「卯月庚寅条」において、一般に「天武の肉食禁止令」として知られる禁忌令が出された。これが、日本では仏教の影響で肉食が禁止されてきたという通説の根拠である。けれども、これは四月一日から九月三〇日まで牛・馬・犬・猿・鶏の肉を食べてはならないという令であり、中澤克昭が記すように、「むしろ当時、肉食が一般的だったことを示す資料であった」（中澤 2018, p. 40）。そして、肉食をしないのは、天変地異に対して食断ちという謹慎をして、「神に対して恐れ慎む姿勢を示そうとした」（中澤 2018, p. 45）がゆえであるとされる。

しかし、仏教伝来と共に、殺生罪業観が生まれ、さらには、衛生上の問題に発する「穢」の観念と相まって、全面的な肉食忌避となっていった。藤原道長や北条時頼の生活の仕方などがそれを例証する（中澤 2018, pp. 129-135）。平安貴族たちが魚鳥を断ったことの根底には仏法を篤く敬っていたことが背景にあるが、鎌倉武士の時代になると武士たちは「狩猟にも従事し、魚鳥はもちろん、鹿をはじめとする獣の肉を食すことも厭わない者たちだった」（中澤 2018, p. 133）。しかし、宗尊親王を鎌倉幕府六代将軍として迎えてから、鎌倉武士たちの間にも精進の機運が浸透してくるようになる。「肉食忌避の増幅は、ちょうどこの頃、北条時頼の主導によって、幕府の宗教政策が転換したこととかかわっている」（中澤 2018, p. 135）。時頼は、極楽寺の叡尊と忍性を強く信頼し帰依し、その影響で肉食忌避を非常に強く打ち出すようになったのである。こうした平安貴族から鎌倉武士に至る時代に仏教の影響下で醸成された「殺生禁断」の思想の一つの基盤として、先に触れた「穢」の観念があったのだと思われる。そして、この「穢」と、フレイザー『金糸篇』などで指摘される「人は食べたものになる」といった捉え方（シムーンズ 2001, p. 444）に似た思考とが混じり合って、殺生禁断・肉食忌避の思想が展開されていったのであろうと推測される[10]。

けれども、いま触れたように、実際には武士たちは肉食をしており、肉食は病を治すための薬であるという「薬食い」という抜け道もあったことが報告されている（中澤 2018, pp. 138-149）。薬食いについては、ベジタリアンとして有名なジョージ・バーナード・ショウが死の危機にさらされたときに薬として動物の肝臓エキスを食べたことなど（鶴田 1997, p. 264）、西洋にも例が多々あり、肉食忌避を考えるときの一つの試金石にはなっている。いずれにせよ、以上のような日本の歴史的背景を背負いつつも、明治以降の西洋文化移入とともに、日本人も肉食を堂々とするようになった。実際、皇室において牛肉が食べられたことなどが、変化のタイミングになったことが報告されている（シムーンズ

2001, p.469)。しかし、今日の日本では、国際交流の興隆とともに、日本の伝統とは別の視点から、肉食忌避の思想が改めて理解され、ビーガン食などが紹介されるようにもなってきた。

## 11　動物対等論

以上論じてきて、私自身、動物倫理が目指すべき道程について確定的な見解を記すことに極大の「ためらい」を改めて感じるということを告白しなければならない。とんでもなく錯綜した主題なのである。けれども、本書で何度も述べてきたように、私たちはこうした「ためらい」を感じざるをえない困難な課題に対面しているという現実を受け入れると「決断」しなければならないのではないか。そのようにゆらぎゆく様態の中に置かれているという実態を、むしろ意識的に安んじて懐に抱くと、そう「決断」しなければ前に進めないのではないか。むろん、その決断の内実からして、確定性や永続性ははなから期待できない。前に進んだとしても、それは一定の道筋を確保するに至らず、ゆらゆら進むことでしかない。「諸行無常」とか「万物流転」といった古代からの叡智を想起させるような様態である。しかし、そうした様態を経なければ、当面の、暫定的な指針でさえ基盤を持ちえない。そして、いま述べた暫定的な指針は、私の言う「人生視線」から導かれるものだが、本書で何度も記したように、そうした人生視線の背景に、何が正しく何か善なのか、を広大な視線から見ようとするスタンス、すなわち「宇宙視線」が控えているのである。

ともあれ、動物の問題、論じ進めて前を向こう。私は、「返礼モデル」にあるような犬や馬に対する崇敬の念を消し去ることはできない。先に触れたことを繰り返すが、古代ギリシア後期のシノペのディオゲネスに代表される「犬儒派」（キニコス派）という哲学の流れがあるが、私は「犬儒派」の末裔として末席に連ならせてもらっていると自己分析している。いや、馬も同様である。馬が人を乗せて素直に走っている姿を見ると、胸が締め付けられそうな気持ちがする。何という気高い存在か。なんという美しい生き物か。私は、こうした動物に対する感覚を抑えることができない。けれども、他方で、ペスト・コントロールをしなければならない事情とか、三毛別のヒグマ事件やその他の鳥獣害について省みるとき、「返礼モデル」のような尊く安らかな関係性を動物と人間との間に見取ることなど、到底できない。

動物倫理は、本当に難しく複雑である。私のこれまでの議論に照らして、あえて暫定的な提案をしておきたい。私の理解では、権利概念にせよ、穢の観念にせよ、どう考えても人間目線に基づく見方である。けれども、それだけが可能なわけではない。理論的には動物目線もあるはずである。しかし、私たち人間の認識的制約上、本当の動物目線にはなれない。動物の認知の仕方を動物の立場から知ることはできないからである。なので、せめて、人間と動物は対等である、という視点を持つよう努めてみたらどうだろうかと考えている。すなわち、「動物と人間は道徳的に対等である」という捉え方である。「動物人間対等論」（animal-human egalitarianism）あるいは略して「動物対等論」（animal egalitarianism）とでも呼べるだろうか。

これは、かつての比較解剖学的な知見による意識の変容にも通じる自然的・事実的押さえ方であり、法や社会において立ち上がる人間に関する「平等主義」（egalitarianism）とは異なり、制度的なものにつながる必然性を含意しない次元での対等性である。しかし同時に、ほぼすべての動物に共通する「親の子どもに対する保護的態度」という点を包摂するという点で、最小限のうっすらとした道徳性を帯びた次元での対等性をも併せ持つ捉え方でもある。この対等論をさしあたり採用すれば、動物と人間は対等なのだから、どちらかがそのままで優劣があるということはない。けれども、尊敬できる相手（私にとっての馬や犬や猫やアザラシに代表される）には相互に尊崇や愛着の念を抱き、そして敵対し攻撃してくる相手には防衛的態度で接し、さらに捕食行動に対しても相互対等性の中でのいいも悪いもない自然な現象であるとして受けとめられるかもしれない。これらはすべてお互いに対等である。そして、全体としてみて、それぞれの攻撃や闘争において死滅する個体もいれば生き残る個体もいる。これもまたお互いに対等である。

こうした動物対等論は、人間に関する倫理とはまったく異なり、倫理発生以前の原風景を基準とした捉え方であって、その意義は未知だし、問題も多々あるが、私の問題意識をぎりぎり取り込める見方となりうるのではないか。「動物対等論」は、「権利」といった法的領域に傾斜する人間の観点からの概念によることなしに、私の論じた「返礼モデル」や鳥獣害の問題をさしあたり取り込むことができる見方になるように思われるからである。実際、人間は文明の力によって強者（万物の霊長？）になってきたように一見感じられるが、長いスパンで見たとき、その文明の力こそが致命傷になって自爆にいたってしまうかもしれない。予測できないある種の偶然に晒されて生存している点で、すべての動物は平等である。しかし、尊敬し愛着し合う個体同士には、相互的保護が生じるのも自然である。そうした相互的保護は、事実として、肉食忌避にも結びつきうるだろう。

寿命が長く生命力や知力が強いことが優れていることの根拠になるように私たちは思いがちだが、虚心坦懐に考えて、宇宙視線的に見ればそれは何の違いにもならない。いや、違いが認められたとしても、それがなにほどの価値を持つのか不明である。少なくとも、こうした宇宙視線的見方をうっすらと抱くことこそ、本書で私がずっと言及してきた、「浮動的安定」という世界に安らう境地につながる道だろう。

こうした動物対等論は、一見すると、「べき」という規範を論じる動物「倫理」とは呼べない捉え方のように思われるかもしれない。単に、対等であるという事実に焦点を合わせた動物観にすぎないように見えるからである。しかし、私としては、すでに示唆したように、法的ではなく、緩やかに道徳的な次元での善し悪し、あるいは好悪、をこうした対等概念にうっすらと含意させて理解したいのであり、必要があれば、それを基盤として、そこから、もっと明示的な次元での規範が語られていくことが可能であろうと考えているのである。あえていえば、人間に関して語られる伝統的な自然法のようなものが、動物と人間の間にきわめて緩やかな仕方で成り立っていて、それがより強い規範生成の地盤になるのではないか、と捉える見方、それが私が考える動物対等論である。

むろん、これはあくまで暫定的な提案にすぎず、動物対等論ではすくい取りきれない側面も多々ある。ペットの去勢や避妊手術など、人間が勝手に独断的に行っているのであり、対等ではないだろう、などといった反論があると思う。この問題に動物対等論を適用するならば、さしあたり三つの回答可能性があると思う。（1）まず、去勢や避妊手術を人間が勝手に行ってしまうのは対等性を破ることにほかならず、何らかのしっぺ返しを食らっても仕方ない、それがいやなら去勢や避妊はするべきでない、ということになろうか。（2）あるいは、過剰に子どもを身ごもることは親個体にとって重荷なので、崇敬する犬などを援助するため、去勢・避妊手術を行う、という解釈も可能だろうか。（3）または、過剰に子どもを産むことは同居する人間にとって大きな負担をもたらすことであり、それはある種の攻撃を人間に与えることなので、それを自衛するため去勢・避妊手術を施す、といった理解可能性もあるやもしれない。

動物について、腹の底から納得できる見方を抱くことにはおのずと「ためらい」が生じる。それが自然である。そうした自然なあり方をそのまま受容しようと「決断」し、流れゆく思いの中でとりあえず承認しうる形で進むこと、私にはそうした態勢が犬儒派的な落ち着きに結びつくように思われるのである。

以上、動物についての倫理を論じた。次の最終章では、もう一度人間の問題に立ち戻って、死刑問題を論じることにしよう。動物倫理に劣らず、とんでもなく重く、シリアスな問題である。しかし、倫理を論じ、倫理の深層を見届けようとするならば、生き死にの問題を避けるわけにはいかない。勇気を持って臨みたい。

# 第7章　死刑不可能論の展開

これまで、ゆらぎゆく倫理という主題のもと、トリアージと人権概念、動物倫理と論じてきた。それらはすべて生き死ににかかわる問題である。生き死にの問題こそが、倫理的問題の岩盤をなしているという私の理解に基づく論立てであった。そして、生き死にこそが倫理的問題の核をなすテーマだとするなら、死刑問題に触れないわけにはいかないだろう。非常に難しい課題だが、倫理の深層へと向かうべく、この最終章において、あえて死刑論を展開してみよう。

## 1　死刑という問題

イギリスとの多少の縁があり、ときどき渡英する。知り合いとの会話の中、たまたま犯罪と刑罰の話になり、日本には死刑がある、ということを述べると驚かれることが何度かあった。ヨーロッパでは、よく知られているように、ほぼ死刑が廃止されている。そういう社会環境の中で何十年と暮らす人々の観点からして、死刑を行っている、というのは奇異に聞こえるのだろう。けれども、日本国内では、逆に、死刑を廃止する、といった考えの方がむしろ奇異に響くのではないだろうか。人を殺したのだから殺されて当たり前だ、といった感覚なのかと思われる。実際、日本での死刑についての世論調査では、ほぼつねに、八割以上の人々が死刑存置に（やむをえないという消極的賛成も含めて）賛成である。それゆえ、日本政府は、国連が死刑廃止勧告を日本に示しても、世論が死刑存置を支持しているという理由で、その勧告を拒否している（たとえば、二〇一八年三月五日に日本政府は死刑廃止勧告の拒否を公表した)。

二〇年ほど前に『ブリジット・ジョーンズの日記』という映画が公開された。ロンドンで会社員として働くブリジッドという三〇代の女性が主人公で、彼女が実家でのパーティーに参加するため帰省したとき、彼女の母親が、ブリジッドのお相手候補となる男性について言及して、「マーク・ダーシーが来てるわよ。奥さんと離婚したんですって。日本人。残酷な人種(cruel race)」と述べたのである。むろん、イギリス特有のシニカルなブラックジョークであろう。しかし私は、初めてこれを聞いたとき、突然のことに驚き、そして得も言えぬ感覚を覚えた。そうか、イギリス人は日本人のことを「残酷」な人々だと思っているのか、とショックを受けたのである。

どういう点が残酷だと思われているのだろうか。やはり、第二次世界大戦中の日本軍のイギリス兵捕虜に対する扱いなどだろうか。あるいは、動物に対する扱いだろうか。たしかに、イギリス人だったら、もしかしたら、家の庭のすみっこに犬小屋を置いて鎖でつなげて犬を飼う、といういまでも日本に一部残る犬の飼い方を見たとき、残酷だと思うかもしれないとは推測できる。私はかつてロンドンの「バタシー犬猫ホーム」を訪れ、説明を受けたことがある。飼い主のいない犬猫を保護し、新しい飼い主あるいはパートナーを見つけることを使命とする施設だが、とにかく動物への配慮が非常に厚い。パートナーになることを希望する方が現れても、かなり慎重に面接をして、きちんと共同生活を送れるかどうか精査をした上で引き渡す。たぶん、日本でも同様なやり方に近づきつつあると思うが、二一世紀初期の段階ぐらいまでは、面接などさほど厳密ではなかったように(私自身の経験からして)感じる。そういう意味で、たとえジョークだとしても、日本人を「残酷な人種」と呼んでしまうのだろうか。

しかし、さらに考えてみると、もしかしたら日本が死刑存置国であることが理由なのか、とも思えてきた。はっきりは分からない。しかし、こうした生き死にに関わる倫理的問題というのは、どちらが正しいという判断を即決できるようなものではないだろう。日本には、たしかに日本の歴史的・伝統的文脈があって、現在の刑罰の運用になっているとも言えると思われる。倫理的相対主義、あるいは第5章でも言及した共同体主義、などと呼ばれる考え方もある。死刑について私はそれなりに論じてきたが、改めて考えても、やはり決着を見るのは非常に困難な問題であると感じないではいられない（以下、本章の議論は一ノ瀬 2019 および Ichinose 2021 に基づき、それを新たに改訂し展開したものである）。

## 2 死刑存廃の実情

ともあれ、まずは死刑存廃についての国際的な実情を確認しておこう。二〇二二年末の情報では、次のようになっている。

●すべての犯罪に対して廃止：一一二カ国（刑罰として死刑がない）
アルバニア、アンドラ、アンゴラ、アルゼンチン、アルメニア、オーストラリア、オーストリア、アゼルバイジャン、ベルギー、ベナン、ブータン、ボリビア、ボスニア・ヘルツェゴビナ、ブルガリア、ブルンジ、カーボベルデ、カンボジア、カナダ、チャド、中央アフリカ共和国、コロンビア、コンゴ共和国、クック諸島、コスタリカ、コートジボワール、クロアチア、キプロス、チェコ共和国、デンマーク、ジブチ、ドミニカ共和国、エクアドル、エストニア、フィンランド、フィジー、フランス、ガボン、ジョージア、ドイツ、ギリシャ、ギニア、ギニアビサウ、ハイチ、バチカン、ホンジュラス、ハンガリー、アイスランド、アイルランド、イタリア、カザフスタン、キリバス、キルギス、コソボ、ラトビア、リヒテンシュタイン、リトアニア、ルクセンブルグ、北マケドニア、マダガスカル、マルタ、マーシャル諸島、モーリシャス、メキシコ、ミクロネシア、モルドバ、モナコ、モンゴル、モンテネグロ、モザンビーク、ナミビア、ナウル、ネパール、オランダ、ニュージーランド、ニカラグア、ニウエ、ノルウェー、パプアニューギニア、パラオ、パナマ、パラグアイ、フィリピン、ポーランド、ポルトガル、ルーマニア、ルワンダ、サモア、サンマリノ、サントメ・プリンシペ、シエラレオネ、セネガル、セルビア、セイシェル、スロバキア、スロベニア、ソロモン諸島、南アフリカ、スペイン、スリナム、スウェーデン、スイス、東ティモール、トーゴ、トルコ、トルクメニスタン、ツバル、ウクライナ、イギリス、ウルグアイ、ウズベキスタン、バヌアツ、ベネズエラ

●通常犯罪のみ廃止：九カ国（軍法下の犯罪や特異な状況における犯罪のような例外的な犯罪にのみ、法律で死刑を規定）

ブラジル、ブルキナファソ、チリ、エルサルバドル、赤道ギニア、グアテマラ、イスラエル、ペルー、ザンビア

●事実上廃止：二三カ国（殺人のような通常犯罪に対して死刑制度を存置しているが、過去一〇年間に執行がなされておらず、死刑執行をしない政策または確立した慣例を持っていると思われる国。死刑を適用しないという国際的な公約をしている国も含まれる）

アルジェリア、ブルネイ、カメルーン、エリトリア、ガーナ、グレナダ、ケニア、ラオス、リベリ

ア、マラウイ、モルディブ、マリ、モーリタニア、モロッコ／西サハラ、ニジェール、ロシア、韓国、スリランカ、スワジランド、タジキスタン、タンザニア、トンガ、チュニジア

法律上・事実上廃止：一四四カ国

（ただし、この一四四カ国の中に含まれていても、戦争の状態においては、事実として死刑判決が出ている地域があることが報道されている）

●存置：五五カ国

アフガニスタン、アンティグア・バーブーダ、バハマ、バーレーン、バングラデシュ、バルバドス、ベラルーシ、ベリーズ、ボツワナ、中国、コモロ、コンゴ民主共和国、キューバ、ドミニカ国、エジプト、エチオピア、ガンビア、ガイアナ、インド、インドネシア、イラン、イラク、ジャマイカ、日本、ヨルダン、クウェート、レバノン、レソト、リビア、マレーシア、ミャンマー、ナイジェリア、北朝鮮、オマーン、パキスタン、パレスチナ、カタール、セントクリストファー・ネイビス、セントルシア、セントビンセント・グレナディーン、サウジアラビア、シンガポール、ソマリア、南スーダン、スーダン、シリア、台湾、タイ、トリニダード・トバゴ、ウガンダ、アラブ首長国連邦、米国、ベトナム、イエメン、ジンバブエ（https://www.amnesty.or.jp/human-rights/topic/death_penalty/DP_2022_country_list.pdf 二〇二四年五月二〇日閲覧）

ヨーロッパが、ベラルーシ一国を除いて、すべて（事実上廃止も含めて）死刑廃止国となっている点はとりわけ目立つ。いわゆる先進七カ国（G7、日米英独仏伊加）の中で、日本と米国だけが死刑を存置している国であり、しかも米国においては半分の州が死刑存置州であり、残り半分は死刑廃止州で

あるという事情があり、日本は突出している感が否めない。

## 3 裁判員制度と死刑判決

ともあれ、以上に見たように、世界の四分の三近くの国々は事実上すでに死刑を廃止しているが、日本は存置をしている。ただ、裁判員制度を導入したときに取ったアンケート調査では、日本で死刑への支持が八割を超える圧倒的に多数であるにもかかわらず、自分が裁判員として死刑を選択できるかと問うたところ、「選択できる」と答えた人の割合が四八・八％となり、死刑への肯定的傾向ががくっと減少した（一ノ瀬 2019, p. 53 参照）。こうした事情は、なにも日本だけに限らず、一般市民が裁判に参画する陪審員制度や裁判員制度において普遍的に見られる傾向であると言ってもよい。

たとえば、アメリカの陪審員のストレスを研究し、それとの連関で日本の裁判員の心理的問題を考察した河辺幸雄によれば、「陪審員制度を世界で最も活発に用いてきた米国において、特に死刑判断につきまとう陪審員の精神的・肉体的ストレスの問題に社会が目を向けるようになったのは、比較的最近のことである」（河辺 2014, p. 48）。「死刑相当事件を担当した陪審員は、死刑判決を出すことに決定したことを、かなりのストレスが生じた原因とみなしている。怒り、苛立ち、動揺、倦怠、は共通する特徴である」（同、p. 75）。陪審員は、死刑判定に関わるときに大きなストレスを覚えがちである。できれば、そのような決定に関与したくない。こうした事態は、日本の裁判員についてのアンケート結果と軌を一にしている。河辺は、日本の裁判員に関して「日本の裁判員は、この点において、きわめて危険な状態に置かれている……終生の評議の秘密をかぶせられた裁判員は……十分なカウンセリングも受けられず、場合によっては、トラウマからPTSDへの移行が予防されない」（同、p. 85、注(2)）と指摘している。

裁判員の次元でこうであるならば、もし仮に、死刑執行人を一般市民から無作為に選抜する「執行人制度」なるものが成立したとするなら、なおさら死刑執行人を務めることを避けたいという思いは強まり、死刑に対する肯定的傾向は弱まるのではないだろうか（むろん、進んで執行人を務めたいという人が皆無だとは思われないが）。事ほどさように、死刑制度は、自分事として目の前にリアルに現れると、「人殺しには生きる資格はない」といった、いわば他人事の立場での理解とは異なる感覚が湧いてくるのであろう。しかし、死刑は、誰かが執行しなければ制度として成立しないのである。

なお、二点補足的に指摘しておく。第一に、「死刑」適用犯罪は「殺人」だけではなく「内乱罪」や「外患誘致罪」などがあるが、事実上「殺人」が典型であるという点を確認しておきたい（第1章註(1)参照）。第二に、「殺人」が何であるかは、意外に規定が難しい。外科医が手術中に患者を死に至らしめるのは「殺人」だろうか。それは一般に「違法性の阻却」として殺人とは見なされない。では、憎い恋敵を睨みつけたとき相手が怖がって心臓発作で亡くなったら「殺人」だろうか。この類いの事象は、条件関係因果や相当因果、そして構成要件といった刑法学上の概念のもと、さまざまに論じられている。あるいは、塩分の多い食事を出し続けて夫が亡くなったら「殺人」か。この種の問題も、「未必の故意」とか「認識ある過失」といった刑法学上の概念のもと、考察が展開されている。ここではこれらの微妙な刑法上の問題性の詳細には立ち入らない。

いずれにせよ、死刑の是非というのは、かなり錯綜した問題系を包含した折り紙付きの困難な問題であり、実際今日的にも、すでに見たように、多数の国が死刑を廃止しているのに対して、日本を含むいくつかの国が死刑を存置しているという、不一致状態が継続しているのである。むろん、だからどうなのだ、という反応があるだろう。日本は日本だ、と。ただ、私は、死刑に関して、「人を殺したのだから殺されて当たり前だ」とか「世界の多くの国が死刑廃止をしているとしても関係ない、日本は日本だ」といったシンプルな言い方だけで議論を終えてしまう、終えてしまえる、と解することには、大いなる懸念を覚える。なにしろ、チェーザレ・ベッカリーアが死刑廃止論を唱えてから起算してもおよそ二五〇年ほどの年月、多くの学者を巻き込んで喧々囂々の論争が繰り返され、なお決着を見ていない難問なのだから、それに対して一行ほどの文章で解決できる、と思うこと自体、いくらなんでも人類の知恵に対する過度な軽視なのではないかと思えるのである。論争の火中に身を投じた論者の中には、自分より優れた人物もいたのではないか、といった想像を働かせることが必要なのではないか。

また、外国は外国、日本は日本、という言い方には、生き死にに関わる倫理的問題も文化や歴史に相対的なのだ、という考え方が根底に横たわっていると思われる。一種の倫理的相対主義である。もちろんそれは一つの立場として意義があるが（私自身も心情的にそうした立場へのある程度の共感を事実覚えてはいるが）、そうした相対主義を認めることには難問発生の余地があることも見越さなければならない。たとえば、相対主義的には、平和は何より大切だ、という倫理観もまた文化に相対的であり、平和を重んじる必要はない、より上位の倫理的価値がある、と考える別の立場も倫理的に許容されるということになりうるのではなかろうか。それでよいのだろうか。ここは即座には答えにくいのではないか。まさしく「ためらい」を覚えざるをえないのではないか。

事ほどさように、倫理の問題は難問含みである。死刑も同様である。だからこそ倫理「学」が要請されているのである。だとするならば、私は、真に理性的な意思決定をするには、まずは虚心坦懐に先人達の論争の論点を、たとえ一通りにだとしても、謙虚に振り返るという作業を経るべきだと思うのである。なぜ一筋縄ではいかないのか。そこをまず体感すること、それを経るのが筋ではなかろうか。

## 4　残虐性と誤判可能性

そのためにも、以下概略的にだが、現状の死刑存廃論の大筋を確認しておこう。そして、議論としてデッドロックに乗り上げている現状を簡単に跡づけてみよう。おもには日本の文脈に焦点を当てて確認していく。

第一に、残虐性にまつわる論争がある。日本国憲法三六条「公務員による拷問及び残虐な刑罰は、絶対にこれを禁ずる」とあるのに対して、絞首刑は残虐かがずっと論じられてきた。大塚公子のレポートによると、絞首刑による死刑の場合、絶命まで平均で約一四分かかる、とされている（大塚 1993, pp. 66-68)。しかし、戦後まもなくの判例で、首がつられた直後に意識を失うので必ずしも残虐とは言えないとされ、それが今日まで有効な考え方となっている。これに対して、今日の米国では、多くの場合「致死薬注射処刑」(lethal injection) が採用されている。これは、国費による安楽死とされるときがあるように、絞首刑のような一見ショッキングな光景とはならない処刑法である。この残虐性の論点は、たしかに、死刑存廃の論争にダイレクトに関わると思われる。

第二に、死刑判決の恣意性の問題がある。以前までは、日本の場合、二人以上殺害した被告に対して死刑判決の可能性があったが、近年は一人殺害のケースでも死刑判決が下されることがありうるようになった。つまり、殺害した人数と相関的に死刑判決が出されるわけではないのである。しばしば問題になるのは、どのように死刑判決と無期懲役判決を判別するのか、という問いである。どうしても、そのときどきの裁判官や裁判員の恣意性に委ねられるのではないか、という疑問がなかなか消えない。「殺人の計画性」とか「更生可能性」といったあたりが指標になるが、その判断は難しい。さらには、米国などでは、人種差別が混入していないか、という論点もなかなかリアリティがある。また、同じ犯罪を犯しても、逮捕を免れてしまう人もいる。「モラル・ラック」（道徳的運）と呼ばれる問題系と関わる現象である。たしかにこうした問題は存在するだろう。けれども、この恣意性の問題は、死刑存廃の議論に関わるかと言われれば、そうは思いにくい。恣意性があるとしても、それはいかなる量刑判断にも妥当し死刑に固有の問題とは言えないし、現行の死刑制度が存在する法体系を前提したとき、明確に死刑相当の犯罪は存在するであろう。

次に、死刑廃止論の最大の論拠となるのが、誤判可能性の問題である。欧州などで次々と死刑が廃止されていった一つの有力な理由も、この誤判可能性であった。つまり、死刑が執行された後、真犯人が判明して、無実の人を処刑してしまったということが分かったとき、人々は大きな衝撃を受けたのである。そしてそれは、私たち自身にも跳ね返ってくる。自分たちも、もしかしたら、無実なのに処刑されることがあるかもしれない、そういう社会に暮らしているのだ、と。団藤重光はこう述べた。

死刑廃止論の理由づけにはいろいろの論点があります。しかし、他の論点については賛否が論者の立場によって岐れてきますが、誤判の問題だけは、違います。少々の誤判があっても構わないという人はいても、誤判の可能性そのものを否定することは誰にもできないはずです。その意味で誤判の問題は死刑廃止論にとってもっとも決定的な論点だとおもうのです（団藤 1991, p. 96)。

言い方を変えれば、誤判可能性があっても死刑存置に賛成という方は、自分が冤罪で死刑判決を受けても、それは仕方ない、と捉えるのか、という問いかけを誤判可能性の論点は投げかけているわけである。しかし、街中で無差別殺人をしているような、誤判の余地のない現行犯はどうするのか。いわゆる"suicide by cop"（警察による自殺）なのだろうか、あるいはいわゆる「現場処刑」（現場射殺）なのだろうか。死刑廃止国でも、テロリストなど、死刑にはならなくとも現場で射殺されたりする例は少なくない。正当防衛の延長線上の行為と捉えられるのだろうか、罪刑法定主義との整合性はどうなのだろうか。どうにも、ややこしい。

## 5　抑止効果、世論、そして執行人

次に、伝統的というべき、死刑の犯罪抑止効果の論点がある。これは存置論を指示する論点の一つとなる。この点については、一九七五年の経済学者アイザック・エールリッヒの論文がしばしば言及される。それによれば、一回の死刑執行で七人から八人の可能的殺人犠牲者の生命が救われている、とされる（See Ehrlich 1975)。しかしその後、統計の取り方に対する疑念が提出され、依然として結論は不明確なままである。さらに、抑止効果が機能した場合というのは、重大犯罪が起こらないということなのだから、統計には抑止効果の実態が現れにくいのではないかという当然の論点もあるだろう。

ただ私は、死刑には犯罪抑止効果は間違いなくあるとみている。というのも、たとえば、立ち小便やポイ捨てや万引きなど軽犯罪も含めて、いかなる犯罪にも死刑を科する、とした場合のことを想像すれば分かるだろうが、死刑に犯罪抑止効果はあると考えるのが常識である。けれども、もちろん、このようなディストピア的な制度を持つ国はありえず、存置国でも死刑は一部の犯罪に対してのみ科せられる。したがって問題は、そうした部分的適用にどの「程度」の効果があるかという実質を明確にする、という点と、そしてそもそもそれが死刑存置の根拠になるか、という点にある。大福主義（功利主義）に基づく目的刑として刑罰正当化の問題が前面に出てくる論点である。さらには、例外的かも知れないが、死刑の犯罪誘発効果の問題もある。死刑になりたくて（自殺したいけれどもできないので他人に殺されたくて）重大犯罪を犯す、という例のことである。二〇〇一年の附属池田小事件、二〇〇八年の秋葉原通り魔事件、二〇二一年の京王線刺傷事件などが具体例となろう。死刑制度を設置したことの効果や結果は、なかなか判定が難しいし、それが存置論の根拠になるのかも定かでない。

もう一つ、すでに言及した世論について一瞥しておく。前述のように、日本では死刑支持への圧倒的な世論がある。問題は、すべての制度を果たして世論によって確定・維持させてよいのか、という点にある。イギリスでは、死刑支持多数の世論にもかかわらず政府が死刑廃止に踏み切った。民主主義は最善な政治制度かもしれないが、完璧ではなく、多数者が間違えていて、それに従うと衆愚政治に堕してしまう、という可能性を考えなくてよいのだろうか。それに、社会の人々に、死刑制度は自分たち自身が関わって維持している制度であるという認識・自覚があるのか、も問われてよい。先に執行人制度の可能性について触れたが、やはり自分事として考えないと本当の意味が見えてこないのではなかろうか。もしかしたら、他人任せで、自分は満足だけを（正義が貫かれ悪者が処刑されたという満足感だけを）享受したいという欺瞞が潜在していないだろうか。この点は、屠殺・肉食のケースと似てなくもない。肉食の快楽や満足を享受したいが、食肉生産プロセスは他人に任せて、見ないようにしたい。これに類した欺瞞が世論の背景にあるのだとしたら、世論による死刑支持の多さがどこまで死刑論において重みを持つのか、やや疑問の余地があるように思われてくる。

また、執行人の問題も言及しておこう。大塚公子『死刑執行人の苦悩』に、執行人にインタビューをしてまとめた赤裸々な経験のレポートが記されている。とりわけ、私が驚愕を覚えたのは、死刑囚の首にかけるロープが適切な場所に掛けられていないまま、踏み板が落下して宙吊りになったときのことを記した、次の箇所である。

> 死刑囚がもがき苦しみつづける。ロープが正しく首を絞めていないのだ。革の部分から頬を伝って、後頭部の中央あたりに鉄鐶が至っている。これでは吊るされた瞬間に失神するというわけにはいかない。意識を失うことなく、地獄の痛苦に身もだえすることになる。止むなく死刑囚の体を床に下ろし、二十四、五貫もある屈強な刑務官が柔道の絞め技でとどめをさして執行を終わらせた。
>
> 死んでこそ死刑囚という考え方があるそうだが、殺してこそ執行官とでもいうところだろうか（大塚 1993, p. 133）。

唖然とするしかない。これが、私たちの税金によって給与を得ている国家公務員の仕事内容なのか。むろん、それがなんだ、という反応もあろう。アメリカの事例を見ると、一九六七年から一九七七年までアメリカは死刑を一時的に停止していたが、一九七七年一月に、ゲアリー・ギルモア（冷酷な強盗殺人犯）が自身の銃殺による死刑執行を主張して、最高裁で執行が決定され、一月一七日に執行された。市民の射殺志願者による執行である。五人の内一つの銃は空砲で、死刑執行の重みを軽減させようとする配慮からだが、「人間を撃つチャンスなど滅多にない」という西部劇的現実の前では意味のない配慮であったかもしれない（宮本 1998, pp. 178-182）。こうした事例からも、執行人の思いを一般化することには留保が必要である。ただし、そういうアメリカでも、すでに触れたように、陪審員が死刑判決に関わるときに、重いストレスを感じる場合もある。死刑執行の実際というのは、決して観念的なものではなく、実在の人間が関わる生々しい場であるということは確認すべきだろう。

実のところ、刑務官が執行人を務めなければならないという必然性はなく、単に偶然的にそうなったにすぎない、という歴史的検証に基づく研究報告もあり（櫻井 2011 参照）、そういう意味でも現在の死刑執行と執行人のシステムについては、一旦は根本のところから反省してみる必要があるのではなかろうか。

一点補足するならば、実は日本は死刑廃止のパイオニアでもあったとされることがある。八一〇年の薬子の変において藤原仲成が処刑された後から、一一五六年の保元の乱で源為義らが処刑されるまでの約三五〇年間、怨霊などへの恐れから、朝廷による死刑執行は忌避された。けれども、それはあくまで朝廷における建前で、それ以外の末端の場面では死刑は行われていたようである。第6章でも触れたことだが、天武天皇以来、仏教に則って肉食は禁止されたが、それが建前であり、薬食いなどがあったことなどと同様かもしれない（中澤 2018 参照）。

## 6　被害感情の問題

さて、死刑存置論の最大の根拠とされる「被害感情の問題」について一瞥しておきたい。これは、そもそも刑罰が「応報的均衡」すなわち「罪を犯した者はその報いとして罪の重さに対応した罰を受けねばならない、そのことで正義が維持される」という考え方に基づくならば、最もストレートかつ強力な存置論支持の理由となりうるだろう。この「被害感情」に基づく存置論の根底には、「死刑を廃止して、加害者の人権ばかり考慮したら、殺された被害者はどうなるのか、浮かばれないではないか。死刑廃止は不公平な態度ではないか」という見方があると思われる。伝統的な罪刑の比例性(proportionality)、いわゆる「タリオの法」すなわち「ハムラビ法典」の名とともに知られている「目には目を歯には歯を」の原則が前面に出てくるところであると言える。

しかし、実は、ことはそう単純ではない。まず「タリオの法」についてだが、堀内捷三によれば、「タリオの法において、「目には目を、歯には歯を」という場合にも、それは復讐を正当化するよりも、むしろ、復讐の限界を示す原理として機能してきたのである」(堀内 1988, p. 196) と指摘されている。すなわち、同害報復というのは、必ず同害を報復せよ、ということではなく、報復や罰は同害を返すことをマックスとして、それ以上加え返してはいけないという、最大限界量刑を示すものだったのである。ならば、殺人を犯した犯人は必ず殺されなければならないということは、「タリオの法」からは導けない。

また、哲学的な問いを提起するならば、被害者とは誰のことなのか、直接の被害者はいないのではなかろうか、といういわば形而上学的な問題も考慮に値するように思われる。つまり、死刑相当の犯罪を殺人だとするなら、被害者というのは定義上すでに死んでいる。すなわち、殺されたものが字義通りの意味で被害感情を抱いていることはありえない。では、被害者の遺族が抱くであろう被害感情が問題なのだろうか。しかし、被害者の遺族というのは、いわば代理として報復感情を抱いているので、遺族たち自身が殺されたわけではない。代理の人がなぜ極刑まで求めることができるのだろうか。いや、もちろんたしかに、殺された人の遺族たちが（殺された人本人とは独立の形で）固有に受ける、経済的だったり心理的だったりの、実際の被害もあるだろう。けれども、それは殺人者を殺すほどの害なのだろうか。その辺り、理論的に、どうにももやもや感は残る。

さらには、被害「感情」が果たして制度の根拠になるのか、という問いも問われてよい。ヒュームやアダム・スミスに淵源する、「道徳感情（moral sense）」に倫理の根拠を求める議論はたしかにあるが、それは歴史的に、主観的・恣意的になってしまうのではないか、という批判を受け続けてきた。そうした批判が正鵠を得ているかどうかはここで深入りしないが、少なくとも道徳感情論に訴えるには一定のハードルをクリアしなければならないのはたしかである。

もう一つ理論的な問題として、被害感情が死刑を正当化するとするならば、過失致死によって家族を失った人の被害感情も大きいとすると、そこでも死刑が妥当になるのか、という問題が生じるのは必定であろう。自動車事故などで家族を失った方々は、それが故意殺人か過失致死なのかは、遺族の被害感情にはあまり関係ない。脇見運転などが要因だとするなら、被害感情・報復感情はきわめて大きい場合がありうるだろう。それも死刑相当なのだろうか。そして、ちなみに言えば、遺族の抱く被害感情それ自体、果たして普遍的なのか、という点も問うておくべきだろう。果たして、遺族は誰もが犯人の死刑を望むのだろうか。そうだと確言することはできないように思われる。人間の間の関係というのは、一義的なものではない。まして、家族間で発生した殺人事件も十分にありえて、そうした場合は感情的な面でも単純ではないのではなかろうか。

被害感情からの存置論について、最後に問題点を記せば、そもそも天涯孤独の人に対しては誰も被害感情を抱く人がいないので、その人が殺されても死刑にする必要はない、という理屈になるのだろうか。それとも、被害感情というのは、なにか統計的あるいは平均的なもの、あるいは、もし自分が殺された人の家族だったら、という条件法によるシミュレーションに基づく正当化の議論なのだろうか。この辺り、必ずしも判明ではない。

## 7　存廃論を超えて

死刑存廃論にはなにか根本的な問題があるのではないか。そこに触れずにいるので、議論が膠着状態になってしまうのではないか。それとも、「死刑」という概念自体になにか内在的な困難性が宿されているのではないだろうか。実は、私自身は、こうした問題意識のもとで考察を試みて、「死刑不可能論」(the impossibilism of the death penalty)という議論をつとに展開してきた。それは、死刑存置論とも死刑廃止論とも異なる。私自身の「死刑不可能論」の詳細については、本章の第1節でも記したように、ぜひ拙著(一ノ瀬 2019 および Ichinose 2021)を参照してほしいが、ここで概略だけを記しておく(のみならず若干の補足的展開も加える)。(1)から(6)まで番号を振って立論の過程を見やすくしておこう。以下の議論は、第5章の終わりの部分および第6章で展開したことと重複する部分があるが、重要さに鑑みて、その基本点はあえて繰り返すこととする。

まず、（1）日本国憲法一一条以降の「基本的人権の尊重」を文字通りに受け取る。"Human Rights"としての「人権」である。すなわち、日本の制度は人権思想に基づいていなければならない。さらに、（2）人権思想の源泉と核心はジョン・ロック（John Locke）の哲学にあると前提する。この点は、思想史的に見て大きな異論はないところだろう。そして、（3）ロックの人権思想は、キリスト教と自然法概念を背景とした彼の所有権論にある。実際、（4）人権を「持つ」というのも一種の所有権である。しかるに、（5）歴史的に著名なように、ロックは、所有権は、神が創造したこの世界に対して私たちのパーソン（person）が加える労働によって成立すると論じる。いわゆる「労働所有権論」である。ただし、労働によって得たもののすべてに対して労働主の所有権が発生するわけではなく、他者にも十分に残っている場合とか、得たものを浪費したり腐敗させたりしない場合という、「ロック的但し書き」（Lockean proviso）と呼ばれる制限は課せられる。

とはいえもちろん、現代の所有権事象は非常に複雑で、金融を通じた不労所得などもあり、労働所有権論だけですべての所有権現象を説明することは到底不可能ではある。けれども、なにかをすることではじめてなにかが得られる、という直観的に自明な事態は依然として大筋では有効であろう。何もしないでなにかを得ることはできない、というのは教育の場での基本的教えでもある。実際、箱根駅伝のシード権争いなどを顧みれば、権利はなにかをする努力や労働によって獲得されるという原的事態を確認できる。また、この点は、日本国憲法第九七条からも窺われる。九七条はこう記す。「基本的人権は、人類の多年にわたる自由獲得の努力の成果であって、これらの権利は、過去幾多の試練に堪え、現在及び将来の国民に対し、犯すことのできない永久の権利として信託されたものである」。つまり、基本的人権は私たちの努力によって獲得され維持されている、ということである。けれども、

（6）こうしたロック流の労働所有権論は、逆に言うと、そもそも労働によって獲得できないものは所有権ひいては権利の対象にならない、権利というカテゴリーの範囲内に収められない、ということを含意するはずである。

（5）から（6）への推論は、次のように定式化できるだろう。

（5）もしXを所有したいならば、労働によってXを獲得しなければならない。

（5）の対偶的な主張として、次の（6）が出てくる。

（6）もしXが私たちが労働によって獲得できる範囲外のものであるならば、私たちは、Xに対する所有権を持つことはできない。

（5）の後件中の「しなければならない」は一種の規範であり、“ought implies can”（「べき」は「できる」を含意する」）という古い格言に従う限り、（5）の後件は「Xは労働によって獲得できる」ということを含意している。それゆえ、そうした（5）の後件を否定した対偶命題を作ろうとすると、（6）が導かれる。

では、（6）の前件が記すような「労働によって獲得できる範囲外のもの」とはどのようなものだろうか。たとえば、「造物主になること」などはア・プリオリにそう言えるだろう。ア・ポステリオリには、「五年以内に日本語を国際共通語にすること」などもたぶんそう言えるだろう。所有権論の文脈で言えば、たとえば、人間のいのちそのものは、言い方を換えれば、自分自身の存在そのものは、自分の労働によって獲得されたものではないし、そもそも自分の労働によって獲得するということはア・プリオリに不可能であろう。労働するためにその前提として、自分のいのちがなければならないからである。では、親の労働によって私のいのちは獲得された、という考え方はどうだろうか。たしかに一理ある。けれども、こどもの内臓の見事に調和された仕組みとか、眼球の構造とか、それを自分が作ったなどと思える親がいるとは到底思えない。それは、連綿と続いているDNAのなせる業であろう。親は単に、それを次の世代に受け渡したにすぎない。むろん、受け渡した、という意味での労働はしたのだから、親にはその限りでの子どもに対するなにがしかの権利（そして義務）が発生するとは考えられるが、子どもをまるごと作ったわけではないのだから、子どもをそのものとして所有することはできない。では、もともとDNAは誰が最初に作ったのだろうか。ここは見解が多々ありうる。進化理論も一つの可能性だろう。

## 8　死刑不可能論の提起

ロックが前提していたキリスト教的世界観においては、すでに第5章で触れたが、概略次のように捉えられていた。人間や生物のいのちは神が創造した。よって厳密には神の所有物である。キリスト教では、中世のトマス・アクィナスなどの主張を一つの源泉として、基本的に自殺が禁じられてきたことも、このことに対応する。繰り返しになるが、論の明快さのため、第5章で引用したトマス『神学大全』の該当部分をもう一度引く。

生命は神によって人間に授けられた何らかの賜物であり、「殺し、かつ生かす」ところの御方の権能の下にある。したがって、自らの生命を取り去るものは神に対して罪を犯すのであって、それはちょうど他人のしもべを殺す者はそのしもべの所有者たる主人にたいして罪を犯し、自らに委託されていないことがらについての裁判（権）を自分の手に簒奪するものが罪を犯すのと同様である。けだし、死と生の裁きを下すことは神にのみ属す（トマス・アクィナス 1985, p. 172）。

自殺は、神の持ち物であるいのちを、持ち主でない者が勝手に処分してしまう行為であり、窃盗あるいは器物損壊に等しい、ということだろう。たとえて言えば、私たちは自分のいのちについて、アパートやマンションの借主のような形での権利を有しているにすぎず、その所有権はオーナー（大家さん）にあるのであって借主である私たちにはない、という事情と似ている。借りている部屋の壁にカレンダーを貼ったりする権利はあるが、当然ながら、部屋全体を破壊したりする権利はない。

ロックの議論もこのキリスト教道徳の延長線上にあり、私たちは、自分たちの努力によって健康を維持し、労働して収入を得る権利はあるが、自分たち自身で得たものではない、自分たち自身を、いのちそのものを、処分する権利はない、という考え方である。事実、ロックは次のように記していた。

人間は、自分自身の生命への権力を持っていないのだから、協約によるにせよ、彼自身の同意によるにせよ、自分自身を他人の奴隷にすることはできない（Locke 1960, Second Treatise Section 23）。

たしかに私たちは自身のいのちを活用する権利を有している。努力して生活を維持する権利を有している（自然法的にはそれは義務でもある）。「生命・自由・財産」（life, liberty, and estate）というロックの有名な所有権内容を表す標語は、それゆえ厳密には、「生活・自由・財産」の意と解すべきであろう。

さらに、ロック以来の人権思想では、犯罪とは広く他者の所有権・権利の侵害であり、刑罰とは、（応報主義的な意味で比例的に）他者から奪った分だけの自らの所有権・権利を喪失すること（forfeiture）であると規定される。すなわち、この喪失分が基本的に被害者に対する賠償となるという考え方である。このように、犯罪と刑罰は、徹頭徹尾、権利概念によって規定されていた。今日では刑事と民事は区別されるが、もともとは両者は融合していたのであり、刑罰というのは加害者の権利の喪失として、しかも被害者の受けた害を加害者が喪失した分で補償するという、そういう形態として規定されていたのである。今日でも、刑罰を「権利喪失」として捉える見方は一つの有力な刑罰観である（See Wellman 2017）。

以上の論点を総括することで出てくる帰結は、次の三つである。①加害者の権利喪失が刑罰の意味だとするならば、権利の対象となりえないものは犯罪や刑罰の内容にもなりえない。だとしたら、いのちを喪失させ死をもたらす刑、すなわち「死刑」は概念上不可能だということになる。私たち人間は自身のいのちそのものへの権利を有さないのだから、いのちへの権利の喪失というのもありえない。それは、私たちは尻尾を喪失することはありえない、なぜなら私たちは尻尾を持っていないからである、という理屈と同様である。これが死刑不可能論の核心的論点となる。

そして同時に、②死では喪失される権利というものが発生しないので、被害者に対する賠償が不可能になってしまう。これは、刑罰というものが本来表象されていた文脈からずれてしまう。③さらに同時に、ロックの議論においては、権利の主体であるパーソンは「意識」によって規定されていた（Locke 1975, Book 2, Chapter 27, Section 9）。言い方を換えれば、刑罰はパーソンが受けるものである以上（権利喪失にも主体がいなければならない）、刑罰を受けていることを意識できなければいけない。けれども、死は意識がなくなることであると考えられる以上、(1) 死は刑罰の内容になりえない。この点は、人間以外の動物に対して「刑罰」の概念が適用できないことを考えれば理解しやすい。動物に対して撃退や駆除はできるけれど、刑罰を科すことはできない。なぜなら、動物たちは、自分たちの受けるフィジカルな攻撃を社会制度による「刑罰」として表象することができないと考えられるからである（もしかしたら「反撃」として表象することはできるかもしれないが、法律や裁判を踏まえるべき「刑罰」として理解することはできるはずもない）。

しかし、では、人権思想のもとでは、殺人などの重大犯罪を犯した人はどうなるのか。許され、放任されるのか。こうした疑問は、死刑制度に対して人権思想に依拠しつつ、ストレートに肯定的ではない立論が提起されたとき、ほぼ常に投げかけられる反論であろう。加害者の人権の尊重ばかり言って、被害者の人権はどうなるのか、という批判である。場合によっては、こうした批判は人権思想そのもの（あるいは人権擁護運動）への疑いを含意する見解として提起されることとさえあるように見受けられる。しかし、こうした批判は的を射ていない。人権思想のもととなったキリスト教では、悪事とされる行為を為した者は最後の審判で裁かれる。悪と判断されれば、地獄に堕とされる。この世での死刑は不可能だとしても、罪を免れることはまったくないのである。

## 9　死刑不可能論の含意

さて、こうした意識概念に基づく刑罰の捉え方は、現行の法体系からも確認できる。いわゆる「精神異常抗弁」(Insanity defence)、あるいは日本の刑法三九条の心神喪失者や心神耗弱者に対する扱いを顧みるならば、自らが被っている事態が、自身の加害行為に対する社会的報いとしての刑罰であることを意識できない者には刑罰を科しがたい、という思考様式を見取るのは容易であろう。この点は、刑法論で言うところの、弁識能力・制御能力による責任能力の判定や、弁識能力の欠如による責任能力なしの基準を定めたマクノートン・ルールなど、多くの実例を見取ることができる。

ただし、刑法三九条に代表されるこうした見方に対しては批判も多く、発生した実害に焦点を当てて刑事責任を評価すべきだとする方向の議論もなくはない(たとえば呉・佐藤 2004)。実のところ、こうした精神異常抗弁を考慮すべきでないという方向の刑罰観は中世社会では標準的であった節もあり(佐藤 1989, pp. 97-98)、言ってみるならば、交通法規違反においていまも有効である、結果だけに照らして責任を問う「厳格責任」(strict liability)という捉え方を一層普遍化しようとする考え方であると解釈することができる。この傾向がドミナントになるならば、もしかしたら、死刑不可能論の③の説得性は減じられるかもしれない。

けれども、厳格責任化への傾向性を受け入れたとしても、私は死刑不可能論の根拠③の正当性は揺らがないと思う。というのも、厳格責任化といっても、依然として人間と人間以外の動物との相違を帳消しにするような動きは見取られないからである。やはり、少なくとも近代的な観念のもとでは、刑罰は人間に対してのものであり、動物には定義的に科せられない。その差は何か。人間には、人間としての知性あるいは理性、そしてそれを機能させる働き、すなわち広い意味での「意識」があるからであろう。逆に言うと、真にそうした意味での「意識」さえも失ったならば、そしてそれを失った者が加害行為に及んだならば、もはやそれは野獣と同様であり、刑罰ではなく、管理あるいは撃退・駆除の対象でしかなくなるのである。(2)

実のところ、ロックは、しばしば死刑を容認していたと解釈される。それは、ロックが次のように明言しているからである。

そのような犯罪者は、神が人類に与えた共通の規則であり尺度である理性を放棄し、一人の人に不正な暴力と殺害を加えることによって、全人類に宣戦布告したのであり、それゆえ、その者は、人間がそれとともに社会生活を送ることもできず、安全を保つこともできないような野獣の一種であるライオンや虎のように殺されてよい (Locke 1960, Second Treatise, Section 11)。

しかし、問わねばならない。これは果たしてロックが死刑を容認している発言なのだろうか。私にはとてもそうは思えない。「ライオンや虎のように殺される」というのはもはや刑罰の体を成していないのではないか（西山 2009 参照）(3)。それは、駆除というべき事態なのではないか。こうして私は、近代的刑事システムの根幹をなす人権思想の、そのまた根幹を成すロックの哲学の中に、「死刑不可能論」を読み取り、そこから死刑存置論と死刑廃止論にのみ議論が集中している論争状況に別様の考察地平を開くべきだと、つとに指摘続けてきたのである。

そして、実を言えば、ロックと同様な見方は、先に引用したトマスの議論にも見て取れる。トマスはこう述べる。「自らの尊厳を保持している人間を殺すことはそれ自体として悪であるが、罪人を殺すことは、獣を殺す場合のように、善でありうる」（トマス・アクィナス 1985, p. 163）。これは果たして死刑を容認する議論と言えるだろうか。共通善のために罪人を殺してよいとするように読めるトマスの議論（同、p. 162）と、獣を殺すことにそれをたとえるこの議論とがどのように整合するか、それは慎重な議論を要するだろう。

いずれにせよ、私の「死刑不可能論」は次の文に集約できる。**死不論文**と略しておこう。

**死不論文**

| もし基本的人権の思想を受け入れるならば、死刑は不可能である |
|---|

すなわち、死刑不可能論というのは「**条件文による主張**」なのである。この死刑不可能論に対して、私に直ちに投げかけられた反論は、現実に死刑が行われているのに、それを不可能だというのは、哲学者の歪んだ妄想（つまり端的な間違い）にすぎないのではないか、というものであった。残念ながら、哲学的思考に慣れていないと、条件文による主張は把握が難しいし、シミュレーションや可能性への目線というのは受け付けにくいのかな、と感じた。いずれにせよ、この反論に対する死刑不可能論からの回答は、「もし基本的人権の思想を受け入れるならば、現行の死刑は、実は死「刑」ではなく、ただの暴力・虐殺にすぎない」というものであり、それに尽きる。

このことは、逆に、基本的人権の思想以外の考え方を導入するならば、話は別である、ということを含意もしている。さきほどの7節の議論のように、**死不論文**の対偶を取るならば、次のようになるだろう。

死刑が可能であると想定されるならば、基本的人権の思想は受け入れられていない死不論文の対偶

すなわち、たとえば、武士道とか、あるいは人間と動物の格差を重視しない立場とか、そうした倫理観・世界観を採用している場合は、死刑は概念として成立する、という含意である。これは決して荒唐無稽な可能性ではないだろう。後に触れる共同体論の考え方を取ったり、あるいはビーガニズムとある点で同調するような生物観を取ったりした場合は、議論の文脈は一挙に変容する。そうした可能性をリアリスティックに見越している点において、死刑不可能論は死刑廃止論とは一線を画している。

## 10　人権思想の源泉

ここで私が最後に提起したい問いは次のようなものである。私たち日本人は、こうした人権思想の意義を理解した上で日本国憲法下で暮らしているのだろうか。権利が努力によって獲得されるもので、単に与えられているものではないことを理解しているだろうか。権利が「ある」といっても、水素や酸素が「ある」のとは違い、自然界にあるものではない（私はかつて、権利が「ある」のような「ある」を、「制度的実在」と呼んでその意義を検討した。一ノ瀬 2001 参照。こうした「ある」の様態は、第3章で示した「虚構性テーゼ」に対応している）。権利は、私たちが努力して労働して獲得していくものである。あるいは懸命

の訴えによって創造していくものである（ネットから情報を削除してもらう権利などを想起してほしい）。よって、もとから努力して獲得する範疇を超えているものに対しては権利概念は適用されないのである。くどいようだが、もう一度日本国憲法九七条を引用しよう。「基本的人権は、人類の多年にわたる自由獲得の努力の成果であって、これらの権利は、過去幾多の試練に堪え、現在及び将来の国民に対し、犯すことのできない永久の権利として信託されたものである」。

これはどれほど理解されているだろうか。権利は、人々の努力によって獲得され、維持されるものであって、何もしないで元からあるものではない。しかし、そもそもいくら努力しようとしても原理的に獲得できないものもあり、それが私たちの「いのち」なのだということ、これこそが、キリスト教文化圏に端を発する人権思想の肝なのである。「いのち」をめぐる言説は、もともとのキリスト教そして人権思想の文脈では、自殺禁止の倫理が物語るように、根源的には神の領分に属するのである。

いずれにせよ、以上の事情が、今日、西洋国家で死刑廃止国が多いことの説明にもなる。キリスト教文化圏では、キリスト教思想が徐々に咀嚼消化され、人間社会での人間による死刑が、越権どころか、それ自体単なる暴力であることがなんとなしに感覚されてきた、と解釈することができる。

とはいえ、一層根源的な問いもありうる。そもそも、キリスト教徒が全体の二％程度の日本において、キリスト教倫理に由来する人権思想をそのまま受け入れることが正当なのかどうか。一つの見方として、日本人の多くは、人権思想とキリスト教との結びつきについて必ずしも自覚的ではなく、キリスト教とは独立の、日本独特の捉え方をしているので、死刑に対する態度が、人権思想を謳っているにもかかわらず、西洋社会とひいては国連の立場と微妙に乖離してきてしまっていると、そのようにさえ解釈できそうに思えるのである。

むろん、このように述べることは、日本に多く見られる倫理観を貶めることにはならない。私は、まずは探求すべしという意識のもと、一旦は虚心坦懐に、次のように問う必要があると考えている。そもそも、キリスト教由来の人権思想は普遍的なのだろうか、と。人権思想のもともとの一つの骨子は、「人は神の前で平等」と捉えて、現世での権力や権威に対する「抵抗権」を承認する、というところにあると考えられる。ロックの抵抗権の議論は、まさしくそれを象徴している。けれども、「人は神の前で平等」という観念を日本人は受け入れているのだろうか。かなり疑問であると思う。もちろん、だからまずい、ということではない。

この辺りは、非常にデリケートな部分である。人権概念が元々はキリスト教倫理に発しているとしても、それは起源がそうだと言うだけで、現在の人権概念は普遍的な適用可能性を持つに至っているのではないか。個人のいのちを大切にして、自由や尊厳を重視し、虐待や差別を禁じる。これは特定の宗教や文化を越えて、人類全体に妥当する、ほぼ客観的に正当化できる倫理的価値ではないか。私も、そうした言い方に異議はない。子どもの虐待など、絶対にあってはならないと私も強く感じる。ただ、どのような人間の案出物にも当てはまることだが、起源をなんらか引きずるのが常だし、絶対に完璧ではないのも当然だし、それと異なる別口の対抗物があるのも普通である。

一つには、人権思想は、権利主張の競合が起きたときの対応に関して、やや難点を露呈するように一見思われる。表現の自由とプライバシーの権利のコンフリクトはしばしば大きな係争点となり、人権思想を謳うだけでは解決しない。また、生命予後を短縮させると思われる鎮静や苦痛緩和などに関して、たとえば、カソリック側から、意図と予見とを区別するいわゆる「ダブル・エフェクト」論が提起されたが、そうしたロジックはどこまで説得的か。もちろん、「トロリー問題」に類する実際のケース、たとえば自動車使用と交通事故死、原爆使用による戦争終結と原爆被害についての米国的ロジックなど、人権尊重の主張はときとしてコンフリクトを起こす。人権という概念は、依然としてさらなる彫琢と洗練化が必要であるように思われる。それゆえ、第5章で述べたように、人権概念に依拠して何かを主張するときには、誠実である限り、「ためらい」をまずは抱くことが求められる。そして、そういう不確定性を包含する現実を受け入れると「決断」して、人生視線的に科学的・歴史的知見を考慮しつつ、身を投げ出すような思いで前に進むこと、それが適切なのではなかろうか。

## 11　人権思想と共同体主義

さらには、やはりすでに第5章で触れたことだが、人権思想とはいささか異なる倫理思想が、現代的な文脈において展開されている点に再び注目したい。アラスデア・マッキンタイアに代表される「共同体主義」(comminitarianism) である。それは、ようするに、倫理は各地域の歴史や伝統に根差すべきだとする立場である。マッキンタイアの『美徳なき時代』から、象徴的な発言を、議論の説得性を目指して、繰り返しをいとわず再び引用しておこう。

私の人生の物語は、私の同一性がそこから引き出されているところの共同体の物語の中に常に埋め込まれている。私は過去とともに生まれた。したがって、個人主義の様態に沿って、私をそうした過去から引き離そうとすることは、私の現在の諸関係性のあり方を損なうことである……自己はその道徳的同一性を、家族、近隣、都市、部族などの諸共同体の成員であることを通じて、そこに見いだすべきなのである……私が何者であるかは、その鍵となる部分で、私が相続しているものであり、現在の私にある程度まで現前している特定の過去である。私は歴史の一部として自分自身を見いだしている……それは、私を伝統の担い手の一人と述べることである（MacIntyre 2007, p. 221）。

こうした見解を踏まえて日本人の平均的と思われる特性を顧みてみると、たしかにキリスト教文化圏とは異なる様相が見えてくる。日本人は無宗教だと言われるが、初詣やお盆の墓参りなどを思い起こすと、決してそうは思えない。キリスト教とは別の、神道や仏教への親近性はきわめて高く、きわめて宗教的な国民である。だとするならば、もともとキリスト教に起因する人権思想を、そのままの形で捉えて受け入れるという土壌にはなりにくいのではなかろうか。キリスト教文化圏の共同体性とは異なる様相の共同体を形成しているように思われるのである。そのような基盤のもとで、人権概念も独自に咀嚼されて解されているのではなかろうか。そういう意味で言うと、日本国憲法が謳う「人権」は、すでに指摘したように、それを英訳するときに“Human Rights”と訳してしまうと、国際的な誤解を生むのではないかと思われる。すなわち、ここでの主題に沿って言えば、キリスト教文化圏の視点から見ると、日本は人権尊重を謳っているのに、なにゆえ死刑を存置し続けているのか、といった違和感を抱かれてしまうのではなかろうか。

すでに述べたように、こうした点からして私は、国際的な誤解を避けるために、日本国憲法の「人権」は“Jinken”と表して、注釈を付けた方がよいと思うのである。この辺りは、森島豊の労作において欧米型人権思想とは別様の「天皇型人権思想」と称されるような、日本固有の人権概念を見届けることができる文脈なのかもしれない。ただ、これはあくまで事実記述としての側面でであって、どのようにすべきか、についての特定の規範的な議論に直結するわけではない。たとえば、森島のようなキリスト者の視点からすれば、この状態は正すべきで、真の人権思想を日本にも定着させるべきだ、ということになろう。けれども、そうではなく、共同体主義に沿う形で、このままの日本の伝統的なスタイルをむしろ自覚的に表に出すべきだ、とする見方もありうる。たとえば、自民党の憲法改正案では、私が何度か言及した第九七条を廃棄して、ロック由来の西洋的な人権思想から距離を置こうとしている。規範的にどう考えるべきかは議論必至であろう。ただ、共同体主義のいう歴史性について一言加えれば、実は、多少異なった形ながらも人権思想をすでに何十年も受け入れてきた、というのも日本のそして私たちの歴史となっているという点、この点も当然ながら考慮に入れなければならないということになるだろう。

二点、簡単に補足する。人権尊重を謳う日本国憲法だが、よく知られているように、人権尊重が無制限に認められているわけではないように読める点を改めて確認しておく。すなわち、すでに第5章にて触れたように、第一三条にて「すべて国民は個人として尊重される。生命、自由及び幸福追求に対する国民の権利については、公共の福祉に反しない限り、立法その他の国政の上で、最大の尊重を必要とする」と述べる。問題は、「公共の福祉に反しない限り」という条件である。しかし、果たしてこれは人権尊重の制限なのだろうか。先ほど言及した森島によれば、もともとの人権思想の文脈においても、一七世紀イギリスのピューリタニズムの運動の中で、法学者ヘンリー・パーカーなどが「人民の福祉」(Salus Populi) という考え方を強調し、それによって抵抗権思想を根拠づけたという。つまり、むしろ人権思想というのは、本来的に、個人だけを対象としているのではなく、社会全体を対象とする視点を内包していた、という指摘である（森島 2020, pp. 117-118 & p. 128）。これは間違いなく日本国憲法の言う「公共の福祉」に対応する視点であり、人権の競合やコンフリクトは実は人権思想の枠内で処理可能であるとする理解を導くかもしれない。そして、そこでの「人民」や「公共」が、抽象的な個人の単なる集合ではなく、それぞれの固有の歴史を前提した具体的社会の構成員であるともし解釈できるならば、共同体論との連結も可能となるかもしれない。

ただ、「なに」が人民の福祉に適うかを「誰が」判断するのか。ロックの『統治論』での著名な文言、「天に訴える」（an appeal to Heaven）、を想起させる（Locke 1960, Second Treatise, Section 20）。絶対の基準はなく、誠実に直観したことを思い切って「天に訴えて」実行するだけなのだろうか。さらに根本的に、人民の福祉の名の下で切り捨てられる個人の人権がある場合、人権思想はそれをどう解するのか。あるいは、人民の福祉のための処刑もありうるのだろうか。それは、虎やライオンの駆除とは異なる、刑罰なのだろうか。いくつかの疑問が湧出することは避けられない。こうした点を見ても、やはり人権思想には依然として煮詰めていかなければならないことが残っているのだろうと思われる。

次に第二に補足したいのは、次の点である。少なくとも以上で明らかになったように、いずれにせよ、キリスト教由来の人権思想が理論的に絶対なわけではなく、しかも日本でそれが十分に理解されて受容されているとも思いがたい、というのは事実である。日本で死刑支持が多いことが、まさしくその事実を映し出している。だとしたら、私の死刑不可能論の条件文の前件がそのまますんなりと受け入れられるとは直ちには（少なくとも事実としては）言えないので、死刑不可能論と死刑廃止論は同じではないことが改めて明確に導かれる。中世日本の武士たちの死生観は（そしてもしかして現在の日本人の死生観も）、今日の西洋的人権思想での死生観とはかなり違っていた（違っている）のではないかと思われるのである。ただし、これは、どうすべきかという規範的提言ではなく、さしあたりは事実の指摘に留まる。

率直に言って私は、どのような倫理体系を採用すべきか、という問題については、少なくとも理論的にはいまだ未決である、と述べるしかないと考えている。客観的に妥当な倫理体系があるのか、倫理は文化や歴史に相対的であるべきなのか、そうした問いについても、実践的な社会運営の場合は別として、現時点で断定的な理論的解答を提起することはできない。「ためらい」が不可欠である。まさしくこれが倫理の深層のありようなのではないか。しかし、あえて言えば、たぶん、倫理とか規範という以前の、あるいは非常に緩やかで大まかな規範を含みつつも主として事実受容的なレベルでの、人間と動物の連続性までをも射程に入れた見地、それが現段階で最大限正当化できる視点なのではないかと考えている。この点は、第6章にて暫定的に「動物対等論」(animal egalitarianism、厳密には「動物人間対等論」(animal-human egalitarianism))と称して、頭出しだけをしておいたわけである。

## 12 「死の所有」の観念

最後に、以上のような事情であるにもかかわらず、そして長い死刑論争の蓄積にかかわらず、なにゆえ多くの(とりわけ日本の)人々が死刑を刑罰の一つとして容認し、その存置支持に向かいがちなのかについて、その思考構造を私なりに分析してみたい。

すでに、ロックを起点とする西洋的人権思想のもとでは死刑は不可能である、という議論を展開したが、実は、ロック人権思想などという難解な議論から仮に離れても、もう少し表面的な次元においてさえ、権利の剥奪と喪失といった応報的・人権思想的語り方は、殺人から死刑という流れには、冷静に考えて当てはまらないという点にまず思いを致したい。死刑に関しては、一般的にはようするに、「人のいのちを奪ったのだから、自分のいのちを差し出せ」という形での応報的均衡の観念が機能していると思われる。けれども、素朴に考えて、次のような問いがおのずと出てくるが、それにどう応えたらよいのだろうか。

問い1：いのちを奪った人はいのちを計二つ得たことになるのか。
問い2：いのちを差し出すとはどういうことか。
問い3：いのちを差し出された人はもう一ついのちを持つことになるのか。

素朴かつ率直に考えて、こうした問いに十全に答えることはできないだろう。「いのちを差し出す」という表象は、なにか文法違反のように響くのである。いのちのやり取りという次元での応報的均衡という考えは、実は意味を成していないのではなかろうか。そういうシンプルな疑いが首をもたげてきてしまう。

しかし、こうした疑問にもかかわらず、人々は、殺人から死刑という流れにも応報的均衡の考え方を当てはめて、死刑存廃論を続けていく。なぜなのだろうか。おそらく、人が死ぬとき、何かが差し出されると実感されるからなのではないだろうか。私自身の個人的な経験からしても、人が亡くなるとき、そして愛犬や愛猫が亡くなるとき、明らかになにかが変わる。何か新しいものが加わってくる、という感覚である。いや、正確に言えば、なにかが失われるのだから、なにかが欠如するという感覚なのだが、むしろ、なにかが欠如するという様態が新しく出現してくると、そのように表現したくなる状況である。なにかが押し出されてくる、つまりはなにかが差し出されてくるのである。では、何が差し出されるのだろうか。「いのち」、ではない。いのちが差し出される、というのは文法違反である。では、何だろうか。

「死」が差し出される、と考えることはできないだろうか。人が亡くなるという状況、死体、押し寄せてくる哀切感などなど、そうした諸々のことが、亡くなったという欠如の積極的様態として差し出されてくる、と。言ってみるならば、死が誕生する、という切ない表象である。少なくとも、このように「死」が差し出されると表象する方が、「いのち」が差し出されると文法違反的に表現するよりも理解可能性が高いように響くのではないか。しかるに、このことを一旦認めると、「死」を差し出す人は、もとから「死」を持っていたことになる、持っていなければ差し出せないからである。かくして、私たちは生前から「死」を所有している、という見方が浮かび上がる。「死の所有」の観念である。たぶん、死をいつもうっすらと意識しているとか（メメント・モリ、常住死身などを想起せよ）、いつでも死を引き寄せることができるという感覚とか、そうしたさしあたり有意味な事態をよすがとして、私たちが生前から死を所有しているという感覚を描像化できるかもしれない。

しかし、たしかに「いのち」を差し出すという文法違反的な表現よりはリアリティに沿うとしても、これも虚構である。「死」を差し出された人は死んでしまうのかどうかなど、新たに固有の疑問も生じよう。けれども、こうした「死の所有」の観念を仮定的に認めるならば、殺人は他者の「死の所有」を当人の承認なしに奪うことなので、そのように奪った者も自身の「死の所有」を奪われる、とする応報的均衡に対応した捉え方の成立余地が生まれてくる。私は、多くの方々は、そのような裏面の思考方式を、たぶんは無意識的にではあろうが、採用しているので、死刑という刑罰を他の刑罰と同様な水準において応報的均衡に即した形で押さえて、合理性を担保できているのではなかろうか、と分析するのである。そして、死刑の理解可能性を支える文脈において確認できる、こうした「死の所有」は、虚構でありつつ、人間の諸文化にも広く関わってきたのではないか、とも思う。この点はおそらく、第3章で因果関係に即して提起した「虚構性テーゼ」とも照応するだろう。

まとめよう。死刑論争は現在混迷を極めて、その論争はデッドロックに陥っている。その根底には、人権概念や「いのちを差し出す」といった表象に宿る不明確さがどっかと居ついている。とりわけ、西洋キリスト教倫理に由来する本来の人権思想をそのまま受け入れるならば、死刑は刑罰として成立していないという「死刑不可能論」さえ帰結する。にもかかわらず、たとえば日本では、基本的人権を尊重することを憲法で謳っているにもかかわらず、死刑は刑罰の一つとして実際に運用されている。少なくとも、何かの歪みがここには存在する。事態は本質的にゆらいでいる。私たちは、それゆえ、絶対に自分の見方が正しいという思いを一旦脇に置いて、まずは「ためらい」を抱き、そしてこのような「ためらい」をもたらす、ゆらぎゆく事態をそのまま受け入れると「決断」しなければならない。ゆらぎくことこそが実相であると、しかと受け入れねばならない。そうした境位に立ち至ってこそ、死刑論争を一層清明な土俵に引き出し、死刑制度ひいては犯罪と刑罰の問題一般について、次の高い次元に上昇した視点から考えることが可能となるのではなかろうか。

こうして、因果と倫理のゆらぎゆく様を跡づける旅は一旦終わりを迎えた。もちろん、浮動する事態は継続する。何が生まれてくるだろうか。何に出会うだろうか。それは、誰にもわからない。

# あとがき　「消えてなくなる」ことの彼方へ

「消える」ということにとても心引きずられる。「消える」とは何か存在していたものが「なくなる」ということであろう。しかし、それは「ない」ということとは異なる。「あった」ものが「なくなる」のであって、「消える」には字義的に「あった」という意味が含意されている。真にそもそも「ない」のではなく、時間軸をたどれば「あった」のである。では、その含意は実際どのように機能しているのだろうか。おそらく、余韻、残響、残像、残り香などが「消える」という概念を形成しているのではないか。その意味で、「消える」には、やや逆説的に響くが、存在性が伴われているのである。しかも、そうした存在性は時間経過を包摂し、過去を引きずっている。だからこそ「消える」ことは、記憶や追憶と結び、現在とのコントラストをもたらし、私たちに影響をあたえる。病巣が消えれば大いなる喜びがもたらさせる。しかし、大切なものが消えたとき、重い悲哀がもたらされもする。「なくなった」のであって、現には何もないのに、私たちはそれにゆさぶられるのである。

何かが消えてなくなったように思われる最たるものは、「いのち」であろう。いのちが「失われる」と言えるか、あるいは、いのちが「奪われる」と言えるかについては、「所有」の概念と絡めてやや錯綜した問題があり、それは本書第7章で論じた。しかし、人や動物が呼吸を停止し、心臓が停止したとき、いままであった「いのち」は消えた。「いのち」の炎は消えた。そのように述べることは事実次元で許容されるだろう。この消滅を目の当たりにする経験は、本当に、とてつもなくもの悲しい。

少なくとも私にとって、「消える」は切ない哀切の想いと直結している。

一匹の猫との邂逅はまことに思いもかけないことであった。二〇〇八年の一〇月、私は本務校で許可いただいたサバティカル期間中であり、それを利用して一一月から六週間ほど渡英する予定を控えていた。いまでも忘れない、一〇月六日。そのとき、庭に迷い猫が現れたのである。外見からして、明らかにロシアンブルーである。しかし、見るも無惨に、がりがりに痩せ細っていた。このままではいのちの危険が、とさえ思えた。どこの猫だろうか。しかし様子からすると、単に迷い込んだのではなく、捨てられたのではないか、と直観された。私はとりあえず食べ物を与えた。見るに忍びなかったのである。その食べっぷりといったら、ものすごい。よほど長い間食べ物にありつけなかったのだろう。一気に食べ尽くすと、やや落ち着いた様子で、とぼとぼと歩いて去って行った。この瞬間の光景はさらに忘れられない。後悔に塗りつぶされた瞬間として、あの光景が脳裏にありありと残っている。あのまま去らせたことは正しいことだったのか。きちんと保護すべきだったのではないか。

しかし、翌日、そうした悔恨の情を葬り去ることのできる僥倖が、またまたふいに訪れた。道の向こうから、高齢者の歩いている後に、昨日の猫がぴょこぴょこと付いてきているのが見えたのである。もはや迷うことはない。私はその猫を抱き上げた。とにもかくにも保護をして、いのちを守ろうとしたのである。そのとき私は二匹の愛犬と暮らしていたので、なにかの時に役立つと思ってケージを持っていた。まずは、抱き上げた猫をケージに入れて、水や食べ物をあげた。信じられないほど痩せ衰えた猫であった。まさしくそのときから、この猫との生活が始まったのである。最初は、もとの飼い主を探すべく、保健所に捜索願が出されていないか確認したり、迷い猫を保護しているという掲示を動物病院などにしてもらったりした。しかし、案の定、飼い主は見つからない。私は、犬との生活は子どものときからある程度慣れていたが、猫と暮らしたことはなかった。子どもの頃、猫に近寄って顔を引っ掻かれたことがあり、それ以来どうも猫はちょっと苦手だったのである。しかし、状況からして、もはやこの猫と暮らすしかない。きちんと養育できるのか、少々不安だったが、覚悟を決めた。そして、名前を付けた。私は日本史好きで、二匹の愛犬に「しずか」と「牛若」と名付けていた。さらに、たまたま当時NHKの大河ドラマで天璋院篤姫が取り上げられていて、和宮の話が展開されていた。和宮は「みやさま」と呼ばれていた。それとの連想で、そして「みゃーみゃー」と鳴くので、私はこの猫を「みや」と名付けたのである。

一一月になって一人で渡英することになった。その直前に、妻と相談して、動物病院にてみやの避妊手術をしてもらった。出かける直前、入院しているみやに一目会おうと、病院を訪れた。すると、私に気づいたみやが、「みゃーみゃー」と激しく鳴くのである。すでに私を家族の一員として認識しているのか。何とも切ない。胸がかきむしられるようだ。避妊手術をすることに対しては、私も複雑な気持ちがあり、一点の曇りもなく正しいことだとまでは感じられなかった。そういう、ある種の負い目も感じつつ、後ろ髪を引かれるようにイギリスへ旅立った。イギリスから何度もみやの様子を尋ねたことが思い出される。小さな生き物なのだが、その温かい感触は本当に愛おしい。私の心に大きな位置をすでにして占めていたのである。

こうした経緯で、私どもの家は「しずか」と「牛若」と「みや」との暮らしとなった。その後、二〇〇九年に牛若を亡くし、二〇一五年にしずかを亡くした。その間、娘が生まれて、我が家は人間三人と愛猫のみやという構成となった。亡くした愛犬への思いは尽きることはないが、いまから思えば、なんという平和で穏やかな暮らしだったのか。しかし、時は流れる。生き物にとって、時間は完全無欠で最強の殺し屋である。みやも老いていった。悲しいことに、切なくて苦しいことに、老いていった。愛する者が老いて、歩くのも辛くなるのを見なければならないなんて、なんという定めだろう。何の報いなのだろう。天を仰ぐ。多くの猫に生じるように、みやは腎臓の機能が衰え、病院で点滴を受けたりするようになっていったのである。

やがて二〇二二年の夏には、水や食事もあまり取れなくなり、ほとんど動けなくなってしまった。二〇二二年の一月、二月頃は、夜には小さなオイルヒーターの前の、椅子のクッションに暖かそうに、幸福そうに、寝入っていたみや。それが、季節が移り、夏になると、急激に弱ってきたのである。リビングとキッチンの間の床に置いた猫用のベッドにみやは寝たきりとなった。私は、動けなくなっても点滴をすれば少しは楽になるのかなと思い、点滴をお願いしようとしたが、そのように弱ってしまった場合は点滴をするとかえって苦しさが増す場合があるということで、もはや手立てはなく、見守るしかなくなった。そして、ついに二〇二二年八月一日、あきらかに様子がおかしくなった。家族で見守った。私が撫でると、みやは目を開けて反応した。みやちゃん、みやちゃん、皆でそう呼びかけた。顔が動いたか、と思ったとき、なにかが起こった。起こった、と直観できた。みやのいのちが消えた瞬間だった。すぅーっと、消えたのである。ほんの一秒前まであったみやのいのちが、消えた。いや、いのちがあったという感覚がまさって、消えたという感覚はすぐには優勢とはならない。けれども、もはや時間は取り戻せない。クッションの上で安らかな寝息を立てていた、あの可愛いみやは天に召されたのである。自分の一部が引き裂かれたような感覚が激しく湧き上がる。何という愛くるしい猫なのか。仕事のため机に向かっている私の足下に来て丸まっていたみや、私の膝に乗ってきたみや。そうした光景が眼前にまざまざと甦る。その表象が鮮明であるのに、いや、鮮明であるからこそ、すべてが消えてしまったことが重く迫り来る。みやの存在しない世界が到来した。もはや、静謐なる、峻厳なる時間の中に立ち尽くすしかない。

この切ない体験こそが、「消える」ということの意義の検討へと私をいやおうなく差し向けた。何もなくなってしまった、という事態の意義を強烈に考えさせた。「消えてなくなった」というのは、そのものとしては単なる事実の描写であるようにも思える。しかし、明らかに事実描写を越える傾きが潜んでいる。そのものがあったこと、それを想うよう、何かかき立てる力が「消えてなくなった」という事態には強力に宿されているのである。いわば、「それがあったことを想うべきだ」と言われているかと感じるほどの強い力である。本書第1章17節でふれたことだが（七一頁）、カントの提起した有名な対比に「quid facti」（事実問題）と「quid juris」（権利問題）という区分がある。事実どうなのかを問う文脈と、それが正しいことなのか、どうあるべきなのかを問う文脈の区分である。けれども、「消えてなくなった」ことの体験によって私は、この二つの文脈はたしかにコントラストを成しているけれども、まったく排反なわけではなく、どこかで重なり合っている、という（以前からうっすらと感覚していた）見解を一層強く抱くようになったのである。また、「消えてなくなった」体験は、文字通り不在や非存在を含意する。私がとりわけ不在因果に関心を傾けていったこともまた、この体験と照応する動きである。これらの思考は、たとえば、第4章8節の「記述性度」と「規範性度」との相関を示した「因果関係判定図」などに一旦まとめられている（一七七頁）。

本書を刊行したならば、私の本書執筆の行為は過去へと「消えてなくなる」。本書を読み終えた読者の方々も、本書を読んだという時間は「消えてなくなる」。しかし、何かがあったことはずっと残響していくはずである。では、その彼方に何が待ち受けているか。
それは誰も知らない。考えて、期待して、進むのみである。

本書は、いくつかの既発表論文を基にして、書き下ろしの論考を加えて成立した。もっとも、既発表論文に対してかなりの改訂や補足を加えたので、原型を留めていないようになっている部分も多々ある。ともあれ、初出情報を以下に示す。

まえがき　「浮動的安定からウェルビーイングへ」　書き下ろし
第1章　「因果と応報」
初出：「因果と応報――哲学の視点から」、『心』、武蔵野大学日曜講演会講演集、第三九集、二〇二一年、二九―四七頁
第2章　「思考実験から知識の新因果説へ」
初出：「「思考実験」から「知識の新因果説」へ――ウィリアムソンの議論に即して」、『イギリス哲学研究』第四三号、「会長講演」として所収、日本イギリス哲学会、二〇二〇年、五―一二一頁
第3章　「不在因果と反事実的条件分析」　書き下ろし
第4章　「不在因果と責任帰属の構図」　書き下ろし
第5章　「トリアージと人権」
初出：「トリアージと人権に関する哲学的覚書」、『コロナ禍とトリアージを問う――社会が命を

選別するということ』、土井健司・田坂さつき・加藤泰史編著、青弓社、二〇二二年、一四五―一八八頁

第6章　「動物倫理と鳥獣害の問題」

初出：「「鳥獣害」を被る人々に動物倫理は何を語れるか」、『法の理論40』（特集《カントにおける法秩序と他者》）、長谷川晃・酒匂一郎・河見誠・中山竜一編、成文堂、二〇二一年、一四五―一六九頁

：「人と動物をめぐる揺らぎと対等性についての一考察」、『現代思想』（特集＝肉食主義を考える）第五〇巻七号、青土社、二〇二二年六月号、一三七―一四三頁

第7章　「死刑不可能論の展開」

初出：「「死刑不可能論」再訪」、『武蔵野大学 認知行動療法研究誌』第四号、武蔵野大学認知行動療法研究所、二〇二三年三月、一一―三二頁

あとがき　「消えてなくなることの彼方へ」　書き下ろし

既発表論文に関して、改訂・加筆した上での利用についてご許可いただいた、武蔵野大学、日本イギリス哲学会、青弓社、成文堂、武蔵野大学認知行動療法研究所にはここに謹んでお礼申し上げます。なお、第3章と第4章の書き下ろし部分については、私の武蔵野大学での講義や、二〇二三年九月一一日に東北大学で開かれた中国社会科学院哲学研究所および日本哲学会主催の『第七回日中哲学フォーラム――世界哲学において東アジアが果たす役割』での基調講演などがその材料の一部となっていることをここに記しておく。また、第6章は二つの既発表論文を基にして、それらをまとめた上

で改訂を施した。

本書が成るまで、多くの方々の恩恵を賜った。とりわけ、本務校である武蔵野大学の西本照真学長先生、石上和敬先生、小西聖子先生、北條英勝先生、辻惠介先生、中島聡美先生、そして二〇二四年四月に新設されたウェルビーイング学部の前野隆司先生や松本紹圭先生には、格別の恩恵を賜った。ここに記して、感謝申し上げます。武蔵野大学に所属することで仏教の考えに触れることが多くなった。私の言う「浮動的安定」も仏教的な側面から捉え返すことができるかもしれない。加えて、人間科学部からウェルビーイング学部に学内異動することになったことで、私自身の研究視野が大きく広がった。人生は本当に思いもよらない展開をもたらしてくれるものである。また、オックスフォード大学のTimothy Williamson教授にも、私が在外研究でお世話になって以来、格別のご指導を賜っている。実際、本書第2章は彼の議論と正面から向きあったことの成果の一つである。深く感謝したい。さらに、娘が通う茨城県かすみがうら市の青葉台初等学部にも謝意を表したい。そこで「子ども哲学(Philosophy for Children, P4C)」の授業を持たせていただいたことも、私の研究に多様性を間違いなくもたらしてくれた。故塚原港先生、塚原裕子先生、高橋敏夫先生にお礼申し上げたい。そして、このような出版の機会を与えていただき、緻密かつ丁寧に編集作業を導いていただいた青土社の加藤紫苑氏には、心より感謝申し上げたい。出版という営為は、編集者による部分がきわめて大きい。加藤氏に携わっていただかなかったならば、まったくもって本書は成立しなかったであろう。

最後に、私事ながら、研究を口実にした私の怠惰な生活を寛容にも許してくれて、朗らかな暮らしを支えてくれる妻りつ子と娘さりいに、心よりありがとうと述べたい。そして最後の最後にこう述べることをお許し願いたい。本書を私の愛猫みやに万感の思いを込めて捧げる。

令和六年四月　土浦にて

一ノ瀬 正樹

## 註

### まえがき

（1）実は、自然法則の普遍性について慎重だったヒュームでさえ、非常に不思議なことに、決定論を容認し、偶然などない、などとしているのである。こうした議論展開をどう理解するかを考えるのは、哲学研究の醍醐味かもしれない。

（2）リスク・トレードオフの例としてしばしば挙げられるのは、一九九一年から一九九二年のペルーの事例である。水道水の塩素消毒が発がん性物質のトリハロメタンを生成させてしまうことを知ったペルー政府は、発がん性物質のリスクをゼロにしようとして、塩素消毒を止めた。しかし、そのことによってコレラが蔓延し、多くの犠牲者を出してしまったのである。中西（2010）、pp. 14-15 を参照。

（3）「浮動的安定」という概念は、進化理論で言うところの「遺伝的浮動」（genetic drift）をもじったものである。「浮動的安定」に対して、変化する世界に抗って、あえて人為的に確定した絶対のものを措定しようという態勢のことを私は「選択的不自然」（selective unnaturalness）と呼んだ。もちろんこれは、やはり進化理論の「自然選択」（natural selection）の概念のパロディ的もじりである。一ノ瀬（2018）, p. 40 などを参照。

（4）古代ギリシアのヘラクレイトスの「万物流転」も同様な思想であろう。また、香港の往年の映画スターのブルース・リーが残した言葉とされる 'Be water'（水になれ）も、「無常」の思想に近似していると思われる。

（5）ウェルビーイングは結局は個人個人の快適さという主観的な現象に尽きるのか、それとも客観的な指標があり、測定可能なものなのか、といった疑問は核心的な問いとなる。また、刹那的なのか、長いスパンの中で判定されるものなのか、といった問題もある。さらに、死や死者についてウェルビーイングを語ることはできるのか、という問いは私自身の関心事である。あるいは、勝負事の場合のように、他者の犠牲の上に成立する個人の快適さは果たしてウェルビーイングと言えるのか、といった問いも大いに論じる価値がある。Fletcher（2016）が「ウェルビーイングの哲学」の今日的論争状況を知るのに有用である。

（6）https://www.who.int/activities/promoting-well-being

（7）やや唐突だが、涙を流す、というのもこうした場面において効果的に両立思考、ひいては「浮動的安定」の態勢へと誘導する力を持つのだと思う。涙を流す、泣くこと、が生理学的にも脳科学的にも、感情的な困難の解消へとつながることはつとに知られているし、私たちの実感にも適合しているだろう。（柏瀬 2006 を参照）。私はかつて「涙の哲学」という名称の下、涙を抽象的な鍵概念と捉えて、哲学的な考察をかなり広範囲に展開できるのではないかと論じた。未完だが、挑戦の価値は依然としてあると思われる。一ノ瀬（2019）「序章」を参照。

（8）person の語源の persona が、一つの理解として、「音・声を出す」という含意を持っていたことが知られており、そのことを踏まえて私はつとにpersonを「声主」と訳してみることを提案してきた。そして、personが認識主体として捉えられる限り、知識とは音楽である、とする「音楽化された認識論」というプログラムを展開してきた。互いに異なる見解を述べ合うことは、もちろん音声を通じて行われることであり、そういう意味でも、私の考え方は「謙虚なリーダーシップ」の概念と折り合うと思われる。もちろん、しかし、そうした組織論やリーダーシップ論が哲学の文脈でどのように展開されるべきかは、いまだ検討が必要である。ここでは、単に、発想の近似性があることの指摘に留めたい。Ichinose（2007）、一ノ瀬（2019）、pp. 302-306 および一ノ瀬（2022d）を参照。

## 第1章

（1）昭和一六年（一九四一年）に尾崎秀実らがソ連のスパイであったリヒアルト・ゾルゲと共謀して日本の政治や軍事の機密をソ連に漏らすという諜報活動が発覚し、その関係者が逮捕された、いわゆる「ゾルゲ事件」の際に、外患誘致罪の適用が一度考慮されたが、結局外患誘致罪の適用は見送られたという経緯がある。

（2）「第7回孤独死現状レポート」（二〇二二年一一月日本少額短期保険協会孤独死対策委員会）によれば、年間の孤独死者数の一二％以上が二〇歳から三九歳までの方々である。https://www.shougakutanki.jp/general/info/2022/kodokushi.pdf

（3）ただし、このヒュームの議論には無限後退の芽がひそかに宿っている。この点については第4章註（11）を参照。

（4）フッシャーの喫煙と肺がんの関係をめぐる議論については、Salsburg 2001, Chapter 18 にその顛末が興味深い仕方で紹介されている。

（5）アイルランドの哲学者ジョージ・バークリも、奇妙な符合だが、マルブランシュの機会原因論にきわめて似た因果論を展開している。この点については、一ノ瀬（2020）を参照。

（6）内閣府大臣官房政府広報室「政府広報オンライン」https://www.gov-online.go.jp/useful/article/202306/1.html

## 第2章

（1）こうした知覚の捉え方は「知覚の因果説」と呼ばれる。素朴な意味で説得力があるが、少し深く考えるといろいろと問題が出てくる。この辺り、一ノ瀬（2018）, pp. 50-53 を参照してほしい。

（2）少し注意を払って考えると気づかれると思うが、知識と因果のこうした双方向の関係性は、いわば内在的に、無限後退の様態を抱懐しているのではないかという疑念が湧いてくる。私は、実際に無限後退していく、と踏んでいる。では、そのことは何を意味するか。一般に、無限後退するという指摘は当該議論に対する決定的な論駁として機能すると考えられている節があるが、必ずしもそうとは限らない、というのが私のスタンスである。この点は、私の言う「浮動的安定」の概念と相関する。この辺り、第4章にても言及する。また、一ノ瀬（2022c）も参照されたい。

（3）ウィリアムソンについては、彼の著書の翻訳書『テトラローグ』に寄稿した私の解説に多少詳しく紹介がなされているので、そちらを参照していただきたい（一ノ瀬 2022b）。

（4）Adams, M.P. "Hobbes's Laws of Nature in Leviathan as a Synthetic Demonstration: Thought Experiments and Knowing the Causes" (I cite Author's Pre-Print) などを参照。ただ、同様に契約説的な議論を提起しているとされるロックの場合は、やや注意が必要かもしれない。ロックの自然状態論は、国際関係や動物の社会などにおいて現実に成立している事実を考慮しているようにも読めるので、必ずしも全面的に思考実験的とは確言しにくいからである。

（5）ちなみに、こうした点に注意することは、私見では、意思決定理論でしばしば言及される「予防原則」(precautionary principle)、あるいはゲーム理論での「マキシミン原理」を因果的に理解したときの、それらに対する疑念を提起する一つの仕方になるように思われる。それらは（過去ならぬ）未来の可能的な「ワースト・ケース」を見越した判断基準を提起する理論で、しかも「ワースト・ケース」をもたらした原因について反事実的条件文を適用していると理解されるからである。「もしこれこれの政策を採用していなかったならば、このように「ワースト・ケース」は招来されなかっただろう」という反事実的条件文を、未来の視点で提起していると理解される、ということである。これは、反事実的条件文の用法としては破格であり歪曲だ、というのが私の診断である。ただし、因果関係理解に「物語」(narrative) の様相を導入することを受け入れるならば、話は異なるかもしれない。この辺りについては、一ノ瀬（2021a）第6章を参照されたい。

（6）私は、一ノ瀬（2018）にて、「クアエリ原理」という名で言語行為としての因果関係を提示した。「クアエリ原理」とは「因果的であることとは問われることである」とする原理で、因果関係は「なぜだ」という問いに対して、それへの応答としての発話において生成する、という立場を象徴する原理である。一ノ瀬（2018）第3章第2話および本書第4章8節を参照してほしい。

（7）「不在因果」と「野放図因果」については、すでに拙著『英米哲学入門』において一定の議論を展開してあるが、本書第3章と第4章において、既発表の拙論を踏まえて、さらに詳細を詰めていくことを企図した。

第3章

（1）この箇所に対応する部分について、納富信留は「あるがゆえに、不生で不滅である。また、全体で単独の生まれ子で、揺るぎなく完結している」と訳している（納富 2021, p. 205）。要するに、世界は一つで単一のもので、不動だ、という主張をパルメニデスはしていた、というのが標準的な解釈であると見なしてよいだろう。

（2）たとえば、熊野純彦はこうしたパルメニデスの思想を、「多」と「動」の否定、と明確に喝破し、その問題性がゼノンの議論を呼び起こしたとしている。熊野（2006）, pp. 36-38.

（3）私はこうした虚構という審級のもと私たちの生活に重大な影響を与えるものを「制度的実在」(institutional relity) という呼称で呼んできた。一ノ瀬（2001）序章を参照。

（4）このように、個体的なものであっても実は全体を表象している、という捉え方は、解釈によるが、ライプニッツのモナド概念に近似していると私は解している。私はかつて、拙著『死の所有』pp. 385-389において、人間の誕生前－生存時－死後を通底するオントロジカルなありようを「因果連続モデル」として提示したが、いま振り返れば、それはここでの「一つの全体」という表象と結びついていることに思い至る。『死の所有』においても、自身の考え方とライプニッツの「モナドロジー」との近似性について触れてある（一ノ瀬 2019, p. 389）。

（5）この点について私は、「同時性意識で視野拡大」（『茨城新聞』二〇二二年八月一三日、「茨城論壇」、第一三面）にてごく一般的な観点から触れた。私のFacebook https://www.facebook.com/permalink.php?story_fbid=pfbid0nta8eQeRNjnsoXZC4rRfwu6WAophwDNk3bdg8x9rd86nHpmevmfGZ5JDHxmp2jvol&id=100006684875225 にて読むことができる。

（6）「ない」ことには、いくつかの諸相があり、厳密にはそれを区別した方がよい。たとえば、「丸い三角形」のような矛盾したものは（特殊な存在論や矛盾許容論理などはさしあたり脇に置くならば）論理的にありえ「ない」。つまり、不可能なので「ない」。また、オリバー・クロムウェルの死の三日前の精子による子どもはい「ない」。つまり非存在の「ない」である。それに対して、二〇二三年秋の時点において、私の目の前にインドのモディ首相はい「ない」。世界のどこかにいるけれど、私の目の前にはい「ない」。つまり、不在の意味での「ない」である。しかし、不可能の「ない」も、非存在の「ない」も、目の前にい「ない」ということは共有されている。その限りで、「ない」を不在性で総称することがまったくの誤りであるとは言えないと思う。

（7）「不作為」は「行為をしない」という事態一般を意味するが、「過失」は「不注意にするべきことをしない」ということであり、過失は不作為の一部として含まれるが、同じではない。4節のウォルターの例にあるように、意図的に何かをしないという不作為もあり、それは過失とは言えないからである。ただし、3節で触れる「認識ある過失」は「意図的不作為」に近づいた事態であるとは言えるだろう。

（8）不在なことを何かを引き起こす原因と見なすことへのためらいは、不作為についてかなり包括的な議論を提起したランドルフ・クラークの著書からも見て取ることができる。クラークは、「実際に存在しない物事は実際には何ごとの原因にもならない」（Clarke 2014, p. 45）と明らかに根源的ペシミズム寄りの発言をしつつ、「不作為は、不作為が原因となるという見解にコミットすることなしに、帰結を持つ」（Clarke 2014, p. 53）というやや奇妙な言い方を展開する。そして、「ある明白な意味においていっそう良い戦略は、因果関係に関する物議を醸す主張には関わらないような形の、不作為についての見解を持つことであろう」（Clarke 2014, p. 58）として、不在因果については、根源的ペシミズムにに傾きつつも、深く立ち入らないことを宣している。哲学者たちの不在因果についての迷いがよく読み取れる。

（9）念のため記しておけば、一七世紀の哲学者フランシス・ベーコンや、その時代のイギリスの何人かの哲学者なども世界理解の基盤として「実験」を本質的なものと捉えており、「実験哲学」を展開したと目される。ただ、近代初期の実験は文字通り自然科学的な実験を意味していたのに対して、二一世紀の実験哲学は心理学的な実験をおもな内実としている。

（10）私はここで「害」が発生した場合というように文脈を設定したが、育児放棄があったけれども、何も害が生じなかった場合というのも当然ありえて、その場合はどう評価するのかという疑問ももちろん予想される。そうしたケースは、モラル・ラックや、先に本文で引用したクリフォードの提起した「信念の倫理」や、刑法学での際どい問題である「過失の未遂」の概念などに照らし合わせて論じるべきであろう。ここでは、しかし、そこまでは深入りはしない。

(11) 少し冷静に考えれば気がつくと思われるが、ヒュームの因果論は、A事象(たとえば「机を叩く」)とB事象(たとえば「音がする」)との間の因果関係「によって」を説明することを目論んでいるわけだが、その説明の構造の中に、恒常的連接の経験「によって」習慣が生まれる、という別口の、いわば垂直の、あるいは高階の、因果関係が組み込まれている。これは説明としては、無限後退に陥る構造である。この点について私は、かつて「因果的超越」という概念を使って議論をした(一ノ瀬 2001)。私は、ここを問い詰めることによってヒューム因果論の真骨頂があぶり出されてくるのではないかと理解している。その後、この議論の延長線上で、一ノ瀬(2022c)において、ルイス・キャロルの論理的推論についての「後退議論」との突き合わせを通じてヒューム因果論についてやや詳しく検討を加えた。

(12)「紫外線量の多い地域では大腸癌死亡率が低い傾向が判明した。このことは、人体が適度な紫外線に曝露されることが、大腸癌の予防に大いに寄与するものと示唆している……日本における、大腸癌の死亡率の増加を、食の欧米化と結び付けて考えられることも多い。しかし、昔に比べて生活スタイルが屋外から屋内と変わっており、それに伴う紫外線の暴露不足も、その一因と考えてた方がよい。日光によく当たるライフスタイルの人と、そうでない人の間には大腸癌のリスク低下において差があるというのも、大陽放射線のうちの紫外線に主な原因があると考えられる」(村端・高田 2013, p. 20)。

## 第4章

(1) ハート&オノレは、「二人の人物AとBが同時にCを目がけて狙撃して、どちらも彼を殺すのに十分であった場合」として、私が本文で触れた頼朝・尊氏の例と同様な例を挙げている。そして、ハート&オノレは、「AとBの両者ともCの死について刑事的にも民事的にも責任がある」としている(Hart & Honoré 1959, p. 235)。ハート&オノレは、裁判の具体的判例を念頭に置いてこのように述べており、そのことは、司法の場面でも「因果的先取」の問題は実際に発生しているが、そうした場面では「因果の反事実的条件分析」のような原則が柔軟に応用され、因果的先取の問題が必ずしも理論的困難にはなっていないということを示しているだろう。

(2) "profligate"は「放蕩の」という意味で、原因候補がいろいろなところに無秩序に拡散してしまうことを、あたかも放蕩息子がいろいろなところに遊びに出かけて落ち着かないことに引っかけた命名で、言い得て妙ではある。しかし、「放蕩因果」ではさすがに意味不明なので、私は、原因候補が野放図に広がっていく、という表象へと意訳して「野放図因果」と訳した。ただし厳密にいうと、フローラの事例のように同時点の原因候補が野放図に広がってしまうケースと、肺がんの事例のように、時間を遡って原因候補が野放図に広がってしまうケースとは、区別して論じるべきである。フローラの事例のようなケースは不在因果にストレートに関わるもので、私は「共時的野放図因果」と呼んでいる。他方、肺がんの事例のようなケースは、不在因果と出来事因果の双方に等しく関わるもので、私は「通時的野放図因果」と呼んでいる。一ノ瀬(2018)の二七四頁以下を参照。

（3）こうした不在因果の可能性については、単なるこじつけであって、実際上の意義をもたない、と感じる人もいるかもしれない。しかし、私の見立てでは、そうした感じ方は現在の慣用的な視点や言語使用を唯一のものと見なすという私たちの（たぶん生存や社会生活に必要であろう）傾きによるにすぎないように思われる。アーティストだったら、その殻を突き破って、別の視点から世界を描き出すことが可能であり、そのとき常識にとらわれていた人はハッと驚きを覚えるのである。たとえば、モネ、ルオー、ピカソなどの歴史上の画家たちの描き方を想起するだけで、こうした点が裏書きされるのではなかろうか。

（4）このヒューム因果論の構造の中に無限後退の芽が宿されている点については、第3章註（11）を参照。

（5）ただし、ヒューム因果論における規範性の位置づけについては、やや慎重な考察が必要ではある。ヒュームの議論は徹頭徹尾記述的な視点から展開されている、というのがヒュームの読者が最初に抱く理解だからである。この点については、相松（2020）などが参考になる。

（6）ここでの論点を例示する、もう一つ卑近な例を挙げておく。それは、ディズニー映画『インクレディブル・ファミリー』のプロットを構成する部分に現れている。スーパーヒーローを崇拝する父親の息子と娘が重要な登場人物として現れるが、彼らの父は、スーパーヒーローの活動を支援しようとしていたが、スーパーヒーローの活動を禁止する法律ができてしまう。そして、あるとき強盗に襲われていのちをなくす。彼らの父は強盗に襲われたときスーパーヒーローに助けを求めようとしたが、スーパーヒーローの活動が禁止されていたので支援が現れず殺されてしまったのである。この悲劇の原因について、息子はスーパーヒーローが活動でき「ない」とした法律にあるとしていたのに対して、娘はスーパーヒーローに何でも頼って自ら行動しようとし「ない」風潮が原因だと考え、スーパーヒーローを根絶させようとする。兄妹で、父の死について異なる原因指定をして対立していたのである。これはあくまでフィクション上のことだが、私たちには十分に理解可能な対立であろう。原因の不確定性は、このプロットが暗示するように、日常に満ちあふれている。

（7）Masaki Ichinose, "A Degree-Theoretic Approach to Causation by Absence" (A Plenary Lecture at *The 3rd Conference on Contemporary Philosophy in East Asia*, Soeul National University, Seoul, South Korea, 19 August 2016.)

（8）こうした、「通常性」として解された「規範性」からの「逸脱」、という図式で因果関係のモデルを構築するというのは、決して新しいものではなく、すでに多くの論者が「逸脱」という用語で因果関係とりわけ不在因果について論じている。たとえば、ブランチャードとシェイファーは、今日興隆を迎えている、現実的因果についての因果モデルによる因果関係分析は「『デフォルト』（あるいはノーマル、あるいは期待されている）の出来事と「逸脱した」（あるいはアブノーマルあるいは驚くべき）出来事との区別によって補填されなければならない」(Blanchard & Schaffer 2017, p. 175)」と述べて近年の議論を紹介するところから考察を始めている。ただし彼らは、そうした区別を基盤にすることはいわゆる「利用可能性バイアス」のような認知バイアスに取り込まれる危険があるのではないかと批判的な論を展開している。そうした批判はまさしく正鵠を射ており、だからこそできるだけ明晰な定量化の道筋を探求することが求められているのだ、と論じるのが私の立場である。

（9）こうした確率的あるいは程度説的な思考が要請されるという論点は、次の重大な含意につながる。すなわち、不作為とか過失というのは、私が示した「同時性テーゼ」に従う限り、ほぼ無限にその適用範囲がを広がる可能性があり、それをそのまま承認してしまうと、恐るべき程の規模で有罪性の範囲が広がってしまうが、それはあまりに不合理であり、それをどこかで限界づける理論的ツールが求められるということである。

(10) ただ、シェイファーの議論に対しては、たとえば「斬首」という作為を被害者の脳への血流の断絶までも内的に包括する、一定時間内の持続的事態と捉えるならば、むしろかえって無理筋の立論であるとして拒絶することもできるかもしれない。実際、作為や出来事は一定の持続の中で発生すると考えるのが自然で、逆に、瞬間的な事態へ向けて切り詰めてしまうと、言語的記述の次元での有意味性を失ってしまうように思われる。野球でセカンドへの盗塁を決めた、という作為が一つの例になるだろう。明らかにそれは一定の時間経過の中の持続的出来事であり、それ刹那刹那に区切って論じるのは、完全に無意味ではないとしても、もともとの作為や出来事とは別な事態を扱っていることになり、それをもとの出来事に重ね合わせることに対しては倒錯の嫌疑をかけられる恐れが生じてしまうようにも思える。そういう意味で、シェイファーの議論が私の「同時性テーゼ」にぴったり対応しているか、一抹の懸念があることを表明しておく。

(11) 私が初めて記述性度と規範性度の関係について触れた論文 Ichinose (2017) に関して、伊佐敷隆広氏から、二つの程度概念は必ずしも互いに反する形になっていないのではないか、それでよいのか、という指摘を口頭で受けた。もっともな指摘であり、謝意を表明したい。というのも、二つの程度概念の双対性は私の議論の一つのポイントになり、図示化の前提にもなるものだからである。彼の指摘を受けて、一ノ瀬 (2018) では双対性を明示することにして、本書でもそれを引き継いでいる。

### 第5章

(1) 私自身は、少なくとも「自由」には大きく異なる二つの意義があると考え、それを「過去視線的・回顧的・責任連関型自由」(p-自由と呼ぶ) と、「未来視線的・展望的・権利連関型自由」(f-自由と呼ぶ) という二つとして捉え、これまで論じてきた。p-自由は、過去の行為において自由だった、という理解に現れる自由で、責任帰属とリンクしていく。それに対して、f-自由は、未来において自由にそうすることができる、という用法に現れる自由で、権利主張と結びついている。少なくとも、こうした二義を区別しないと、自由についての議論は混沌に陥ってしまうだろう。一ノ瀬 (2011a) 第5章を参照されたい。

(2) 私は別稿にて、幸福にとって、インフラの整備などは「必要条件」であり、自足的な満足感は「十分条件」であるとして、さしあたりの整理をした。一ノ瀬 (2021b) 序章を参照されたい。

(3) こうした問題について私は何度か研究会に参加して現場に関わる医療者の方々と議論を重ねた。その際、たとえば、本文で触れたエッセンシャルワーカーの場合のほかに、富裕層の方が運ばれてきて、病院に多額の寄付をするので人工呼吸器を優先的に装着してほしい、と患者家族から言われた場合にはどう対応するか、という聞きにくい質問もあえて率直にグサリとしてみた。そうした点についての考慮はしない、というのがオフィシャルな回答であったが、実際にそうしたケースが出現した場合どのような判断がなされるのかは、とりわけ経営的に厳しい病院の場合など、やはりなかなか心情的には難しいこともあるのかもしれない、と私は彼らの口ぶりから何となしに感じた次第である。
(4) 安楽死合法化による安楽死の同意への暗黙的な強制の可能性については、マクリーンとブリットンによってつとに指摘されている。ただし、マクリーンとブリットンは、最後の決定権はあくまで当事者個人にあるので、やはり合法化が望ましい、と論じ進めている(McLean & Britton 1997, pp. 12-15)。一ノ瀬(2019), pp. 80-81 も参照。
(5) こうした思考実験の意義は、本書第2章で論じた「ゲティア・ケース」のような認識論的場面にも当てはまる。「ゲティア・ケース」のような事例は、十分現実に発生しうるのである。たとえば私が、録画しておいた一ヶ月前のニュースを勘違いして現在のニュースだと信じて見て、明日は豪雨が予想されます、とする天気予報を聞いて、ああ明日は大雨かと思ったとして、しかし実際、次の日も豪雨が予想されている、というようなケースである。この場合、明日は豪雨が予想される、ということを私は知ったと言えるのだろうか、という問いが「ゲティア問題」であった。このような事例はそれほど珍奇でもなく、十分にありうる。思考実験の中には、このように現実性があるものが多々あるのである。
(6) https://www.npa.go.jp/hanzaihigai/whitepaper/w-2021/html/zenbun/part3/b3_s6_12_02.html
(7) この点は、機械設備の安全性に関するいわゆる「フェールセーフ」(fail safe)の考え方と対応していると思われる。万が一機械に危険な不具合が発生してしまった場合、人命優先の見地から機械の作動を停止させてしまう仕組みをあらかじめ設定しておくとする考え方である。これは、「機械は故障する」あるいは「人間はミスをする」ということを前提とした方針であって、私の言う危機文脈に親和する。ただし、向殿によれば、「フェールセーフ」の考え方は安全は絶対に確保されなければならないという確定論的な見方であって、そうした見方は、社会の利便性などを考えてある程度の事故発生はやむを得ないとした上で害を最小にしようとするリスク管理の考え方、すなわち確率論的考え方と対比される(向殿 1998 参照)。「フェールセーフ」の考え方をこのように厳格に捉えるならば、私の言う危機文脈はフェールセーフの見方よりもリスク管理の考え方と一層親和すると述べておきたい。
(8)「トリアージ」に直接関わるわけではないが、感染症ウィルスに感染しているけれども症状がない人、すなわち無症状キャリアの人々についても、社会としてどのように処遇するかという点で倫理的な問題が発生する。そのまま自由な行動を許容するならば感染拡大を放置することになりかねず、他の人々のいのちや健康を脅かすことになりうるが、だからといって、無症状キャリアの人々を監禁するようなことが果たして倫理的に正当化されるのか。こうした問題性については、二〇世紀初頭の腸チフスの無症状キャリアのメアリー・マローン、通称「腸チフスのメアリー」、の一生が一つの典型例を示していると言える。金森(2006)および一ノ瀬(2021), pp. 131-134 を参照。
(9) 人権思想の文脈において、こうした「絶対的権利」の概念がすべての論者に認められているかというと、そうとはいえない。たとえば、マイケル・J・ペリーは、「絶対的権利」の概念適用の政策上の部分的意義を認めつつも、「すべての人権が、道徳的権利であれ法的権利であれ、絶対的であるとは、誰も主張しない。多くの人権は、道徳的権利としても法的権利としても、条件的であり、無条件的ではない」(Perry 1998, p. 106)と記している。この辺りの論争の帰趨については、深田(1999)第三章から学んだ。

(10) 共同体主義に抗して、進化生物学的な知見に基づいて、人権思想の普遍性を立証していこうとする、興味深い試みが内藤淳によってなされている。内藤は、そうした議論を、事実と価値の区分の問題を繊細に考慮しつつ、展開しようとしている。まことに興味深い。私としては、そうした議論に一定の説得性を見出すが、同時に、それによって守られる倫理思想は果たして「人権思想」と呼ぶべき代物なのか、という点に若干の疑念を感じている。むしろ、別な名前で名指すべき倫理体系なのではなかろうか。内藤（2007）を参照。

(11) 森島は、日本の自民党の憲法改正草案の中で、第97条の削除が提案されている点を特に注意している。第九七条は、「基本的人権は、人類の多年にわたる自由獲得の努力成果である」と記しており、これは、ジョン・ロックの労働所有権論などに対応した、つまり、神から与えられた自然に対して人間がやはり神から与えられた能力を駆使して努力労働して必要なものを所有していく、という西洋的な人権思想の典型的な表現である。しかし、自民党案では、「人権は神から人間に与えられるという西欧の天賦人権思想に基づいたと考えられる表現を改める」として、それゆえにそうした思想を示す第97条を削除するとされている。この点を森島は、「人権は認めているけれども、それを神から与えられたとする西欧の天賦人権思想を憲法から取り除きたいということである……「人類の多年にわたる自由獲得の努力成果」というキリスト教人権思想史の事実を憲法上不必要としている」（森島 2029, p. 333）と説明している。そして森島は、「権利は、共同体の歴史、伝統、文化の中で徐々に生成されてきたものです。したがって、人権規定も、我が国の歴史、文化、伝統を踏まえたものであることも必要であると考えます」という、「共同体主義」を彷彿とさせる自民党憲法改正草案の文言を引用している（森島 2020, p. 334）。森島自身は、しかし、キリスト者として、そうした事態を改めて、日本にもきちんとした人権思想を根づかせたいという立場を一貫して展開している。いずれにせよ、日本の自民党政府は、人権思想を維持しつつも、そこから西洋キリスト教的な本来の出自を取り除こうとしている、という解釈である。非常に考えさせられる、興味深い指摘である。たしかに、棚瀬孝雄が指摘するように、「権利要求が日常的な社会的相互作用の流れを中断して、社会関係に緊張をもたらすことも事実である……権利主張は、権利尊重にはない否定的な要素を含むものとして懐疑的な目で見られることになる」（柳瀬 2013, p. 30）という側面はあり、とりわけ日本では、米国のような裁判社会に比して、権利主張があまり好まれない傾向があるように見受けられるが、それは、もしかしたら、日本型の権利概念の固有性に由来するのかもしれない。

(12) 私はこれを「死刑不可能論」と呼んでいる。本書第7章にて詳しく展開する。

**第6章**

(1) 一点注意すれば、先に挙げた「ディープ・エコロジー論」は、私の言う「退廃モデル」というよりも、しばしば動物権利論などの「補償モデル」と結びついていくことが多いと思われる。「ディープ・エコロジー論」を「退廃モデル」へとリンクさせるというのは、私自身の整理の仕方であるにすぎない。

（2）ここに記した「鳥獣害の問題を説得的な仕方で扱えなければ、動物倫理は私たちの愛するペット動物に焦点を合わせて、それを性急に動物全体の理解に拡張してしまった危うい議論領域であるにすぎず、十全な言論領域として立ち上がれていない」という趣旨の主張を公開した後で、久保田さゆり氏からいくつかコメントとご批判をいただいた。大変に有益かつ的を射たコメントをいただき、大いに考えさせられた。感謝の意を表したい。ただ一点、ここで記しておきたい点がある。久保田氏は、私の主張を「動物倫理は私たちの愛するペット動物に焦点を合わせて、それを性急に動物全体の理解に拡張してしまった危うい議論領域である」というように引いて、それは動物倫理の実態に合致していないと批判された（久保田 2021, p. 220）。私はこの批判を受けたとき正直驚いてしまった。私の主張は「鳥獣害の問題を説得的な仕方で扱うことができなければ」という前件から構成される条件文（conditional）である。条件文の主張に対して、その後件だけを取り上げて、それを私の主張と解する、というのは文法的な誤謬である。それは、Aさんが「日本が沈没するならば、いますぐアメリカに移住する」と述べたときに、Aさんは「いますぐアメリカに移住する」と述べている、と解するのと同様、奇妙な理解の仕方である。あるいは、もしかしたら、「動物倫理は鳥獣害の問題を説得的な仕方で捉えられない」という前件は自明な真理だと暗黙的に解していたので、後件だけを抜き出しても問題ない、という理解だったのだろうか。しかし、動物倫理を展開しようという文脈において、それはあまりに信じ難い。いずれにせよ、たとえ母語であれ、条件文の主張というのはなかなか伝えるのが難しいのかもしれない、というのが私の得た教訓であった。

（3）https://www.env.go.jp/nature/choju/conf/conf_wp/conf04-r05/mat02.pdf

（4）https://newsdig.tbs.co.jp/articles/-/86353?page=2

（5）福岡賢正による屠鳥の現場のレポートを引用しておく。「この日の屠鳥が終わり、掛け金に鶏の脚を掛ける作業をしていた男性のひとりが、搬入口の掃除を始めた。歩み寄ると老人である。聞けば六十八歳だという。鶏の入ったコンテナかごは一個約三十キロ。それを七段も八段も重ねたものをラインの末端まで引いてきて、台の上に載せては鶏を取り出す。屠鳥と解体の過程で最も肉体的にきついその作業を担っているのは、七十歳に近いお年寄りだったのだ。彼によると、雨合羽を着て鶏の首を切っていたのはペルーから来た日系三世なのだという。「こげなよごれ仕事はみんなしたがらんですもんな」老人はそう言うと、単なる傍観者でしかない自分が恥ずかしくなるような、とても優しい笑顔を浮かべた」（福岡 2004, pp. 76-77）。動物倫理はおしなべて肉食を忌避するよう説くが、だからといって、現実の世界で肉食を支える仕事に携わっている方々の苦悩から目をそらしてしまっては、倫理の言説としては何かが足りないように感じられてしまう。

（6）環境省による二〇二一年三月一〇日の発表によると、「メタンは二酸化炭素に次ぐ地球温暖化に及ぼす影響が大きい温室効果ガスであり、ＩＰＣＣの第5次評価報告書によると、その地球温暖化への寄与は同じ量の二酸化炭素の28倍になります。その主な自然発生源は湿地や白アリ等、人為発生源は、水田、家畜（牛、羊等の反すう動物）、埋め立て、化石燃料採掘・燃焼等、多岐にわたっています」とされている。https://www.env.go.jp/press/110696.html

（7）この点については、古いものだが、憲法学者の高柳信一の次の言葉を引用しておく。「基本的人権の理念は価値的および実践的要因をふくむ理念であり、自然界の事象のごとく、人間の主観をはなれて純粋に客観的に存在するものではない。自由は人間の一定の心的態度をぬきにして存在しうるものではなく、権利は要求を前提にしてはじめて権利として観念されるものである。これらをはなれて、自由や権利があるかないかを五感で確知しようとしても不可能であろう」(高柳 1968, pp. 10-11)。

(8) 人権概念がユダヤ・キリスト教由来である点については、本書第5章と第7章において、森島(2020)への参照とともに論じてある。

(9) 動物実験や肉食を正当化するロジックとして素朴に出てくる考え方は、動物は自分で権利主張できないし、人間のように自律的に行動できないのだから、人間と同じような道徳的配慮をする必要はないのではないか、というものであろう。この点については、「マージナル・ケースからの論証」(argument from marginal cases)という反論がしばしば提起される。すなわち、もし権利主張能力や自律的行動能力が道徳的配慮を受けるに値することの必要条件だとしたら、幼児や深刻に認識能力が低下した認知症患者もまた道徳的配慮を受けるに値しないということになるが、それは私たちの社会的実態に反している、よって人間的な能力を有しないからといって動物を道徳的配慮から除外することはできない、とした上で、道徳的配慮はあくまで「感覚体」(sentient)として快苦を感じられるかどうかを基準にすべきである、とする議論である。Anderson (2004), p. 280 などを参照。また、人間的な能力がないことで動物を道徳的配慮から除外することをピーター・シンガーが「種差別」(speciesism)と呼び、そうした差別からの「動物解放」(animal liberation)を訴えたことは歴史的に有名であろう(Singer 2002, p. 6 などを参照)。

(10) こうした点で、現代的視点からするといささか奇妙なことであるが、日本はベジタリアン思想の先駆的な国の一つであったとも言いうるし、第7章でも触れるように、日本は死刑廃止国としても先駆的な国であったのである。まことに、歴史を顧みることは様々な視野をもたらしてくれる。

## 第7章

(1) ただし、死によって意識がなくなるのは確かだとしても(直接の検証はできないが、そのように捉えることがいわば人間の言語の文法であろう)、亡くなった人のオントロジカルな位相すべてが完全消滅してしまうとは、私は考えていない。生前とは大きな落差があるとしても、きわめて微小な、とりわけ物質的なレベルで(遺骸、毛髪、衣服、ひいては作品、名声など)、死後もその人の因果的連続性はオントロジカルに成立し続けている。この点について、私はかつて「因果連続モデル」(CCモデル)として示しておいた(一ノ瀬 2019, p. 385)。そうしたきわめて微小なオントロジカルな位相は誕生前にも妥当する、というのが私の着想であった。先祖の身体構成などの中に、すでに私たちは非常に微小な仕方で存在していたと捉えられるからである。けれども、だからといって誕生前や死後の私たちが刑罰の対象になりうるかというと、それはまったく別な話である。誕生前や死後の私たちの存在性は、生存中とは著しく落差のある、極小のレベルのそれであるにすぎない。そこには決定的な相違がある。しかしいずれにせよ、私は自身の「CCモデル」は、一般的な視点にも、そしてここで問題となっているキリスト教倫理の視点にも整合するし、むしろキリスト教的な「最後の審判」概念などをかえって補強するものにさえなりうると捉えている。「最後の審判」での被告としてのオントロジカルな位相を理論的に保証することになるからである。しかも、そうした審判が現世での裁判とまったく異なるレベルのものであることも同時に示せるだろう。

（2）「精神異常抗弁」（Insanity Defense）に対して批判的な立場である「統合主義」（Integrationism）を提案したスロボジンは、「有罪だけれど精神的に病んでいる」（guilty but mentally ill）という標語のもと、たとえば次のように論じている。「精神異常はもはや弁護にならない。その代わりに、裁判官や陪審員は精神的に病んでいる人々に対して、精神的に病んでいない人々に対して適用するのと同じ弁護を適用することになる」（Slobogin 2006, p. 56）。ここで注意すべきは、「有罪」（guilty）という用語が使われている点である。これに照らすならば、問題となっているのは単なる有害事象なわけではなく、人間による、非難可能性を含む有害事象であることが分かる。（統合主義と親和性のありうる）「厳格責任」というのを極限まで字義通りに捉えると、自然現象や動物による害をも包摂する有害現象一般までが責任帰属先として射程に入りそうに一見思われる。けれども、たとえ厳格責任を有効概念として採用しようとも、「有罪」とか「責任」とかの非難可能性に結びつく用語が本質的に絡む以上、やはり人間に関する規範性込みの原因帰属方法なのである。ただし、それはあくまで人間的な規範性という枠組みを前提する限りの話しであり、そこでの規範性の根拠が揺れるならば、その枠組みの正当性も揺らぐ。そうした懸念が顕在化するならば、本論10節末で述べるように、人間的な規範性以前の次元にまで降りて、改めて「動物対等論」のような、別視点から倫理とか犯罪とか刑罰とかなどの意義を再考する必要があると考える。

（3）西山によれば、刑事責任能力の判定問題の起源を理解するには、一七二四年の「アーノルド事件」に遡ればよいとされる。エドワード・アーノルドという男がオンスロウ卿が自身の苦しみの根源だと妄想し、オンスロウ卿を傷害するに及んだ事件である。その事件において判事が与えた説示に、「野獣類比テスト」（like-a-wild-beast-test）と呼ばれる考えが含まれていた。それは「幼児や野獣のような人間は決して刑罰の対象にならない」というものである。「野獣類比テスト」の三要素は次の通りである。

①野獣は人間と違って理性の能力がない（心理学的要素の弁識能力の欠如）。

②野獣はその行動に対するいかなる制御も欠いている（心理学的要素の制御能力の欠如）。

③野獣は全体に情緒的に狂っている（急性および全般性の情緒的狂乱）（西山 2009, p. 472）。

こうした視点からも、ロックが死刑不可能論を展開していたとする私の理解にも一定の合理性があるのではないかと考える。ただし、前註でも記したが、こうした見方はあくまで人間的な規範性を前提しているので、そこが揺れて、むしろ人間と動物の連続性に目線を向けていくべきではないかという要請が浮かんできたときには、つまり、人間の倫理や規範性以前の原的次元にまで考察地平を降ろして考えるべきではないかという要請に気づくに至ったときには、話は違ってくると感じている。「動物対等論」が効力を持つような深層文脈である。考察を続けていきたい。

ためらいと決断の哲学
ゆらぎゆく因果と倫理

2024年7月 1 日　第1刷印刷
2024年7月17日　第1刷発行

著　者　　一ノ瀬正樹

発行者　　清水一人
発行所　　青土社
101-0051　東京都千代田区神田神保町1-29　市瀬ビル
電話　03-3291-9831（編集部）　03-3294-7829（営業部）
振替　00190-7-192955

装　幀　　水戸部功

印刷・製本　双文社印刷
組　版　　フレックスアート

---


ISBN978-4-7917-7649-8  Printed in Japan

一ノ瀬正樹（いちのせ まさき）

1957年茨城県生まれ。土浦一高卒業。東京大学卒業。博士（文学）。哲学・倫理学専攻。東京大学大学院人文社会系研究科教授を経て、東京大学名誉教授、オックスフォード大学名誉フェロー、武蔵野大学教授。和辻哲郎文化賞、中村元賞、農業農村工学会賞著作賞を受賞。日本哲学会会長、哲学会理事長などを歴任。著書に『いのちとリスクの哲学――病災害の世界をしなやかに生き抜くために』（株式会社ミュー）、『英米哲学史講義』（ちくま学芸文庫）ほか多数。

## 索引項目（「ためらい」、「決断」、「ゆらぎ」、「因果」、「倫理」、は除く）

さ行



た行

ま行



や行



ら行

## 参考文献（著者の姓のアルファベット順を原則とする）


Adams, E. W. 1975. *The Logic of Conditionals*. D. Reidel Publishing Company.

Adams, M.. P. 2019. 'Hobbes's Laws of Nature in Leviathan as a Synthetic Demonstration: Thought Experiments and Knowing the Causes', *Philosophers Imprint* Vol. 19. No. 5, pp. 1-23.

相松慎也 2020.「因果性と規範性——一ノ瀬化されたヒューム因果論」、『因果・動物・所有——一ノ瀬哲学をめぐる対話』、宮園健吾・大谷弘・乘立雄輝編、武蔵野大学出版会

Anderson, J. 2019. 'Hume, Causation, and Counterfactuals'. *Humanites Bulletin* Vol. 2 No.1. pp. 36-49.

Anderson, W. 2004. 'Animal Rights and the Value of Nonhuman Life'. In *Animal Rights*, eds. C. R. Sunstein and M. C. Nussbaum, Oxford University Press, pp. 277-298.

Anscombe, G. E. M. 1963. *Intention*. Basil Blackwell. 邦訳『インテンション』（菅豊彦訳、産業図書、1984 年）

Baggini, J. 2005. *The Pig that Wants to be Eaten*. Granta Books.

Beebee, H. 2004. 'Causing and Nothingness', In *Causation and Counterfactuals*, eds. J. Collins, N. Hall, and L. A. Paul, The MIT Press, pp. 291-308.

Beyleveld, D. 1979. 'Identifying, explaining and predicting deterrence'. *The British Journal of Criminology*. Vol. 19, Issue 3, pp. 205-224.

Bhatt, V., Michalowski, S., Wyllie, A., Kuylen, M., and Martin, W. 2021. 'Human Rights and COVID-19 triage: a comment on the Bath protocol'. *Journal of Medical Ethics* vol. 47. No. 7, pp. 464-466.

Blanchard, T. and Schaffer, J. 2017. 'Cause wuthout Default'. In *Making A Difference: Essays on the Philosophy of Causation*, eds. H. Beebee, C. Hitchcock, and H. Price, Oxford University Press, pp. 175-214.

Clarke, R. 2014. *Omissions: Agency, Metaphysics, and Responsibility*. Oxford University Press.

Clifford, W. K. 1999. 'The Ethics of Belief'. In *The Ethics of Belief and Other Essays*, Prometheus Books, pp. 70-96.

Cohnitz, D. and Häggqvist, S. 2018. 'Thought experiments in current metaphilosophical debates'. In *The Routledge Companion to Thought Experiments*, eds. M.T. Stuart, Y. Fehige, and J. M. Brown, Routledge, pp. 406-424.

コレン、スタンレー 1998.『哲学者になった犬』、木村博江訳、文藝春秋

Cuneo, T. 2007. *The Normative Web*. Oxford University Press.

Cushing, J. 1998. *Philosophical Concepts in Physics: The Historical Relation between Philosophy and Scientific Theories*. Cambridge University Press.

団藤重光 1995.『死刑廃止論』第四版、有斐閣

Davidson, D. 1980 (originally 1967).'Causal Relations', In *Essays on Actions and Events*, Oxford University Press, pp. 149-162. 邦訳『行為と出来事』（服部裕幸・柴田正良訳、勁草書房、1990 年）

Dummett, M. 1978 (originally 1964). 'Bringing About the Past', In *Truth and Other Enigmas*, pp. 333-350. 邦訳『真理という謎』（藤田晋吾訳、勁草書房、1986 年）

Edgington, D. 1991. 'Do Conditionals have Truth-Conditions?' In *Conditionals*, ed. F. Jackson. Oxford University Press, pp. 176-201.

Ehrlich, I. 1975. "The Deterrent Effect of Capital Punishment: A Question of Life or Death".

*American Economic Review* Vol. 65, pp. 397-417.
ファインマン R. P. ／ワインバーグ S. 1990『素粒子と物理法則——窮極の物理法則を求めて』、小林澈郎訳、培風館
Fisher, R. M. 1957. 'Alleged Dangers of Cigarette-Smoking', *The British Medical Journal*, vol. II, pp. 297-298
Fletcher, G. ed. 2016. *The Routledge Handbook of Philosophy of Well-Being*. Routledge.
深田三徳 1999.『現代人権論——人権の普遍性と不可譲性』、弘文堂
福岡賢正 2004.『隠された風景——死の現場を歩く』、南方新社
Gettier, E. 1973 (originally 1963). 'Is Justified True Belief Knowledge?' In *Knowledge and Belief*, ed. A. P. Griffiths, Oxford University Press, pp. 144-146.
Gewirth, A. 1982. *Human Rights: Essays on Justification and Applications*. The University of Chicago Press.
Goldman, A. 1967. 'A Causal Theory of Knowing'. *Journal of Philosophy* Vol. 64, No. 12, pp. 357-372.
Goodman, N. 1978. *Ways of Worldmaking*. Hacket Publishing Company. 邦訳『世界制作の方法』（菅野盾樹・中村雅之訳、みすず書房、1987 年）
グルーエン、L. 2015.『動物倫理入門』、河島基弘訳、大月書店
Halpern, J. 2016. *Actual Causality*. The MIT Press.
Hart, H. L. A. and Honoré, T. 1959. *Causation in the Law*. Oxford at The Clarendon Press. 邦訳『法における因果性』（井上祐司・真鍋毅・植田博訳、九州大学出版会、1991 年）
Harel, A. 2005. 'Theories of Rights'. In *The Blackwell Guide to the Philosophy of Law and Legal Theory*, eds. M. P. Golding and W. A. Edmudson, Blackwell Publishing, pp. 191-206.
長谷川晃 1991.『権利・価値・共同体』、弘文堂
広瀬巌 2021.『パンデミックの倫理学——緊急時対応の倫理原則と新型コロナウイルス感染症』、勁草書房
Hitchcock, C. 2011. 'Counterfactual Availability and Causal Judgment'. In *Understanding Counterfactuals, and Understanding Causation*, eds. C. Hoerl, T. McCormack, and S. R. Beck, Oxford University Press, pp. 171-207.
堀内捷三 1988.「責任論の課題」、『刑法理論の現代的展開』、芝原邦爾・堀内捷三・町野朔・西田典之編、日本評論社、pp. 172-202.
Hornby, A. S. 2000. *Oxford Advanced Learner's Dictionary of Current English*, Sixth edition. Oxford University Press.
Horwich, P. 1987. *Asymmetries in Time: Problems in the Philosophy of Science*. The MIT Press. 邦訳『時間に向きはあるか』（丹治信春訳、丸善株式会社、1992 年）
Hume, D. 1932. *The Letter of David Hume* Vol. 1. ed. J. Y. T. Greg. Oxford University Press.
Hume, D. 1999. *An Enquiry Concerning Human Understanding*. ed. T. L. Beauchamp. Oxford University Press. 邦訳『人間知性研究——付・人間本性論摘要』（齋藤繁雄・一ノ瀬正樹訳、法政大学出版会、2011 年（新装版））
Hume, D. 2000. *A Treatise of Human Nature*. eds. D. F. Norton and M. J. Norton. Oxford University Press. 邦訳『人性論』（一）—（四）（大槻春彦訳、岩波文庫、1948-1952 年）
市口恒雄 2009.「電磁気学における混乱と CPT 対称性の意義」、『科学技術動向』、2009 年 6 月号、pp. 22-35.
Ichikawa, J. and Jarvis, B. 2009. 'Thought-experiment intuition and truth in fiction'. *Philosophical Studies* Vol. 142, Issue 2, pp. 221-246.

Ichinose, M. 2007. 'Remarks on Epistemology Musicalized'. *Philosophical Studies* XXV, Department of Philosophy, Graduate School of Humanities and Sociology, The University of Tokyo, 2007, pp.1-12.
一ノ瀬正樹 2001.『原因と結果の迷宮』、勁草書房
一ノ瀬正樹 2006.『原因と理由の迷宮――「なぜならば」の哲学』、勁草書房
一ノ瀬正樹 2011a『確率と曖昧性の哲学』、岩波書店
一ノ瀬正樹 2011b.「エリオット宛書簡三通 解題」、『思想 デイヴィッド・ヒューム生誕 300 年』2011 年 12 月（No.1052）、岩波書店、pp. 298-302.
一ノ瀬正樹 2015.「「ハチ」そして「犬との暮らし」をめぐる哲学断章」、『東大ハチ公物語――上野博士とハチ、そして人と犬のつながり』、一ノ瀬正樹・正木春彦編、東京大学出版会、pp. 25-55.
Ichinose, M. 2017. 'Normativity, probability, and meta-vagueness'. *Synthese*, Springer, vol. 194, No. 10, pp. 3879-3900.
一ノ瀬正樹 2018.『英米哲学入門――「である」と「べき」の交差する世界』、ちくま新書
一ノ瀬正樹 2019.『死の所有――死刑・殺人・動物利用に向きあう哲学』増補新装版、東京大学出版会
一ノ瀬正樹 2020.「バークリの数学論――幾何と算術のゆらぎをめぐって」、『The Basis 武蔵野大学教養教育リサーチセンター紀要』Vol. 10, pp. 79-94.
Ichinose, M. 2021. 'The death penalty and a Lockesn impossibilism'. In *Locke on Knowledge, Politics and Religion*, eds. K. Shimokawa and P. R. Anstey, Bloomsbury, pp. 145-166.
一ノ瀬正樹 2021a.『いのちとリスクの哲学――病災害の世界をしなやかに生き抜くために』、株式会社ミュー
一ノ瀬正樹 2021b.「「しあわせ」の二極性から「個人」概念の深みへ」、『病災害の中のしあわせ――自然災害とコロナ問題を踏み分けて』（西本照真・一ノ瀬正樹編）「序章」として所収、武蔵野大学出版会、pp. 5-21.
一ノ瀬正樹 2021c.「自然災害と感染症に立ち向かう倫理――大震災とコロナ感染症の中で「しあわせ」は成り立つか」、『病災害の中のしあわせ――自然災害とコロナ問題を踏み分けて』（西本照真・一ノ瀬正樹編）「第 5 章」として所収、武蔵野大学出版会、pp. 97-140.
一ノ瀬正樹 2022a.「倫理とリスクと予防と前進と」、『科学リテラシーを磨くための 7 つの話――新型コロナからがん、放射線まで』（一ノ瀬正樹・児玉一八・小波秀雄・高野徹・高橋久仁子・ナカイサヤカ・名取宏著）第 5 章として所収、あけび書房、pp. 104-128.
一ノ瀬正樹 2022b「解説「真理の形而上学」と「発話の認識論」――ウィリアムソン哲学の展開」、ティモシー・ウィリアムソン『テトラローグ』（片岡宏仁訳、勁草書房）所収、pp. 201-217.
一ノ瀬正樹 2022c.「因果関係をめぐる無限後退――ヒューム因果論とキャロル後退議論を交差させつつ」、『分析哲学を問い直す』、哲学雑誌：第 136 巻、第 809 号、哲学会編、pp. 72-109.
一ノ瀬正樹 2022d.「「音楽化された認識論」と意味の律動」、『図書』2022 年 11 月号、岩波書店、pp. 18-23.
Joyce, R. 2021. 'Moral Anti-Realism'. *The Stanford Encyclopedia of Philosophy* (Winter 2022 Edition), Edward N. Zalta & Uri Nodelman (eds.), https://plato.stanford.edu/archives/win2022/entries/moral-anti-realism/

亀本洋 2019.「サーモンドの権利概念論とホーフェルドの法律関係論」、『法律論叢』第 92 巻第 1 号、pp. 131-156
金森修 2006.『病魔という悪の物語——チフスのメアリー』、ちくまプリマー新書
柏瀬宏隆 2006.『涙の治癒力』、リヨン社
河辺幸雄 2014.「アメリカ陪審員ストレス研究に学ぶ〈陪審員ストレスと「評議の秘密」の視座から（1)〉」、『広島法学』37 巻 3 号、pp. 47-89.
河合雅雄 2009.「日本人の動物観」、河合・林（2009）所収、pp. 280-230.
河合雅雄・林良博編著 2009.『動物たちの反乱——増えすぎるシカ、人里へ出るクマ』、PHP サイエンス・ワールド新書
Khoury, L. 2006. *Uncertain Causation in Medical Liability*. Hart Publishing.
木村盛武 2015.『慟哭の谷——北海道三毛別・史上最悪のヒグマ襲撃事件』、文春文庫
小宮信夫 2005.『犯罪は「この場所」で起こる』、光文社新書
久保田さゆり 2021.「一ノ瀬コメント・古澤コメントへのリプライ」、『法の理論 40』（長谷川晃・酒匂一郎・河見誠・中川竜一編）、成文堂、pp. 219-231.
熊野純彦 2006.『西洋哲学史 古代から中世へ』、岩波新書
呉智英・佐藤幹夫［共編］2004.『刑法 39 条は削除せよ！ 是か非か』、洋泉社
Kutach, D. 2014. *Causation*. Polity. 邦訳『因果性』（相松慎也訳、岩波書店、2019 年）
Lewis, D. 1986a (originally 1973). 'Causation', In *Philosophical Papers Volume II*, Oxford University Press, pp. 159-213.
Lewis, D. 1986b (originally 1976). 'Probabilities of Conditionals and Conditional Probabilities'. In *Philosophical Papers Volume II*, Oxford University Press, pp. 133-156.
Lewis, D. 2004. 'Causation as Influence'. In *Causation and Counterfactuals*, eds. J. Collins, N. Hall, and L. A. Paul. The MIT Press, pp. 75-106.
Locke, J. 1960. *Two Treatises of Government*. ed. P. Laslett, Cambridge University Press. 邦訳『統治二論』、加藤節訳、岩波文庫、2010 年
Locke, J. 1975. *An Essay concerning Human Understanding*. ed. P. H. Nidditch, Clarendon Press: Oxford. 邦訳『人間知性論』（全 4 巻、大槻春彦訳、岩波文庫、1972-1977 年）
町野朔 1995.『刑法総論講義案 I』［第二版］、信山社出版
MacIntyre, A. 2007. *After Virtue*. Third Edition. University of Notre Dame Press. 邦訳『美徳なき時代』（篠崎榮訳、みすず書房、1993 年）
Malebranche, N. 1972. *De la recherche de la vérité*, Libres I-III, Œuvres Complètes Tome 1. Librairie J. Vrin.
松永幸子 2002.「近世イングランドにおける初期自殺論の特性」、『東京大学大学院教育学研究科紀要』第 42 巻、pp. 11-20.
McLean, S. and Britton. S. 1997. *The Case for Physician Assisted Suicide*. An Imprint of Harper Collins Publishers.
Menzies, P. 'Difference-making in Context', In *Causation and Counterfactuals*, eds. J. Collins, N. Hall, and L. A. Paul, The MIT Press, pp. 139-180.
宮本倫好 1998.『死刑の大国アメリカ』、亜紀書房
Moore, M. 2009. *Causation and Responsibility: An Essay in Law, Morals, and Metaphysics*. Oxford University Press.
森島豊 2020.『抵抗権と人権の思想史——欧米型と天皇型の攻防』、教文館
森田邦久 2015.『アインシュタイン vs. 量子力学——ミクロ世界の実在をめぐる熾烈な知的バトル』、化学同人

向殿政男 1998.「フェールセーフの理想と安全の国際規格化」、『日本信頼性学会誌』第 20 巻、pp. 137-144.
村端祐樹・高田純 2013.「紫外線量の多い地域では大腸癌死亡率は低い」、『札幌医科大学医療人育成センター紀要』第 4 号、pp. 17-20
永石尚也 2017.「不在因果理論と条件関係判断　町野朔から J.Schaffer へ」、東京法哲学研究会 2017 年 6 月 24 日資料 . https://researchmap.jp/N_Nagaishi/presentations/15913815
内藤淳 2007.『自然主義の人権論——人間の本性に基づく規範』、勁草書房
内藤謙 1983.『刑法講義 総論（上）』、有斐閣
中西準子 2010.『食のリスク学——氾濫する「安全・安心」をよみとく視点』、日本評論社
中澤克昭 2018.『肉食の社会史』、山川出版社
日本救急看護学会 2019.『トリアージナースガイドブック 2020』、へるす出版
日本聖書刊行会 1970.『聖書』
西山詮 2009.「責任能力判定の歴史」、『精神鑑定と責任能力 こころのりんしょう à・la・carte』Vol. 28, No. 3, 星和書店、pp. 472-476.
小田晋 1988.『人はなぜ犯罪を面白がるのか——現代版・犯罪精神医学入門』、はまの出版
納富信留 2021.『ギリシア哲学史』、筑摩書房
大塚公子 1983.『死刑執行人の苦悩』、角川文庫
Pearl, J. 2000. *Causality: Models, Reasoning, and Inference*. Cambridge University Press. 邦訳『統計的因果推論』（黒木学訳、共立出版、2009 年）
Perry, M. J. 1998. *The Idea of Human Rights*. Oxford University Press.
Plato 1921. *Theaetetus* • *Sophist*. translated by H. N. Fowler, Harvard University Press. 邦訳『テアイテトス』（渡辺邦夫訳、光文社古典新訳文庫、2019 年）など
Regan, T. 1983. *The Case for Animal Rights*. University of California Press.
Russell, B. 1917 (originally 1912-13). 'On the Notion of Cause'. *Mysticism and Logic: including A Free Man's Worship*. Unwin Paperbacks, pp. 173-199.
鯖田豊之 1966.『肉食の思想』、中公文庫
坂本武 2000.「ローレンス・スターン論集——創作原理としての感情」、関西大学学術レポジトリ、http://hdl.handle.net/10112/00020109
櫻井悟史 2011.『死刑執行人の日本史——歴史社会学からの接近』、青弓社
Salsburg, D. 2001. *The Lady Tasting Tea: How Statistics Revolutionized Science in the Twentieth Century*. Owl Books. 邦訳『統計学を拓いた異才たち』（竹内惠行・熊谷悦生訳、日本経済新聞社、2006 年）
Sartorio, C. 2022. 'Juggling Intuitions about Causation and Omissions'. In *Advances in Experimental Philosophy of Causation*, eds. P. Willemsen and A. Wiegmann, Bloomsbury, pp. 63-80.
佐藤直樹 1989.『共同幻想としての刑法』、白順社
Schaffer, J. 2012. 'Disconnection and Responsibility'. *Legal Theory* Vol. 18, Special Issue, pp. 399-435.
シャイン、E. H., シャイン、P. A. 2020.『謙虚なリーダーシップ』、野津智子訳、英治出版
Schulz, M. 2017. *Counterfactuals and Probability*. Oxford University Press.
Searle, J. R. 1979. *Expression and Meaning*. Cambridge University Press. 邦訳『表現と意味』（山田友幸監訳、誠信書房、2006 年）
衆議院憲法調査会事務局 2003.「基本的人権と公共の福祉に関する基礎的資料——国家・共同体・家族・個人の関係の再構築の視点から」、基本的人権の保障に関する調査小委

員会、「H15 資料」と略記
https://www.shugiin.go.jp/internet/itdb_kenpou.nsf/html/kenpou/chosa/shukenshi031.pdf/$File/shukenshi031.pdf
衆議院憲法調査会事務局 2004.「「公共の福祉（特に、表現の自由や学問の自由との調整）」に関する基礎的資料」、基本的人権の保障に関する調査小委員会、「H16 資料」と略記
https://www.shugiin.go.jp/internet/itdb_kenpou.nsf/html/kenpou/chosa/shukenshi046.pdf/$File/shukenshi046.pdf
シムーンズ、F. J. 2001.『肉食タブーの世界史』山内昶監訳、香ノ木隆臣・山内彰・西川隆訳、法政大学出版局
Singer, P. 2002 (originally 1975). *Animal Liberation*. HarperCollinsPublishers. 邦訳『動物の解放』（戸田清訳、技術と人間、1988 年）
Slobogin, C. 2006. *Minding Justice: Laws that Derive People with Mental Disability of Life and Liberty*. Harvard University Press.
Smith, W. K. & Lewis, M.W. 2022. *Both/And Thinking: Embracing Creative Tensions to Solve Your Toughest Problems.* Harvard Business Review Press. 邦訳『両立思考』（関口倫紀・落合文四郎・中村俊介・二木夢子訳、日本能率協会マネジメントセンター、2023 年）
祖田修 2016.『鳥獣害——動物たちとどう向きあうか』、岩波新書
Sorensen, R. A. 1992. *Thought Experiments*. Oxford University Press.
Syed, M. 2015. *Black Box Thinking: Marginal Gains and the Secrets of High Performance*. John Murray. 邦訳『失敗の科学』（有枝春訳、株式会社ディスカバー・トゥエンティワン、2016 年）
高槻成紀 2015.『シカ問題を考える——バランスを崩した自然の行方』、ヤマケイ新書
高柳信一 1968.「近代国家における基本的人権」、『基本的人権 1 総論』、東京大学社会科学研究所編、pp. 3-132. 東京大学出版会
田中淳夫 2020.『獣害列島——増えすぎた日本の野性動物たち』、イースト新書
『提言』2020.「COVID-19 の感染爆発時における人工呼吸器の配分を判断するプロセス についての提言」、生命・医療倫理研究会
http://square.umin.ac.jp/biomedicalethics/activities/ventilator_allocation_recommendations.pdf
トマス・アクィナス 1985.『神学大全』第 18 冊、稲垣良典訳、創文社
トマス、K. 1989.『人間と自然界』、法政大学出版局
鶴田静 1997.『ベジタリアンの世界』、人文書院
Wellman, C. H. 2017. *Rights Forfeiture and Punishment*. Oxford University Press.
Whitehead, A. N. 1985 (originally 1926). *Science and the Modern World*. Free Association Books.
Willemsen, P. 2019. *Omission and their Moral Relevance: Assessing causal and moral responsibility for the things we fail to do*. Mentis.
Williamson T. 2007. ‘Thought Experiments’. In *Philosophy of Philosophy*, Blackwell Publishing, pp. 179-207.
Williamson, T. 2009. ‘Replies to Ichikawa, Martin and Weinberg’. *Articles in Philosophical Studies*, published online, DOI:10.1007/s11098-009-9406-6.
山本光雄（訳編）1958.『初期ギリシア哲学者断片集』、岩波書店
山崎達枝 2009.『災害現場でのトリアージと応急処置』、日本看護協会出版会
棚瀬孝雄 2013.『権利の言説——共同体に生きる自由の法』、勁草書房
楊秋野 2022.『過失不作為犯の帰属原理』、成文堂

横山真弓 2009.「ツキノワグマ――絶滅の危機からの脱却」、河合・林（2009）所収、pp. 129-158.
吉村昭 1982.『羆嵐』、新潮文庫